Todas las playas de
MENORCA

Miguel Ángel Álvarez Alperi

laluzenpapel.
Las guías de autor

1ª edición Junio 2012
2ª edición Abril 2013 revisada y actualizada
3º edición Marzo 2016 revisada, actualizada y ampliada

© 2016 Ediciones Laluzenpapel S.L.
Tel.: +34 985 741 688
www.laluzenpapel.com
info@laluzenpapel.com
www.facebook.com/laluzenpapel
@laluzenpapel en Twitter

Textos
© Miguel Ángel Álvarez Alperi
alperi@laluzenpapel.com

Fotografías
© Miguel Ángel Álvarez Alperi
© Elisabet Vilchez Torralbo
© P. 64 Dia Complert

Cartografía
Intermapa

ISBN 978-84-942857-0-7

Depósito legal AS 076-2016

Impresión y encuadernación
Gráficas Eujoa S.A.
Printed in Spain - Impreso en España

MIXTO
Papel procedente de
fuentes responsables
FSC® C102646

ÍNDICE DE CONTENIDOS

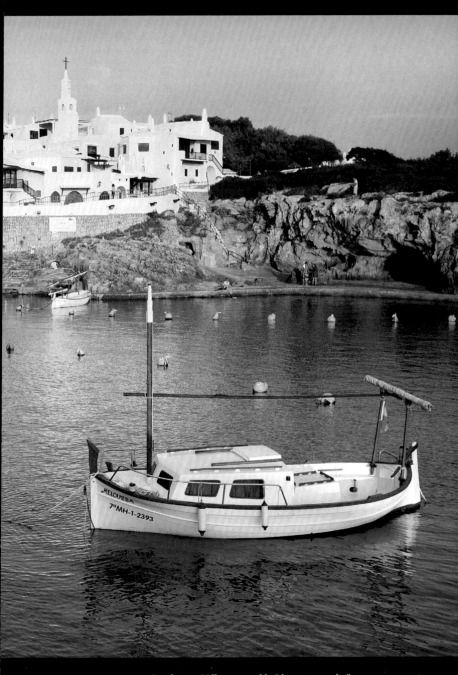

Binibèquer Vell es un pueblo "de cartón piedra", una composición perfecta de casitas encaladas que fue diseñado para hacer soñar a los turistas a imagen y semejanza de una idílica aldea de pescadores. Pero ven y tócalo... Verás como es real.

LA GUÍA DE AUTOR
QUE YA ES UN CLÁSICO

¡EL TÍTULO MÁS VENDIDO EN MENORCA!

Laluzenpapel es una editorial independiente que nació en la primavera del 2011 con su primera guía de autor: "Todas las playas de Mallorca". Empezamos con dos soñadores y un saco de ilusiones (y dudas), del que nació una primera tirada de 5.000 ejemplares que acabaría convirtiéndose en un clásico. Pero eso nadie se lo hubiera imaginado...

Pusimos toda la carne en el asador y apostamos muy fuerte por nuestro proyecto dejando todo lo que habíamos estado haciendo hasta el momento. Elisabet abandonó su brillante carrera como ingeniera de telecomunicaciones y yo abandoné mi acomodado puesto como fotógrafo, escritor y periodista para otros grupos editoriales. ¡Pero por fin íbamos a hacer las cosas a nuestra manera!

Es cierto: podíamos habernos equivocado y arruinar nuestra economía, pero nunca hubiéramos arruinado nuestras vidas... Sencillamente, porque por fin íbamos a hacer algo de lo que estuviéramos realmente orgullosos, algo en lo que creíamos firmemente. Y eso, amigos míos, no hay oro que lo pague. ¡Os lo aseguro!

Después de dos años de trabajo nos vimos con un camión enorme lleno de guías de Mallorca recién salidas de la imprenta, pero sin tener aún ni distribuidora ni librerías interesadas, así que montamos un stand en la feria del libro de Palma de Mallorca para dar a conocer nuestro primer y único título, pero nadie creía en nosotros. Todo apuntaba a que iba a ser un desastre... Un absoluto fracaso. Pero a los siete días de feria acabamos todos los ejemplares que habíamos traído (casi mil) y ya teníamos a varias de las mejores distribuidoras del país interesadas en nuestro trabajo.

Desde aquel día todo cambió. Comenzaron los éxitos (y los fracasos, que también los hubo) y ahora ya somos un clásico. Despues de la de Mallorca nació la guía de Menorca y volvísteis a sorprendernos: nos convertimos en ¡EL TÍTULO MÁS VENDIDO EN MENORCA! Nuestros queridos menorquines y hasta los medios (prensa, radio y tv) creyeron en nosotros. Y los libreros, nuestros estimados libreros, también. Por eso queremos agradecer de todo corazón a todos los que nos habéis dado la oportunidad de demostrarle al mundo que las cosas hechas con ilusión, esfuerzo, honestidad y respeto siempre salen bien. Y si no es así, siempre te quedará el orgullo de haberlo intentado con todas tus fuerzas.

Vivir la vida orgulloso por el trabajo bien hecho es más satisfactorio que la cuenta de resultados. No es más rico el que más dinero tiene...

Y a nosotros ya nos habéis hecho multimillonarios.

Mil gracias a todos por creer en nuestro trabajo ;-)

Nuestra filosofía:

Siempre hemos creído que el tiempo que uno pasa absorto en la belleza es el único tiempo vivido, y que son esos los únicos momentos que merece la pena vivir. Son las postales de la vida. Y que cuando llegas al mundo por primera vez naces con un álbum en blanco bajo el brazo y una sola prioridad: rellenar páginas.

Descubrimos que la vida es tanto más enriquecedora cuantas más páginas vayas completando, así que el truco está en saber mantener los ojos y el corazón siempre bien abiertos, para que nada se te escape. Y eso, amigos míos, comienza siendo como un entrenamiento, como un ejercicio que, al final, acaba convirtiéndose en un vicio, en una sana costumbre que crea adicción: la de querer vivir mucho en muy poco tiempo.

Es por ello por lo que tanto amamos nuestro "trabajo", por la cantidad de páginas que nos ayuda a rellenar: como cuando experimentamos esos momentos del alma al ver todas esas caras sonrientes en cada firma de nuestros libros, o al leer y escuchar todos vuestros comentarios de satisfacción. ¡Con vosotros sí que rellenamos páginas!

Por eso os queremos dar las GRACIAS de todo corazón. Por todas las páginas que nos estáis regalando.

Ojalá esta guía os ayude a rellenar vuestras propias páginas.

Estamos esperando saber de ti... Cuéntanos tú también con qué sueñas.

Miguel Ángel Álvarez Alperi
alperi@laluzenpapel.com
Sígueme en Facebook
www.facebook.com/alperilaluzenpapel
y en Twitter @Laluzenpapel

Elisabet Vilchez Torralbo
elisabet.vilchez@laluzenpapel.com
Sígueme en Facebook
www.facebook.com/Laluzenpapel
y en Twitter @Laluzenpapel

SEIS RESPUESTAS SENCILLAS A SEIS PREGUNTAS COMPLICADAS

1

¿Por qué las aguas de Menorca tienen ese tono azul turquesa tan luminoso?

La explicación está en el fenómeno físico de la absorción luminosa: cuando un haz de luz blanca penetra en un medio material de mayor densidad que el aire, parte de la energía luminosa se transforma en calórica y las diferentes longitudes de onda van siendo absorbidas paulatinamente. Las primeras en desvanecerse corresponden a las del color rojo, seguidas del amarillo, el verde y el azul, que es la última en desaparecer. Cuando ya no queda ninguna solo se ve el color negro, que equivale a la ausencia de luz. Si aplicamos este principio cuando la luz del sol penetra en las aguas, se comprende que vaya perdiendo parte de estas longitudes de onda a medida que desciende hasta llegar al fondo, donde se refleja tanto mejor cuanto más reflectante sea el sedimento. Si durante esta trayectoria la luz se encuentra con partículas en suspensión (plancton, limos, etc.) antes perderá su intensidad luminosa. Las aguas de Menorca son muy cristalinas y la mayoría de sus playas (especialmente las del sur) tienen fondos someros y de arena blanca muy reflectante, por eso toman coloraciones tan espectaculares.

2

¿Por qué el mar está tan tranquilo por la mañana y a partir del mediodía aumenta el oleaje?

Como norma general, la intensidad del viento en la mar aumenta hasta media tarde y cae al anochecer. Esto es debido al régimen de brisas que se origina por la diferente velocidad de enfriamiento de la tierra respecto al mar. Durante la noche, la tierra pierde el calor por irradiación más rápido que el mar, lo que provoca que el aire sobre la superficie terrestre sea más frío que el situado sobre el océano. Esta diferencia térmica provoca un ascenso localizado del aire situado sobre el mar, lo que crea un pequeño gradiente de presión que obliga a que el aire se mueva desde tierra hacia el mar, generando el viento que se conoce como *terral*. Ocurre todo lo contrario al mediodía, cuando la superficie de la tierra se calienta más que la del agua provocando un viento de mar a tierra conocido como virazón (*marinada* en Cataluña y *embat* en Baleares). Estas brisas, que resultan perfectas para la navegación a vela, son las responsables de los rizos que se forman en el mar entre las 11 h y las 16 h, unas olas cortas que resultan muy incómodas para la navegación a motor con pequeñas esloras. A partir de las 18 h el mar comienza a calmarse y vuelve a reinar la paz que le es propia, especialmente en la costa sur de Menorca.

Foto: Cala Parejals

¿Por qué las aguas del Mediterráneo son más saladas que las del Cantábrico?

3

El mar Mediterráneo es más salado que el Cantábrico porque tiene una concentración salina superior, exactamente de unos 3 g/kg por encima de la media. Esto se debe a que las aportaciones de agua procedentes de las precipitaciones o de las cuencas fluviales son inferiores a la cantidad que se evapora, por lo que aumenta la concentración de sales disueltas. Este déficit se compensa a través de la entrada de aguas del Atlántico (con menor concentración salina) por el Estrecho de Gibraltar, aunque este intercambio no es suficiente para igualar los valores. Por eso el *Mare Nostrum* se considera un mar cerrado y su salinidad es superior a la media.

Esta característica se aprecia fácilmente cuando sales del mar y dejas que el agua se seque sobre tu cuerpo, obteniendo un "sabroso" espolvoreado de sal sobre la piel. Las pieles más sensibles necesitan una ducha de agua dulce urgente, lo cual no deja de ser un problema, ya que la inmensa mayoría de playas en Menorca no tienen duchas. Esto es así tanto por ahorrar agua como por la dificultad que presenta canalizarla hasta playas tan vírgenes. No se puede tener todo. A veces hay que sacrificar algunas comodidades para disfrutar de los más bellos parajes del Mediterráneo.

4

¿Por qué son tan diferentes las condiciones de navegación, las playas y los paisajes del norte de Menorca con respecto a los del sur?

Menorca es como un pequeño país con notables diferencias entre el norte y el sur. Esas divergencias vienen dadas principalmente por dos factores: los vientos dominantes y la geología. Mientras que la costa norte está totalmente expuesta a la durísima tramontana, la sur se mantiene al socaire, ajena a esos fuertes vientos y oleajes. Geológicamente, la mitad norte de la isla está constituida por los materiales más antiguos de las Baleares, que son de muy diversa litología (areniscas, pizarras e incluso rocas volcánicas) y están dispuestos geomorfológicamente de forma muy accidentada (con numerosos cabos, pequeñas bahías y, sobre todo, escollos que velan a distancias de la costa muy peligrosas para la navegación). La costa sur, en cambio, es una gran mole calcárea más o menos acantilada que está surcada por barrancos que la erosionan y vierten sus aguas en el mar, dando lugar a pequeños humedales y calas de arena blanca y fina protegidas del oleaje al fondo de pequeños fiordos. La temporada de verano aquí se alarga mucho más que en el norte, donde puede estar soplando el frío viento a 80 km/h mientras en el sur las playas están llenas de gente tomando el sol y bañándose plácidamente en auténticas piscinas naturales. Navegar en la costa sur es, también, muchísimo menos peligroso que hacerlo en la costa norte, que está plagada de rocas traicioneras y donde apenas hay resguardo frente a los temporales del norte.

Foto: Tramontana
en Cap de Favàritx

SEIS RESPUESTAS SENCILLAS A SEIS PREGUNTAS COMPLICADAS

¿Por qué hay playas que desaparecen de un año para otro?

5

Las playas son fruto del equilibrio dinámico establecido entre las corrientes y el perfil costero, y por ello son propensas a sufrir variaciones en sus dimensiones, llegando incluso a desaparecer (o surgir). Durante el invierno las playas en general adelgazan y adoptan un perfil más suavizado debido a las olas de tempestad que arrastran el sedimento mar adentro, mientras que durante el verano el oleaje suave va devolviendo la arena y la playa se ensancha, aumentando su pendiente. Cuando la cantidad de arena que entra en una playa es igual a la que sale se considera que la playa está en equilibrio, si es mayor, en crecimiento, y si es menor, en regresión. Podemos afirmar que, a nivel general, las playas son regresivas, ya que pierden más arena de la que recobran. Hay una solución que se está adoptando en Menorca de forma pionera que consiste en retirar los restos de posidonia de la arena a principios de temporada –para disfrute de los turistas– pero volviendo a colocarlos en su sitio con la llegada del invierno. Estos montones de posidonia hacen de barrera natural contra el oleaje y protegen la playa frente a la erosión.

¿Por qué no hay fuertes mareas en las costas mediterráneas?

6

En el Mediterráneo apenas se aprecian variaciones en el nivel del mar, a diferencia de lo que ocurre en las costas atlánticas, donde la amplitud mareal (diferencia batimétrica entre una pleamar y la bajamar siguiente) llega a superar incluso los cuatro metros. Las mareas son fruto de la atracción gravitatoria de la Luna y el Sol sobre las grandes masas de agua. Estas fuerzas de atracción generan ondas estacionarias de gran longitud que se desplazan cubriendo y descubriendo partes del fondo. Lo más curioso es que la morfología costera puede aumentar o, por el contrario, disminuir los efectos de la marea, por ello cuando estas ondas se desplazan y se encuentran con mares estrechos, golfos y estuarios se produce un efecto embudo y con ello el aumento de la amplitud mareal, mientras que en mares cerrados como el Mediterráneo, comunicado con el océano Atlántico por el Estrecho de Gibraltar, apenas se perciben los efectos de estas ondas.

El desconocimiento de las mareas por los navegantes fenicios, griegos y romanos fue la causa de que la armada del Cesar fuera devastada en las costas de Inglaterra al haberse quedado encallada durante la bajamar.

Aún recuerdo el día en que me contaron la historia de aquel pescador isleño que durante un viaje del IMSERSO a las rías gallegas descubrió por primera vez el significado de las mareas. El buen hombre se había hecho con un frasquito relleno con agua del mar, unas cuantas conchas y un puñadito de arena que le vendieron en la isla de La Toja a modo de souvenir. Por la tarde se acercó a la orilla y, asombrado, descubrió la sequía pasajera. Y con ella la magnitud del negocio. Se miró las manos y clamó al cielo: ¡toda mi vida trabajando en la mar y nunca antes se me había ocurrido!

CÓMO SE HIZO

Con mucha paciencia, ilusión y esfuerzo

Por aire*

Antes de comenzar a recorrer toda la costa resulta imprescindible realizar una primera exploración aérea, pues solo desde el aire se tiene una perspectiva global del entorno. Pero hay que volar de forma casi temeraria. Jamás olvidaré la cara de los pilotos cuando les decía que había que volar aún más bajo y más despacio, a punto de entrar en pérdida. Volar en estas condiciones es todo lo que un

piloto debería evitar por seguridad, por eso cada vez hay menos pilotos que quieran volar conmigo. La mayoría de las veces utilizamos ultraligeros y autogiros, porque son los que más bajo y lento pueden volar yendo con relativa seguridad. Hemos probado de todo (desde globos de helio y aviones no tripulados hasta helicópteros, avionetas, paramotores, etc.) y aún no hemos dado con el pájaro perfecto. Todos tienen algún defecto en la relación entre la seguridad y la calidad de las imágenes que puedas obtener. No se por qué, pero cada vez les tengo más miedo...

Por tierra*

Nuestro único secreto es disfrutar cada sendero, vivir cada playa, amar y respetar la tierra que pisas y, sobre todo, escuchar con devoción a sus gentes. Por eso recorrimos a pie toda la costa siguiendo el Camí de Cavalls y los senderos costeros, yendo sin prisa pero sin pausa, anotando el recorrido y disfrutando de todos esos momentos.

Por mar*

Para que no se te escape ningún rincón oculto y poder dar recomendaciones fidedignas sobre las condiciones de navegación (sondas, exposición a los vientos, rocas peligrosas, tipos de fondo, etc.) es imprescindible haber navegado mucho y, sobre todo, por muy diversos mares. Llevo los últimos veinte años de mi vida navegando por todo el Mediterráneo, el Cantábrico y el Atlántico con todo tipo de esloras (desde los 15 pies a los 80 pies), pero hasta que no hice estas guías no me di cuenta de la cantidad de sitios que se me habían escapado. Seguro que a ti te pasa lo mismo.

Paciencia y poca eslora, ese es el único secreto para lograr los mejores resultados. Por eso navegamos en semirrígidas y lanchas de unos 5 m, porque son las únicas que nos permiten aproximarnos suficientemente a la costa y desembarcar con relativa facilidad. Aún así hay rincones que se nos pueden escapar, así que acabamos completando la travesía paleando en kayaks de mar.

Cada vez que me pongo al timón doy gracias al mundo por poder hacer lo que más me gusta: afición y trabajo van de la mano. Navegar por estas costas me proporciona sensaciones inimaginables, experiencias que me enriquecen la vida como ninguna otra. Si aún no lo habéis probado os lo recomiendo. Y si veis pasar una lancha con una pareja al timón que os saluda con una sonrisa de oreja a oreja... ¡seguro que somos nosotros!

*Laluzenpapel es una editorial independiente que progresa sin publicidad ni subvenciones gracias al trabajo que saben valorar los miles de lectores que nos siguen. Todo el trabajo de campo y el 99% de las fotografías fueron realizadas por los autores durante los años 2011 a 2015. A todos nuestros lectores: GRACIAS por permitirnos seguir adelante con este proyecto.

GUÍA DE USO

A- Si es la primera vez que vienes a Menorca y tienes poco tiempo lo mejor es que te vayas a la selección de la página 22, donde tienes las 40 mejores playas, tanto las de la costa norte como las de la costa sur, así como las mejores para senderistas y mis rincones favoritos (página 32).

C- Tienes una lista con todas las playas seleccionadas en función del perfil de usuario, para que puedas ir directamente a las que más encajan contigo. Las tienes ordenadas en la lista que verás al desplegar la solapa posterior.

B- Si vienes con ganas de conocer a fondo todas las playas lo mejor es que busques el plano que corresponda a la zona que quieres visitar y que vayas de una en una. Tienes 20 planos parciales pensados para que te sirvan como una somera aproximación, porque la explicación detallada sobre cómo llegar a cada playa de arena la tienes en cada uno de los textos correspondientes. Sigue los mapas a partir de la página 70.

D- Tienes la siguiente información náutica después de cada uno de los 20 mapas: Todas las empresas de alquiler de embarcaciones, las escuelas de vela, excursiones en barco, submarinismo, etc.; junto con los puertos, las rampas de botadura, los mejores fondeaderos...

E- Después de cada mapa tienes las playas de rocas y una selección de los mejores puntos de interés en la costa.

F- Lo mejor del Camí de Cavalls y todo sobre el kayak de mar, el paddle surf, etc. está en las primeras páginas.

Seleccionadas por colores

Busca tu perfil y vete a tiro fijo. Pero dales una oportunidad también a las otras playas porque lo mismo te sorprenden. Memoriza tu color y hazte fan suyo.

RECOMENDADA PARA PAREJAS

RECOMENDADA PARA URBANITAS

RECOMENDADA PARA FAMILIAS

RECOMENDADA PARA SENDERISTAS

RECOMENDADA PARA NUDISTAS

Información adicional

Todas aquellas otras cosas que hemos querido destacar –como que sea una playa accesible a discapacitados, que tenga bandera azul o que nos resulte perfecta para fondear o palear– la verás en estos iconos.

 Pasarela para discapacitados

 Bandera azul 2015

Fondeo recomendado

 Ruta en kayak

Número de la playa

Las playas están numeradas del 001 al 132 y puedes buscarlas directamente por el número, que es el mismo que aparece en los mapas.

Marcador lateral

Para que sepas si está en la costa norte o en la costa sur.

Minimapa
Para que te hagas una idea de dónde se encuentra la playa.

A destacar
Mi etiqueta personal. Es lo primero que me viene a la mente cuando pienso en ella.

Datos de aproximación
Introduce la posición en tu navegador o en Google Earth y déjate llevar. También tienes la distancia (en kilómetros o en millas náuticas) hasta la población y el puerto más cercanos a la playa.

Simbología

Estos iconos proporcionan información añadida sobre el tamaño, el entorno, la ocupación, el modo de acceso y los principales servicios ofrecidos en cada playa. Son los siguientes:

L: (longitud) m An: (anchura) m	(distancia) m a pie	Deportes náuticos
Entorno urbano	Acceso por mar	Restaurante
Entorno residencial	Acceso rodado	Chiringuito
Entorno natural	Aparcamiento	Tienda
Ocupación alta	Parada de autobús	WC
Ocupación media	Alquiler	Duchas
Ocupación baja	Orientación de la playa	

*Fornells tiene fama de contar con los más afamados restaurantes y
de ser el lugar donde se sirven las mejores calderetas de langosta...
pero a mí lo que mejor me sabe son los paseos por el puerto al final
de la tarde, que son incluso más saludables (y más baratos).*

LAS MEJORES
PLAYAS DE MENORCA

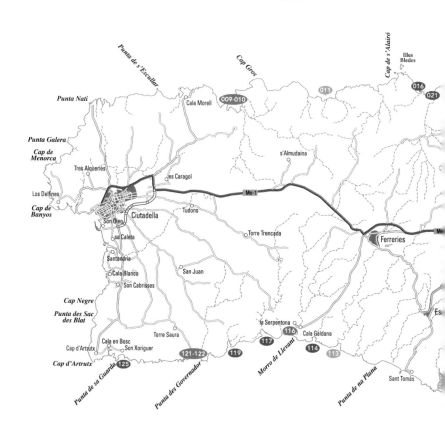

COSTA NORTE

009 - 010 Algaiarens
011 Pilar
016 Pregonda
021 Binimel·là
030 Cavalleria
036 Cala Tirant
056 Arenal d'en Castell
071 - 072 Presili - Morella
082 Es Grau
085 Sa Mesquida

COSTA SUR

093 Aire - Punta Prima
101 Cales Coves
106 Son Bou
113 Trebalúger
114 Cala Mitjana
116 Cala Galdana
117 Cala Macarella
119 Cala en Turqueta
121 -122 Son Saura
125 Son Xoriguer

LAS MEJORES PLAYAS DE MENORCA

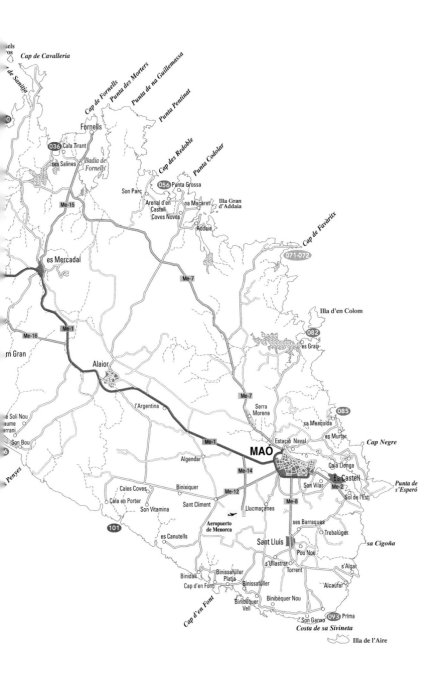

TOP 10

Las mejores playas de la COSTA NORTE

Aquí todo cambia con el viento, desde el color del cielo y el mar hasta el carácter y los hábitos de la gente, por eso hay que ser como una veleta y dejarse llevar por Eolo. Si sopla tramontana... ¡todos para el sur!, donde no se sienten ni el frío ni las olas. Y si ocurriese lo contrario... aprovecha, ¡que es un milagro! Entonces vete a disfrutar de las playas del norte, las más salvajes y singulares de la isla. ¡Y sé como el viento!

Páginas 94 y 95

009 - 010 Algaiarens

Tanto para familias andarinas como para las parejas que no renuncien a tener que caminar 15 minutos a cambio de un paraje de belleza sin igual. Sin desperdicio. ¡Espectaculares!

Página 104

011 Pilar

La de la arena roja y los contrastes de colores, una de las playas más singulares y hermosas de la isla. Si no vas, te lo pierdes. ¡Anímate, que solo hay que caminar 15 minutos!

Página 117

016 Pregonda

¿Todavía no has ido? ¡A qué esperas! Tiene varias playas diferentes y varios ambientes, pero pegaditas unas a las otras. Y la de la islita... ¿la conoces? ¡Venga, cruza nadando!

Página 122

021 Binimel·là

Para ir hasta la anterior hay que pasar antes por esta, por eso no me extraña que no sigas caminando y te quedes aquí. ¿Conoces las calitas que hay hacia la derecha? Vete, vete...

030 Cavalleria

Tremendas dunas, tremendo paisaje y tremendos baños de sol, ola y barro. Por poco esfuerzo te dan el pack completo, por eso viene la tropa... ¡como el séptimo de caballería!

Página 131

036 Cala Tirant

Aunque esté urbanizada sigue teniendo buen aspecto. Es por esas dunas y esas aguas de profundo azul turquesa. Además, hay espacio para todos y es bien tranquila y hermosa.

Página 145

056 Arenal d'en Castell

La única playa para urbanitas está repleta de conejeras para los turistas, pero para darse un baño con los peques no tiene desperdicio. Aunque le sobre hormigón, lo tiene todo.

Página 183

071 - 072 Presili - Morella

Cualquiera de las dos es buena para rozar el cielo con la punta de los dedos. Si vas con algo de tramontana también están preciosas (deben ser las únicas). Es por el mítico cabo.

Páginas 226-227

082 Es Grau

Playa familiar dominguera: te vienes con los críos, te bañas sin peligro alguno y al final de la tarde os dais un paseo por el parque natural. ¡No me digas que no es buen plan!

Página 237

085 Sa Mesquida

Es la otra playa del norte protegida de la tramontana. Es por el "pa de pagès" (el Pa Gross), que también llaman Morro de Tramuntana, porque al viento le echa morro y le planta cara.

Página 256

Las mejores playas de la COSTA SUR

TOP 10

Aquí están las playas de las postales, las que se venden en los catálogos y las agencias de viaje. Son las de los fondos relucientes -de arena blanca y fina- y aguas de color esmeralda. Son una apuesta segura, donde más se disfruta la temporada, y donde más dura. Porque cuando en las playas del norte ya no hay quien pare -y en algunos escaparates ya se huela la navidad- aquí podrás seguir dándote baños eternos de sol... y soledad.

Página 272

093 Aire - Punta Prima

Ingrávido, como en el espacio, así te sentirás cuando estés flotando en el mar de l'Aire, mecido por las olas y observado desde la distancia por la isla más despeinada de Menorca.

Página 292

101 Cales Coves

La playa del cementerio es también la cala de los trogloditas. Aquí vienen tanto arqueólogos como bañistas, hippies, marineros de todas las categorías y andarines aventureros.

Página 307

106 Son Bou

El paraíso de las familias con niños. Y también el de los amantes de los paseos infinitos descalzos a la orilla del mar, sintiendo la espuma, la calidez del agua y la suavidad de la arena.

Página 314

113 Trebalúger

No hace falta estar muy curtido para venir caminando hasta esta excepcional playa virgen, la del torrente inundado que a todos nos apetece explorar cual aventura del Camel Trophy.

114 Cala Mitjana

Antes de haberse convertido en el icono de las playas del sur esta cala era un paraíso. Aún sigue siéndolo, pero solo cuando todos se van. Ven en octubre, junio... y la gozarás más.

Página 315

116 Cala Galdana

Si no fuera por los excesos urbanísticos juraría estar ante un milagro. Las familias con niños aquí lo tienen todo (todos los servicios y la mar en calma), pero a mi me sobra gente.

Página 317

117 Cala Macarella

La única cala virgen con restaurante a pie de playa. En verano es un hervidero que no se aguanta, aunque a pesar de todo hay que visitarla. Es uno de esos clásicos de la isla.

Página 330

119 Cala en Turqueta

Otro clasicazo digno de nuestra visita. En esta cala todo está tal cual desde hace cientos de años. Es como una piscina natural que gozamos todos, aunque haya que caminar un poco.

Página 333

121 - 122 Son Saura

Tienes dos playas por el precio de una, y a cada cual más hermosa. Son más amplias, menos cerradas, pero con las mismas aguas de turquesa y oro. El parking está a dos pasos.

Páginas 334 y 335

125 Son Xoriguer

Para parejas y también familias con niños pequeños, porque esta playa lo tiene todo a la vez que parece que estés en la nada. Ni hoteles mastodónticos ni bloques a pie de playa.

Página 338

LAS MEJORES
PLAYAS DE MENORCA

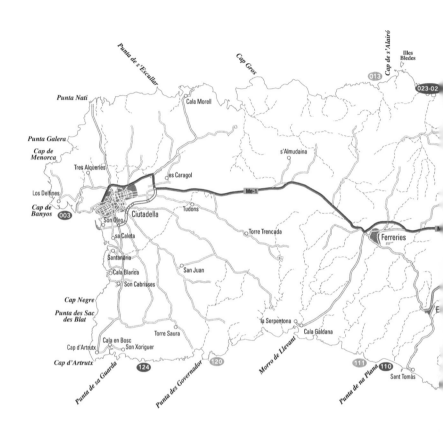

Las mejores playas
SENDERISTAS

Sorpresas de autor.
MIS RINCONES FAVORITOS

Las mejores playas para SENDERISTAS

TOP 10

Como estoy seguro que compartes mi misma filosofía, la de la bicicleta (que hay que estar siempre en movimiento para mantenerse en equilibrio), te voy a seleccionar diez playas que puedas gozar andando, para que las vayas disfrutando también por el camino. Si caminas con fuerza y energía hacia tu objetivo obtendrás la recompensa antes incluso de alcanzar la meta. Y si no llegas da igual, porque habrás gozado del camino. Piénsalo.

Página 106

013 Cala en Calderer

Pocos rincones hay en Menorca tan alejados del mundo. Y eso que indicios humanos hay, pero que solo disfrutan unos pocos. Si vas a venir caminando es que eres fuerte y valeroso.

Página 164

045 S'Albufereta - Jonquereta

La última vez que vine era un mediodía de verano. Soñé que el agua corría fría por mi garganta y que las cigarras dejaban de gritarme al oído. Solo me curé cuando llegué y las vi.

Página 175

048 Cala en Tosqueta

Estas son las playas de la injusticia (o de la envidia). A ti te cuesta horas de sudor y ellos llegan navegando. Pero cuando vuelvas a casa -cansado y feliz- tú serás el más privilegiado.

Página 197

062 Cala en Brut

Bruto y despiadado, así es el mar a este lado. Pero regala todo cuanto necesites para construir tu isla robinsoniana: madera, soledad, aislamiento y agua pura. Aquí nadie te verá.

073 Sa Torreta

Así debieron ser todas las playas del Mediterráneo antes de que el hombre perdiera la humanidad. Ven y compruébalo tú mismo. Es como un viaje al pasado viviendo el presente.

Página 228

090 Caló de Rafalet

Si el Rafalet levantara la cabeza y viera quién y cómo se tumba hoy a los pies de su caseta, pactaría con el diablo con tal de volver caminando. No hay excursión más fresca ni sombría.

Página 261

098 Biniparratx

Nudistas, senderistas... todos tienen cabida en cualquiera de estas playas alejadas del mundo. Aunque esta sea la más próxima luce como las demás, sin aditamento humano alguno.

Página 289

104 Llucalari

Solo los que siguen el Camí de Cavalls conocen su existencia. Los demás están apacentado bajo el sol al otro lado, en otro mundo. En un planeta separado vive la del santo, el Llorenç.

Página 305

111 Cala Escorxada

Si me dices ven lo dejo todo. Pero ven caminando y gozarás de parajes que solo se ven en el Mediterráneo más profundo. Conquístala desde Mitjana y ya serán cuatro. Cuatro perlas.

Página 312

120 Es Talaier

No tiene mucho camino que hacer pero sí alguna que otra variante. Sube hasta la torre y siéntate a pensar... ¿Te imaginas como fueron las vidas de aquellos guardianes de la costa?

Página 333

Sorpresas de autor
Mis diez rincones favoritos

Si aún no te has dado cuenta de qué es eso de una guía de autor... aquí tienes alguna respuesta: son "mis" playas preferidas. Los rincones que más me han impactado. Estas playas nada tienen que ver con encuestas de opinión ni estadísticas de visitantes. No hay fórmula matemática que lo explique ni lo justifique. Es una caja de sorpresas que te puede encantar... o arruinar el día. Pero es mi propuesta. ¿Te arriesgas a conocerlas?

Página 80

003 Cala en Brut

Ya se que no es ninguna novedad, que la conoce todo el mundo, pero a mi me sigue enamorando. Será por sus aguas turquesas y esas zambullidas... Es como nadar en un acuario.

Páginas 124 -127

023 - 026 Binimel·là

Fíjate si me gustan estas calitas que hay una que lleva mi nombre. El mío y el de mi princesa. Escoge, que tienes donde. Y disfrútalas, que para eso te las he presentado.

Página 129

028 Canal Mitger

Para muchos puede que no sea gran cosa, pero para mi es como un pequeño tesoro. Una perla salvaje escondida entre las rocas. Cuídamela, que le tengo mucho aprecio.

Página 133

032 Cala Viola de Ponent

Cada vez que vengo tal parece que me dirija al fin del mundo. Adoro pasar el día y esperar hasta que luzca el faro de Cavalleria, que ilumina este paisaje tan mágico y diferente.

080 Solitaria

El nombre ya te da una pista... pero lo que no te cuenta es la de turquesas y esmeraldas que reflejan sus aguas. Soledad y belleza en estado puro frente al freo más bello entre islas.

Página 235

092 Caló Roig

Cuando existe tan solo es un puñadito de arena, pero regala tan buenas tardes al sol y tan buenos baños que para mi no hay otra. Lo mejor son sus aguas y la torre que todo lo ve.

Página 271

097 Caló Blanc

Del rojo al blanco. Son dos nombres diferentes para describir dos calas muy similares. Las dos comparten las mismas virtudes: son como un inmenso acuario para el bañista.

Página 288

107 Atalis

Siempre que vuelvo me llevo una sorpresa: a veces buena y otras mala. Son como una ciudad mágica sumergida que aparece y desaparece como por arte de magia.

Página 308

110 Binigaus

Camina hasta al fondo... y cuando creas que has llegado al final rodea las rocas. Mójate. Y ya verás como merece la pena. Es mi escondrijo. Mi guarida. Lo mismo vas y me ves...

Página 311

124 Cala Parejals

Te aseguro que es la playa más singular de la isla. No hay ninguna otra igual. Ninguna que penetre bajo tierra como una madriguera frente a un mar tan harmonioso. ¡Es Parejals!

Página 337

Ciutadella es uno de los puertos más entrañables del Mediterráneo, una visita inexorable que se disfruta más y mejor sentado a la mesa de lo mejor de sus restaurantes. Pero el entrante más apetitoso es ver las barcas llegar todas a una, que además es gratis. ¡Salud!

CAMÍ DE CAVALLS - GR 223
El sendero de ronda menorquín

Sendas litorales y caminos con un origen y un destino hay muchos otros, pero ninguno es como el sendero de ronda menorquín, que recorre todo el perímetro de la isla sin ninguna interrupción, sin principio ni final, para que todos podamos descubrir la belleza natural, etnográfica e histórica de este pedazo de tierra bendecido por la mano de los dioses, que no en vano ha sido declarado Reserva de la Biosfera.

¿Qué es el Camí de Cavalls?

El Camí de Cavalls es un sendero de gran recorrido (GR 223) que recorre todo el litoral de Menorca en una ruta circular de 185 km, segmentada oficialmente en 20 etapas o itinerarios que se pueden empezar desde donde uno prefiera, aunque el comienzo oficial se sitúa en la Colàrsega de Maó (al fondo del puerto). Cada uno de los itinerarios está diseñado para comenzar o finalizar en una zona accesible en coche, para que puedas dejar el tuyo propio en un lado y ser recogido por un taxi, por ejemplo, en el otro, y así evitarte el camino de vuelta. Cada tramo está perfectamente indicado, tanto con cartelería al principio de la mayoría de etapas como con estacas cada 50 - 100 m. La vuelta entera a Menorca se puede hacer a pie en 15 "cómodos días" o en 10 si estás más habituado. Es un camino que suele estar muy transitado, especialmente las etapas más interesantes paisajísticamente.

¿Cuál es la mejor época?

Es preferible caminarlo en primavera (cuando los campos están verdes y el paisaje luce su máximo esplendor) o al final del verano (cuando el clima es más estable y las aguas de las playas siguen estando templadas), porque durante julio y agosto el sol puede llegar a ser abrasador, y solo es recomendable caminar a primerísima hora de la mañana. Entonces resulta vital llevar un gorro, gafas de sol, protector solar y, sobre todo, ir bien avituallado e hidratado. He podido comprobar en varias ocasiones que con 3 l de agua por persona y día puede ser insuficiente.

¿Y en bici?

Pequé de ingenuo el día que nos planteamos hacer el Camí de Cavalls entero con la bicicleta de montaña y las alforjas. Fuimos equipados para hacer la travesía de manera autónoma, durmiendo en las playas y comiendo nuestras propias vituallas, pero la verdad es que sufrimos más de lo que disfrutamos. Al final no te queda otra que salirte de la ruta para avituallarte (al menos de agua) y la bici es más un impedimento que una forma de viajar más rápido. La mayoría de etapas tienen algún tramo técnico imposible de hacer con una bicicleta tan lastrada, así que te toca cargar los 40 kg de la bici y las alforjas al hombro. Ya me dirás tú si hemos venido al mundo para sufrir tanto... En una BTT sin alforjas se puede disfrutar mucho más y hacer el Camí de Cavalls al completo en 4 o 6 días alojándote en los principales núcleos turísticos. Ahora bien, si lo que te planteas es hacer solo algún tramo suelto yendo bien ligero, volviendo a casa cada día para darte una ducha fresca, sí que hay algunas etapas recomendables, aunque habrá muchas zonas donde te tocará arrastrar la bici o cargarla al hombro. Fíjate en los comentarios que te haré en el apartado de "ciclabilidad" en cada una de las etapas y se tú quien decida. Pero vete mentalizado de que te tocará cargar con la bici al hombro.

El origen del camino de los caballos

El Camí de Cavalls se diseñó originariamente para comunicar entre sí las torres de vigilancia, los fuertes y los cañones que había diseminados a lo largo de toda la costa de Menorca para defender la isla de posibles ataques enemigos. Había que facilitar el transporte de la tropa y la artillería, y en aquellos tiempos todo se llevaba a lomos de los caballos. Se baraja la fecha cercana al año 1330 –en tiempos del rey Jaume II, cuando se dictaminó que había que mantener un caballo armado para la defensa de la isla– como posible nacimiento del camino. Pasaron los siglos y tanto los ingleses como los franceses, durante sus periodos de dominación, lo fueron ampliando y manteniendo, tanto para su uso defensivo como civil. Pero durante los últimos años del siglo pasado el camino se fue perdiendo en el olvido, y no fue hasta el año 2010, después de numerosas expropiaciones (atraviesa 120 fincas privadas), cuando fue reacondicionado y equipado con decenas de escaleras y barandillas de madera, más de 1.000 estacas indicadoras y más de 100 barreras (construidas con piedra *marès* y las populares *barreres d'ullastre*). Fue finalmente señalizado y puesto a disposición de los viandantes, ciclistas y jinetes en el año 2011.

SUGERENCIA
Usa el bus o el taxi para volver al punto de partida.

CAVALLS DE FERRO:
Menorcasport es una empresa de deportes de aventura que ha diseñado la vuelta a Menorca en bicicleta de montaña. Organizan y gestionan las rutas con alojamientos, transporte, etc. www.cavallsde-ferro.com

MENORCA A CABALLO
Puedes hacer el Camí de Cavalls a caballo con esta empresa. www.menorcaa-cavall.com

Foto: Camí de Cavalls de Es Grau a sa Torreta.

Lo mejor del Camí de Cavalls
Etapa 1
MAÓ - ES GRAU

Tengo que admitir que esta es una de las etapas de la costa norte que menos me agradan, sobre todo si haces el recorrido al completo y además te toca caminarlo en uno de esos días en que bufa la tramontana. El tramo que va de Maó a Cala Mesquida va siempre por carretera, por eso te recomiendo que comiences a caminar desde el poblado de pescadores o el parking de la playa de Sa Mesquida. En bici sí que merece la pena hacerla.

La ruta más tediosa

SUGERENCIA
Usa el bus o el taxi para volver al punto de partida.

TAXI
Asociación Menorquina de Radio Taxi. Tel.: 971 482 222 / 971 367 111. www. taximenorca.es.

Longitud: 10 km (4,7 km asfaltados).
Tiempo estimado: 3 h 30 min.
Desnivel: 250 m.
Dificultad: Media - baja.
Mi puntuación andando: 5.
Ciclabilidad: Excepto en un par de tramos cortos de gran pendiente la ciclabilidad, en general, es muy buena, ya que la mayoría del recorrido se hace por carretera o pistas anchas y rápidas.
Mi puntuación en bici: 7.

Lo mejor

Sin duda el mejor tramo es el que comienza a partir de Sa Mesquida y que concluye en la carretera que va a Es Grau. En Sa Mesquida tienes una playa excepcional para darse un baño y la visita a la torre de defensa británica, construida en 1798. En cuanto empieces a caminar y abandones la zona urbanizada llegarás primero hasta el Macar de Binillautí y después a la caleta de Binillautí, dos playas de piedras donde aún persiste un par de esos populares refugios de pescadores reconvertidos en humilde casita de veraneo que los isleños llaman *casetes de vorera*. La etapa te llevará por campos de cultivo y parajes olvidados por el gran público, paisajes que viven ajenos al turismo.

Lo peor

El tramo de asfalto comprendido entre Maó y Sa Mesquida, de 4 km de extensión, y los días de fuerte tramontana. Estos fríos vientos del norte pueden llegar a superar los 80 km/h sostenidos y son peligrosos tanto para caminar como para rodar en bici. Esta etapa discurre por una zona muy expuesta al viento, sin apenas refugio alguno.

SIGUE LA ETAPA EN LOS MAPAS de las páginas: 238 - 241.

Foto: Sa Mesquida.

Lo mejor del Camí de Cavalls
Etapa 2
ES GRAU - FAVÀRITX

Si alguien me preguntase sobre cual es la mejor etapa del Camí de Cavalls para hacer incluso con los niños le diría que esta. Con los pequeños y con cualquiera, porque recorre lo mejor del Parc Natural de s'Albufera des Grau antes de llegar al Far de Favàritx, uno de los enclaves más interesantes de Menorca, pasando por alguna de las playas más hermosas y apetecibles. Si tengo que elegir una etapa... ¡me quedo con esta!

La ruta para todos los públicos

Longitud: 8,6 km.
Tiempo estimado: 3h 30min.
Desnivel: 250 m.
Dificultad: Media - baja.
Mi puntuación andando: 9.
Ciclabilidad: A nivel general es alta, aunque hay tramos de gran pendiente en los que tendrás que bajarte de la bici y otros de arena totalmente impracticables. Ten cuidado con los viandantes, ya que es una ruta muy transitada.
Mi puntuación en bici: 7.

cluso con esos vientos del norte. También podrás acercarte hasta alguna calita deliciosa para tomar el sol como Dios te trajo al mundo y bañarte con tranquilidad. La torre de Rambla o Sa Torreta es una torre de defensa con más de 200 años de historia que a todos les gusta explorar, tanto a los niños como a los que no lo somos tanto. También hay un poblado talayótico cercano, aunque para visitarlo hay que salirse del itinerario.

Lo mejor

L'Albufera des Grau, un lugar ya de por sí interesante por sus rutas senderistas perfectamente diseñadas para descubrir el humedal y las aves que lo habitan. Las playas por las que vas a pasar tampoco tienen precio. Algunas se encuentran entre las mejores de la isla: Es Grau, Arenal de Morella, Cala Presili, etc. Son playas de aguas azul turquesa, con dunas bien conservadas y orillas arenosas muy cómodas para el baño. Otra de sus ventajas es que apenas sufren la tramontana, así que podrás disfrutarlas in-

Lo peor

Siendo una etapa tan popular a veces hay demasiada gente.

SIGUE LA ETAPA EN LOS MAPAS de las páginas: 214 - 217.

AUTOBÚS
AUTOS FORNELLS enlaza Maó con Es Grau. Tel.: 971 154 390 - 686 939 246 , www.autosfornells.com.
TORRES Autobuses urbanos en Maó. Tel: 971 384 720, www.e-torres.net.

Foto: Arenal de Morella.

Lo mejor del Camí de Cavalls
Etapa 3. FAVÀRITX - ARENAL D'EN CASTELL

ESTA ETAPA SE ENCUENTRA ENTRE LAS TRES MEJORES DE LA COSTA NORTE, TANTO POR LA CALIDAD DEL PAISAJE QUE RECORRE —QUE ES EXCEPCIONAL— COMO POR LOS PUNTOS TAN EMBLEMÁTICOS QUE VISITA: CAP DE FAVÀRITX, PORT D'ADDAIA, PLAYAS DE S'ENCLUSA Y SIVINAR DE MONGOFRE, ETC. SI TOMAS EL CAP DE FAVÀRITX COMO PUNTO DE PARTIDA PUEDES COMENZAR A CAMINAR HACIA EL ESTE (ETAPA 2) O HACIA EL OESTE (ETAPA 3) Y HABRÁS RECORRIDO CASI TODO LO MEJOR. ¡ÁNIMO!

Aunque dura, es una de las rutas más destacables del norte

TAXI
Asociación Menorquina de Radio Taxi. Tel.: 971 482 222 / 971 367 111. www. taximenorca.es

Longitud: 13,6 km (5,7 km asfaltados).
Tiempo estimado: 5 h.
Desnivel: 300 m.
Dificultad: Media.
Mi puntuación andando: 8.
Ciclabilidad: Baja solo en aquellos tramos de camino sin asfaltar de mayores repechos, especialmente a partir de que dejas la carretera del Cap de Favàritx y no la vuelves a coger hasta cerca del Port d'Addaia. Es una ruta técnica por la dureza de los desniveles, aunque la senda es ancha y está en buen estado.
Mi puntuación en bici: 7.

Foto: Sivinar de Mongofre.

Lo mejor
Es comenzar a caminar en un lugar

tan emblemático como el Cap de Favàritx, con ese paisaje tan característico y singular. Pero no acaba aquí la cosa: cuando dejes ese primer tramo de asfalto comenzarás a caminar por uno de los tramos más salvajes de la costa norte de Menorca, pasando junto a playas vírgenes realmente singulares, como la de En Caldés, S'Enclusa y el Sivinar de Mongofre. Si quieres puedes salirte del camino y seguir hacia Cala en Brut, un inhóspito paraje alejado del mundo, o reservarte para lo mejor, que es pasar junto a las salinas de Mongofre y ese hermoso fiordo natural que da forma al Port d'Addaia. El último tramo discurre a la vera de la laguna teniendo a la vista todos los barcos que encuentran aquí uno de los mejores refugios de la costa norte.

Lo peor
El tramo que va del Port d'Addaia al Arenal d'en Castell, ya que hay que caminar por carretera.

SIGUE LA ETAPA EN LOS MAPAS de las páginas 184 y 198.

Lo mejor del Camí de Cavalls Etapa 4. ARENAL D'EN CASTELL - CALA TIRANT

Si deseas caminar por terrenos vírgenes teniendo siempre el mar a la vista esta es la peor de las opciones, ya que la mayor parte del recorrido se hace tierra adentro y la mitad —aproximadamente— discurre por carretera o por las calles de urbanizaciones repletas de hoteles y bloques de apartamentos. Nos queda, eso sí, las vistas de Las Salinas y las ruinas de la Basílica Paleocristiana del siglo VI del Cap d'es Port.

La ruta con más tramos por carretera

Longitud: 10,8 km (5,4 km asfaltados).
Tiempo estimado: 3 h 30min.
Desnivel: 140 m
Dificultad: Fácil.
Mi puntuación andando: 7.
Ciclabilidad: En general es muy buena, ya que la mitad del trayecto se hace por asfalto, aunque hay un tramo malo al principio de la etapa (los 1.200 m del sendero rocoso que hay entre el Arenal d'en Castell y Son Parc) y otro pequeño tramo complicado al subir del Arenal de Son Saura hacia Fornells.
Mi puntuación en bici: 6.

Lo mejor

Está en el tramo de 4,5 km que va de Son Parc hasta la salida a la carretera de Fornells a Maó (Me-7). Es interesante por ir caminando entre el pinar, sin nada construido, y, al final, junto a las Salines de la Concepció. Merece la pena acercarse a Cala Blanca y Cala Roja. Y si vas sobrado de fuerzas –y quieres caminar otras 3 horas más– sigue por la pista hacia la derecha y sube hasta la Talaia de Fornells. Esta es una de las zonas más vírgenes y apartadas de Menorca; una ruta dura pero que merece la pena hacer (buena también para la BTT). Si te decides vete bien avituallado. Aparte de este tramo largo tienes otros 1.200 m interesantes por hacer entre Son Parc y el Arenal d'en Castell, ya que discurren al pie de los acantilados de Sa Llosa, con las mejores vistas de sus impresionantes aguas de color turquesa.

Lo peor

Tener que caminar tanto por carretera y entre las urbanizaciones.

SIGUE LA ETAPA EN EL MAPA de la página: 134, 148 y 166.

AUTOBÚS
AUTOS FORNELLS enlaza Maó con Cala Tirant, Fornells, Son Parc, Arenal d'en Castell Punta Grossa, Macaret y Addaia. Tel.: 971 154 390 - 686 939 246, www.autosfornells.com.

Foto: Arenal de Castell a Son Parc.

Lo mejor del Camí de Cavalls
Etapa 5
CALA TIRANT - BINIMEL·LÀ

Esta etapa es relativamente sencilla porque se puede hacer en dos porciones. La primera mitad une Cala Tirant con la carretera del Cap de Cavalleria y es la porción menos dura. La segunda es, quizás, la más bonita, pero también la que tiene más desnivel. Caminarás por terrenos inhóspitos de colinas desiertas y calas salvajes. Encontrarás rincones de belleza excepcional y gozarás de dos de las mejores playas de la isla.

La ruta para todos los públicos

Longitud: 9,6 km.
Tiempo estimado: 4h.
Desnivel: 300 m.
Dificultad: Media.
Mi puntuación andando: 7.
Ciclabilidad: Media. Hay tramos relativamente buenos y otros muy malos, como las escaleras de madera que hay que superar con la bici al hombro tanto en Cala Tirant como en Cavalleria. También está el inconveniente de rodar sobre la arena de estas dos playas.
Mi puntuación en bici: 6.

Lo mejor
La soledad del paisaje y la sensación de abandono que se experimenta al caminar entre Cala Tirant y la carretera del Cap de Cavalleria. Los *socarrells*, esos arbustos endémicos –bajos, de forma esférica y muy espinosos– que aquí son mayoría. Cuando llegues al museo visítalo, porque merece la pena verlo. Allí sabrás mucho más del yacimiento romano del Port de Sanitja, de las excavaciones que se están realizando, de los campamentos de arqueología... Si quieres acabar aquí la etapa y no proseguir hasta Binimel·là te recomiendo que sigas caminando hacia el Port de Sanitja y que esperes hasta la puesta de sol. Las vistas son excepcionales. Y mejor aún si subes por la carretera al faro del Cap de Cavalleria y te asomas al borde de esos acantilados tan verticales. Estarás en la porción de tierra más septentrional de las Islas Baleares. No se puede estar más al norte de no ser en la Illa des Porros.

Lo peor
El tramo de asfalto (1.300 m) que hay antes del 6parking de la playa de Cavalleria.

SIGUE LA ETAPA EN EL MAPA de la página: 108 y 134.

Foto: Cala Roja.

LO MEJOR DEL CAMÍ DE CAVALLS

Lo mejor del Camí de Cavalls
Etapa 6
BINIMEL·LÀ - ELS ALOCS

Esta etapa es recomendable solo para los más aguerridos senderistas, ya que es muy dura por la cantidad de pendientes que hay que superar. Si puedes comienza en Els Alocs y acaba en Binimel·là, donde te será más fácil que te vengan a buscar (en taxi, etc). Además, no haya nada mejor que acabar la ruta tomando una cerveza bien fresquita en el bar de Binimel·là, disfrutando de las vistas del valle al final de la tarde.

La ruta de los "iron man"

Longitud: 8,9 km.
Tiempo estimado: 5h.
Desnivel: 500 m.
Dificultad: Alta.
Mi puntuación andando: 7.
Ciclabilidad: Baja, ya que hay tramos (especialmente entre Cala Barril y Els Alocs) donde el sendero es estrecho y de gran pendiente. En general es un "sube y baja" continuo que acaba con tus fuerzas. Además, de querer abandonar a mitad de la etapa estarás muy lejos de todo y tendrás que hacer la ruta de vuelta por el mismo camino o llegar hasta el final. No te queda otra solución.
Mi puntuación en bici: 6.

Lo mejor

La diversidad de paisajes y, sobre todo, de litologías, ya que caminarás sobre afloraciones de roca volcánica (las únicas de la isla), playas de arena rosada, suelos de rocas rojas... También es interesante la cantidad de calas por las que vas a pasar, algunas de las cuales (como Binimel·là y Pregonda) se encuentran entre las más impresionantes de la isla y son de visita obligada. Lo que más me llama la atención es la sensación de abandono y la ausencia casi total de turistas (excepto en las playas de Pregonda, etc.); la soledad, la calma, el silencio... tal parece que estuvieras a miles de kilómetros del mundo.

Lo peor

Que es la más dura de la costa norte, con tramos de gran pendiente y sin sombra alguna. Es un sube y baja constante que acaba con las piernas. Haz la etapa bien hidratado y protegido del sol con un gorro, etc. Lleva contigo al menos 3 l de agua por persona y nunca camines a mediodía durante el verano.

SIGUE LA ETAPA EN EL MAPA de la página: 96 y 108.

TAXI
Asociación Menorquina de Radio Taxi. Tel.: 971 482 222 / 971 367 111. www.taximenorca.es.

AUTOBÚS
AUTOS FORNELLS enlaza Maó con Cala Tirant. Tel.: Tel.: 971 154 390 - 686 939 246, www.autosfornells.com.

Foto: Cales Morts y cala Pregonda.

Lo mejor del Camí de Cavalls
Etapa 7
ELS ALOCS - ALGAIARENS

Esta es una de mis etapas preferidas en la costa norte de Menorca por la gran variedad de paisajes por los que discurre. En casi 10 km conocerás tres de las playas más famosas de la isla, totalmente diferentes entre sí, como es la de arenas y acantilados rojizos del Pilar, la de dunas y sedimento fino de Algaiarens y la de grandes cantos redondeados con tonos granates del Macar d'Alfurinet. Hay tramos de playa, campo, bosque...

La ruta de los contrastes

TAXI
Asociación Menorquina de Radio Taxi. Tel.: 971 482 222 / 971 367 111. www.taximenorca.es.

Longitud: 9,7 km.

Tiempo estimado: 4h 30min.

Desnivel: 200 m

Dificultad: Media.

Mi puntuación andando: 8.

Ciclabilidad: Lo más duro es el sendero que va de Els Alocs a la Cala del Pilar, aunque hay otros tramos peores, como la subida por la arena (600 m) a partir de El Pilar. La mejor parte está después de superar esa zona arenosa, ya que comienzan tramos de camino anchos y muy rápidos, donde más se disfruta de la conducción.

Mi puntuación en bici: 6.

Foto: Els Alocs, El Pilar y, al fondo, el Macar d'Alfurinet.

Lo mejor

La diversidad de paisajes: playas de arena, playas de *macs*, grandes dunas, senderos a la sombra entre el encinar, caminos al borde del mar, zonas de cultivo, el humedal del Torrent d'Alfurí y, como meta final, el chapuzón en las preciosas playas de Algaiarens. Pero antes de llegar tienes que pararte y hacer unas cuantas fotos en el impresionante Macar d'Alfurinet, donde se da la mejor representación de estas playas de grandes rocas redondeadas por el oleaje (algunas como si fueran gigantescos huevos de dinosaurio). En esta misma playa puedes ver los restos de la entrada a una antigua mina de hierro y los de la caseta originaria, hoy reformada. Si tienes ganas de caminar aún más salte de la ruta y acércate a la playa de *macs* de Cala Carbó. Es duro físicamente, pero merece la pena verla.

Lo peor

La verdad es que no hay nada que me disguste, excepto aquellos tramos "rompepiernas" donde pesan los quilos (y los años).

SIGUE LA ETAPA EN EL MAPA de la página: 84 y 96.

Lo mejor del Camí de Cavalls
Etapa 8
ALGAIARENS - CALA MORELL

Esta es una etapa de tránsito y de bellos contrastes: por un lado están los bosques de pinos y las dunas de la Vall d'Algaiarens y por el otro el comienzo de la Menorca Seca. Primero caminarás a la sombra, luego al borde del mar con las mejores vistas y al final junto a terrenos de cultivo abandonados, así hasta llegar a la urbanización de Cala Morell, el mejor y único momento de tomarse un refrigerio y visitar la necrópolis.

La ruta más corta y la más dominguera

Longitud: 5,4 km.
Tiempo estimado: 2h 30min.
Desnivel: 150 m.
Dificultad: Media.
Mi puntuación andando: 6.
Ciclabilidad: Buena excepto en el tramo que va de Ses Fontanelles al Codolar de Biniatram, que hay que ascender por un sendero estrecho y muy empinado.
Mi puntuación en bici: 6.

Lo mejor

Las dos playas de Algaiarens –de las más bellas de Menorca– y el precioso tramo que va de Ses Fontanelles al Codolar de Biniatram, pues discurre a la vera del mar por un sendero con unas vistas espectaculares. Y lo más importante de todo: la visita a las cuevas de la necrópolis de Cala Morell. Estas construcciones funerarias talayóticas estuvieron en funcionamiento entre el año 1800 a.C. y el siglo II d.C. Son fáciles de visitar (incluso con niños), están bien conservadas, señalizadas, equipadas con un panel explicativo y además son gratuitas. Merece la pena pasearse entre ellas y entrar en alguna de las 15 cuevas existentes, con sus curiosas formas ovaladas y sus pilastras y columnas. Además de las cuevas mayores hay otras 20 más pequeñas que pudieron haberse empleado para depositar urnas con cenizas o para enterramientos infantiles. Aunque aprovecharon cuevas naturales ya existentes, la mayoría las hicieron labrando la roca con medios poco evolucionados. Imagínate lo que tuvieron que trabajar...

Lo peor

El último tramo, porque discurre primero por una zona agrícola sin vistas al mar y después por terreno urbanizado.

SIGUE LA ETAPA EN EL MAPA de la página: 84.

AUTOBÚS
TORRES enlaza Ciutadella con cala Morell (línea 62). Tel.: 971 384 720, www.e-torres.net.

Foto: De Ses Fontanelles al Codolar de Biniatram.

Lo mejor del Camí de Cavalls
Etapa 9
CALA MORELL - PUNTA NATI

Este tramo es totalmente diferente a los anteriores, ya que a partir de Cala Morell caminaremos junto acantilados de verticalidad sorprendente y entre parajes pelados por la insistencia del viento. Además de todos esos muros de *paret seca* podrás gozar viendo la mayor concentración de *ponts de bestiar*, esas barracas para el ganado de curiosas formas circulares que suponen una muestra de arquitectura rural excepcional.

La ruta del secarral

TAXI
Asociación Menorquina de Radio Taxi. Tel.: 971 482 222 / 971 367 111. www. taximenorca.es.

Longitud: 7 km.
Tiempo estimado: 2 h.
Desnivel: 100 m
Dificultad: Si tenemos en cuenta que apenas hay inclinación podríamos afirmar que es fácil, pero teniendo en cuenta el carácter pedregoso del firme el grado de dificultad podría llegar a ser medio.
Mi puntuación andando: 7.
Ciclabilidad: Media - baja debido al mal estado del terreno. No se disfruta del paisaje porque no puedes levantar la vista del sendero.
Mi puntuación en bici: 4.

Lo mejor

Foto: De Cala Morell a Punta Nati.

Las barracas para el ganado (muchas y en muy buen estado), todos esos muros de *paret seca*, la singularidad y soledad del paisaje, las vistas desde los acantilados y, al final, llegar hasta el faro y sus curiosos búnkers, construidos con las rocas de los alrededores para mimetizarse con el entorno, con un aspecto similar a los *ponts de bestiar,* donde se protege el ganado. No te olvides de acercarte hasta el acantilado del Codolar de Torrenova, donde está la cruz en honor a los fallecidos en el General Chanzy, el barco de vapor que se hundió aquí en 1910 con más de 100 desaparecidos. Solo hubo un superviviente...

Lo peor

Que no hay donde resguardarse ni del sol ni de la tramontana. Cuando haya previsión de fuerte temporal del norte es preferible no hacer el recorrido, ya que los vientos pueden superar los 80 km/h. Lleva un gorro, gafas de sol y agua en abundancia, porque no hay ninguna sombra para refugiarse que no sean las barracas del ganado.

SIGUE LA ETAPA EN EL MAPA de la página: 84.

Lo mejor del Camí de Cavalls
Etapa 10
PUNTA NATI - CIUTADELLA

En este tramo volveremos a sentir la Menorca más pelada —la del paisaje azotado por el viento sin una mala sombra— hasta que lleguemos al territorio urbano de Els Delfins y Ciutadella. Los primeros 5 km son todo roca, terrenos agrícolas reticulares parcelados por muros de PARET SECA. Todo es sorprendentemente bello hasta que comienza el asfalto en Calespiques, los últimos 5,5 km de camino antes de llegar a Ciutadella.

La ruta del Pont d'en Gil

Longitud: 10,5 km.
Tiempo estimado: 3 h.
Desnivel: 200 m
Dificultad: Media entre Punta Nati y Calespiques (los primeros 5 km), y fácil de ahí hasta Ciutadella (los últimos 5,5 km por asfalto).
Mi puntuación andando: 6.
Ciclabilidad: Baja de Punta Nati a Calespiques, ya que la senda discurre por un camino muy pedregoso que te obliga a bajar de la bici constantemente, y ciclabilidad muy alta entre Ciutadella y Calespiques, por circular sobre terreno asfaltado. Muchos ciclistas evitan el primer tramo volviendo hasta Ciutadella por la preciosa carretera rural con carril bici (Cf-5) que va del faro de Punta Nati hasta la Ronda Nord (4,9 km). De ahí a Ciutadella se circula por carretera con abundante tráfico. Son apenas 1.000 m.
Mi puntuación en bici: 6.

Lo mejor

La arquitectura agrícola y los parajes desolados por el viento, con todas esas barracas circulares, los pozos y abrevaderos, los muros de piedra, etc. Poco antes de llegar a la depuradora están los restos abandonados de la batería militar (con una trinchera, etc.) y el Semàfor de Bajolí, una base de comunicación telegráfica y estación meteorológica que empleaba banderas para comunicarse con los barcos. También tendrás a tu paso el Pont d'en Gil, el puente de roca natural más famoso.

Lo peor

El tramo que discurre por las zonas urbanizadas y el paso junto a la depuradora, con sus "aromas" tan poco agradables. Tampoco es agradable que no haya donde resguardarse del sol ni del viento.

SIGUE LA ETAPA EN EL MAPA de la página: 70.

AUTOBÚS
TORRES enlaza Ciutadella con cala Morell (línea 62) y tiene una línea urbana (nº60) en Ciutadella que te lleva a Sa Farola. La nº 61 enlaza Ciutadella con la urbanización Els Delfins y las playas de Cala en Blanes y Cala en Forcat. Tel.: 971 384 720, www.e-torres. net.

Foto: Faro de Punta Nati.

Lo mejor del Camí de Cavalls
Etapa 11
CIUTADELLA - CAP D'ARTRUTX

Habiendo etapas de tanta variedad paisajística esta es una de las menos interesantes, ya no solo porque la mitad del trayecto discurra por terreno urbano, sino porque el resto se vuelve monótono y con pocos atractivos que no sea un par de trincheras y las puestas de sol. Es Mallorca la que se deja ver en la distancia, y el sol enrojecido quien ilumina sus montañas mientras el faro reclama su presencia con 3 destellos cada 10 segundos.

La ruta de las mejores puestas de sol

Longitud: 13,2 km (6,5 km asfaltados).
Tiempo estimado: 4 h.
Desnivel: 50 m
Dificultad: Baja entre Ciutadella y Cala Blanca y media-baja antes de llegar al Cap d'Artrutx.
Mi puntuación andando: 5.
Ciclabilidad: A partir de Cala Blanca la ciclabilidad es media, lo cual, unido a que tampoco tiene mucho interés, aconseja hacer el trayecto rodando por la carretera que va de Ciutadella al Cap d'Artrutx. Todo depende del tiempo y de las ganas que tengas de empujar la bici...
Mi puntuación en bici: 4.

Foto: Camí de Cavalls de Cala Blanca al Cap d'Artrutx.

Lo mejor

El único tramo que merece la pena es la porción de etapa que comienza a partir de Cala Blanca. En la esquina de la Avinguda de Llevant empieza la pista que pasa primero junto a una trinchera antes de internarse en esta zona de costa pelada. Caminarás al pie de acantilados de baja altura por un sendero del que si te sales lo sufrirán tus pies. Después de cruzar varias barreras llegarás hasta las antiguas baterías militares de Son Oliveret, que aún conservan una gran trinchera longitudinal empotrada en el suelo. De aquí en adelante solo queda como punto de interés el faro.

Lo peor

Que en cuanto dejas la zona urbana no hay una mala sombra bajo la que refugiarse del sol. Pero lo que más me molesta (por no decir otra palabra) es ver esas aguas turquesas tan bonitas y no poder acceder al mar para darme un baño. Es el mar de s'Aigua Dolça.

SIGUE LA ETAPA EN EL MAPA de la página: 320.

Lo mejor del Camí de Cavalls Etapa 12. CAP D'ARTRUTX - CALA TURQUETA

Si quieres hacer una de las mejores etapas del sur y además sin sufrir demasiado te recomiendo esta. Aunque son 13,3 km al completo se pueden hacer solo los 8 km más interesantes entre Son Xoriguer y el Arenal de Son Saura. Puedes dejar el coche en el parking de esta última playa y hacer la ruta en sentido contrario, desde ahí hasta Cala'n Bosch, donde te resultará más fácil encontrar un taxi que te lleve de vuelta.

La ruta más liviana del sur y una de las más hermosas

Longitud: 13,3 km (2 km asfaltados).
Tiempo estimado: 4 h 30 min.
Desnivel: 120 m
Dificultad: Baja hasta la playa de Es Talaier y media de ahí en adelante.
Mi puntuación andando: 9.
Ciclabilidad: Media en general por lo rocosos que están algunos tramos del camino, aunque se podría considerar baja por la poca pendiente.
Mi puntuación en bici: 6.

Lo mejor

Me quedo con las vistas del mar y los colores que toman las aguas. A tu paso te podrás bañar en Cala Parejals y descubrir si sigue estando la playa de la cueva... Poco más adelante tienes que pararte en la cueva de Pardals y bajar a ver cómo izaban la barca con las poleas en este parking subterráneo para *llaüts*. Este también es buen sitio para darse un chapuzón e incluso bucear entre las rocas. Si sigues caminando irás descubriendo otro par de calitas antes de llegar al precioso Arenal de Son Saura, que cuenta con dos de las mejores playas del sur de Menorca.

Aquí puedes dejar la ruta o seguir caminando hasta la playa de Es Talaier, otra perla maravillosa. De ahí hacia En Turqueta la costa comienza a ganar altura. Aunque hay mejores vistas, ya se empieza a sentir el cansancio en las piernas.

Lo peor

Que no hay una mala sombra donde resguardarse del sol hasta que no llegas al pinar del Arenal de Son Saura. El tramo más duro (por la pendiente) es el que va de Es Talaier a Turqueta. Vete bien protegido del sol y que no te falte agua para beber porque no hay ningún bar cerca.

SIGUE LA ETAPA EN EL MAPA de la página 318.

SIGUE LA ETAPA EN EL MAPA de la página 318.

TAXI
Asociación Menorquina de Radio Taxi. Tel.: 971 482 222 / 971 367 111. www. taximenorca.es.

AUTOBÚS
E-TORRES enlaza Ciutadella con Son Saura, Cala'n Bosch, Son Xoriguer, Cala Blanca y Santandria. Tel.: 971 384 720, www.e-torres. net.

Foto: Vista aérea del Camí de Cavalls.

Lo mejor del Camí de Cavalls
Etapa 13. CALA TURQUETA - CALA GALDANA

Esta es la etapa que te llevará entre los bosques y barrancos que rodean a cuatro de las playas más bellas y famosas de la isla: Cala en Turqueta, Macarelleta, Macarella y Galdana. Disfrutarás de miradores excepcionales sobre la costa y la mejor vista de las playas, cuya sola contemplación invita al baño. Y hay otra buena noticia: que podrás tomarte algo bien fresquito a mitad de camino. ¡Que vivan los chiringuitos!

La ruta de las playas más famosas del sur de Menorca

TAXI
Asociación Menorquina de Radio Taxi. Tel.: 971 482 222 / 971 367 111. www. taximenorca.es.

Longitud: 6,4 km (0 km asfaltados).
Tiempo estimado: 2 h 30 min.
Desnivel: 200 m.
Dificultad: Baja.
Mi puntuación andando: 8.
Ciclabilidad: Alta excepto los tramos más próximos a Cala Macarella, en los que hay que bajar y subir el barranco y sus grandes repechos.
Mi puntuación en bici: 7.

Lo mejor

Nada tiene que ver la costa sur con la norte. Mientras que en la última caminábamos casi siempre al sol o expuestos a la tramontana aquí pasearemos a la sombra disfrutando de la masa forestal más densa de la isla. La costa gana altura y ofrece miradores sobervios desde los que disfrutar de las vistas. Otra de sus ventajas es que no hace falta ir tan bien perterchados ni cargados con tanta cantidad de agua, ya que tanto en Cala Macarella como en Cala Galdana hay o bien chiringuitos con bebidas frescas y comidas o toda una red de tiendas y supermercados donde avituallarse.

Lo peor

Es, sin duda, tener que subir y bajar los barrancos cada vez que se llega a una cala. Aunque el paisaje es muy bonito, en comparación con algunas etapas del Camí de Cavalls de la costa norte el paisaje de la costa sur puede llegar a resultarte un tanto monótono, pues cuando no son bosques de pinos son los barrancos y sus calas. De por medio no hay más que ver. Ni punto de comparación con la variedad geológica y paisajística que caracteriza a la costa norte.

SIGUE LA ETAPA EN EL MAPA de la página: 319.

Foto: Cala en Turqueta.

Lo mejor del Camí de Cavalls
Etapa 14. CALA GALDANA - SANT TOMÀS

Esta etapa del Camí de Cavalls es la que más se interna tierra adentro, perdiendo las panorámicas de la costa a las que nos tenía acostumbrados, por eso te voy a hacer estas dos sugerencias: o sigues el trazado original por el interior —que te llevará por los campos de cultivo y los bosques del famoso camino de ronda menorquín— o recorres el litoral por la red de senderos costeros dejando de lado el Camí de Cavalls.

La ruta más dura discurre por el interior, pero admite cambios

Longitud: Opción A (de Cala Galdana a Sant Tomás por el Camí de Cavalls): 10,8 km (0 km asfaltados). Opción B (de Cala Galdana a Sant Tomás por el sendero litoral): 5,3 km (0 km asfaltados).

Tiempo estimado: 4 h (opción A) o 2 h (opción B).

Desnivel: 300 m (opción A) o 350 m (opción B).

Dificultad: Media (opción A y B).

Mi puntuación andando: 7 (opción A) y 9 (opción B).

Ciclabilidad: Alta si no te sales del Camí de Cavalls y sigues la ruta originaria (opción A), pero muy baja por el sendero de costa (opción B), ya que está plagado de peldaños tallados en la roca, repechos imposibles, senderos estrechos, etc. que te obligarán a cargar la bici en el hombro constantemente.

Mi puntuación en bici: 6 (opción A), y un 2 (opción B).

Lo mejor

De la opción A me quedo con el interés paisajístico que tiene el pasar por las tierras de cultivo de alguno de los barrancos más importantes de la isla, como el de Trebalúger y el de Sa Cova. De la opción B lo mejor son las vistas del mar y la costa desde los acantilados y la cantidad de playas vírgenes que vas a poder conocer (Trebalúger, Fustam y Escorxada), que están entre las más bellas y tranquilas (especialmente las dos últimas) de la costa sur de Menorca.

Lo peor

La dureza del camino de la opción B, con escalones tallados en la roca, etc. caminando muy expuestos al sol. En la opción A, aunque más larga, caminas a la sombra.

SIGUE LA ETAPA EN EL MAPA de la página: 294.

AUTOBÚS
TMSA enlaza Maó con Sant Tomàs, Cala Galdana y Ciutadella. Tel.: 971 360 475, www.tmsa.es.

Foto: Sendero litoral en bici: ¡una locura!

Lo mejor del Camí de Cavalls
Etapa 15
SANT TOMÀS - SON BOU

Si no estás acostumbrado a caminar pero quieres hacer ni que sea un tramo del Camí de Cavalls esta es una de las mejores opciones, ya que se trata de una de las etapas más livianas y placenteras. Caminarás junto al mar primero y entre los campos de cultivo del Barranc de Sa Val después, descubriendo alguna de las calas más enigmáticas de la isla y la playa más extensa de Menorca. Dunas, humedales, arqueología... ¡lo tiene todo!

La ruta más liviana de la costa sur

TAXI
Asociación Menorquina de Radio Taxi. Tel.: 971 482 222 / 971 367 111. www. taximenorca.es.

Longitud: 6,4 km (0 km asfaltados).
Tiempo estimado: 2 h.
Desnivel: 50 m.
Dificultad: Baja.
Mi puntuación andando: 7.
Ciclabilidad: Alta excepto un primer tramo corto (de subida y por un sendero estrecho) al salir de la playa de Sant Tomàs.
Mi puntuación en bici: 8.

Lo mejor

Este es uno de los tramos del Camí de Cavalls más indicado para los senderistas menos curtidos, incluso para caminar con los más pequeños de la familia. Es perfecto porque apenas tiene pendiente, no es muy duro y además recorre porciones de costa muy bonitas, como las zonas de acantilados de baja altura de Atalis, donde podrás descubrir numerosas calitas. Tampoco desmerecen el humedal y las dunas de Son Bou, con la basílica paleocristiana como recompensa final. Una de las paradas que más les divierte a los pequeños es explorar la trinchera que hay tan pronto comienzas la ruta en Sant Tomás. Es uno de los PDI (puntos de interés en la costa) seleccionados (si te interesa tienes más información a partir de la página 301).

Lo peor

Es caminar a pleno sol, ya que apenas hay zonas sombrías. Haz la ruta bien protegido, con un sombrero, gafas de sol, crema protectora y agua potable en abundancia, ya que no hay donde comprar nada salvo al principio y al final de la ruta. Y, sobre todo, evita las horas centrales del día. Se disfruta mucho más a última hora de la tarde o primera de la mañana.

Foto:De Sant Tomàs a Son Bou.

SIGUE LA ETAPA EN EL MAPA de la página: 294.

Lo mejor del Camí de Cavalls
Etapa 16
SON BOU - CALA EN PORTER

AUNQUE TENGAS QUE DESVIARTE DE LA RUTA PRINCIPAL MERECE LA PENA ACERCARSE CAMINANDO HASTA DOS DE LOS PUNTOS MÁS INTERESANTES DE LA COSTA SUR: LAS RUINAS TALAYÓTICAS DE LA TORRE D'EN GALMÉS (LAS MÁS EXTENSAS DE BALEARES) Y LAS DE LA BATERÍA DE COSTA DE LLUCALARI, DONDE AÚN SE ENCUENTRAN DOS DE LOS CAÑONES MÁS GRANDES DE ESPAÑA, LOS VICKERS DE 381 MM DE DIÁMETRO, CAPACES DE ALCANZAR OBJETIVOS A MÁS DE 10 KM DE DISTANCIA.

La ruta de la prehistoria y los cañones de Navarone

Longitud: 8 km (1 km asfaltados).
Tiempo estimado: 3 h.
Desnivel: 190 m.
Dificultad: Media.
Mi puntuación andando: 7.
Ciclabilidad: Es especialmente baja solo al comenzar a subir el sendero que va de Son Bou a Llucalari y en algún tramo de descenso hacia el barranco de Cala en Porter.
Mi puntuación en bici: 8.

Lo mejor
Según vayas ascendiendo dando la espalda a los hoteles de Son Bou y las ruinas de la basílica paleocristiana te irás encontrando con las curiosas cuevas de veraneo del Cap de Ses Penyes. La playa está tras la cima, bajando, en Llucalari, una cala ajena al mundo por la que pasa el Camí de Cavalls. A partir de aquí la ruta comienza a internarse tierra adentro perdiendo parte de su interés hasta que te encuentras con el Camí de Sant Llorenç, desde el que puedes llegar (caminando 2 km hacia el NE) hasta las ruinas talayóticas de la Torre d'en Galmés (las mayores de Baleares y unas de las más vistosas e interesantes, con un centro de interpretación, etc.), o hasta las de la batería militar de costa de Llucalari (1,5 km hacia el SW siguiendo el camino), donde todos los jóvenes de Menorca hacían la mili voluntarios con tal de no tener que salir de la isla. Aunque estuvieron "okupadas" por neohippies que llegaron incluso a formar familia aquí, hoy en día están deshabitadas y pendientes de ser rehabilitadas.

Lo peor
Los tramos más aburridos que discurren por el interior sin una mala sombra.

AUTOBÚS
TMSA enlaza Maó con Cala en Porter y Son Bou. Tel.: 971 360 475, www.tmsa.es.

SIGUE LA ETAPA EN EL MAPA de la página: 294.

Foto: Cala Llucalari.

Lo mejor del Camí de Cavalls
Etapa 17
CALA EN PORTER - BINISSAFÚLLER

Esta etapa te permitirá conocer las mejores cuevas de enterramiento de la costa sur de Menorca. Es cierto que, salvando un par de barrancos, el trazado es monótono, ya que discurre en su mayoría tierra adentro, y no son sus vistas del mar ni de la costa el mayor de sus alicientes, pero lo que sí puede llegar a recompensarte el esfuerzo es la estampa de alguna de las masías más antiguas de la isla, una de ellas fortificada.

La ruta de los barrancos, las cuevas de enterramiento y las masías centenarias

TAXI
Asociación Menorquina de Radio Taxi. Tel.: 971 482 222 / 971 367 111. www. taximenorca.es.

Longitud: 11,8 km.
Tiempo estimado: 4 h.
Desnivel: 200 m.
Dificultad: Media.
Mi puntuación andando: 6.
Ciclabilidad: Media - alta. Hasta que no dejes atrás Cales Coves no mejora la ciclabilidad. A partir de ahí discurre con mayor facilidad por sendas y caminos entre fincas agrícolas y muros de "pared seca".
Mi puntuación en bici: 8.

Lo mejor

El tramo que va de Cala en Porter a Cales Coves, porque es, además de agradable para recorrer andando, muy interesante por la meta inter-

media. Cales Coves y sus cuevas de enterramiento son uno de los enclaves más atractivos y misteriosos de la costa sur de Menorca. A partir de aquí el camino discurre entre campos parcelados y terrenos poco accidentados hasta llegar al barranco de Es Canutells, que destaca por su bosquete de olmos. Saliendo de esta urbanización, hacia la derecha y a unos 1,2 km del trazado del Camí de Cavalls, se encuentran las cuevas de enterramiento de Caparrot de Forma, en los acantilados de la urbanización. De aquí a Binissafúller el trazado original se interna tierra adentro entre campos de cultivo y antiguas casas fortificadas como Sargossam, con una torre del siglo XVII y una era en buen estado. Las vistas de la comarca y las casas centenarias de Formet Nou, Formet Vell y Forma Vell completan la excursión.

Lo peor

Algunos tramos aburridos por asfalto, pistas y bajo el sol.

SIGUE LA ETAPA EN EL MAPA de la página: 276.

Foto: Cales Coves.

Lo mejor del Camí de Cavalls
Etapa 18
BINISSAFÚLLER - PUNTA PRIMA

ESTA ES LA ETAPA MÁS RECOMENDABLE PARA URBANITAS Y COMODONES, YA QUE DISCURRE EN SU MAYORÍA POR TERRENO ASFALTADO Y A TRAVÉS DE LAS URBANIZACIONES MÁS TRANQUILAS Y FAMILIARES DE LA COSTA SUR DE MENORCA. NO NECESITARÁS IR MUY PERTRECHADO, YA QUE PODRÁS PARAR A BEBER O COMER EN CASI CUALQUIER SITIO. PERO ESO SÍ, LLÉVATE LA CÁMARA Y LA TOALLA, PORQUE HAY LUGARES Y PLAYAS QUE LO MERECEN: BINIBÈQUER VELL, LA PLAYA DEL AIRE...

La ruta del asfalto, de las playas y de las urbanizaciones tranquilas

Longitud: 8,1 km (casi todos asfaltados).
Tiempo estimado: 2 h.
Desnivel: 100 m.
Dificultad: Muy baja.
Mi puntuación andando: 7.
Ciclabilidad: En general es muy alta, ya que discurre en su mayoría por terreno asfaltado.
Mi puntuación en bici: 5 (para los ciclistas de BTT más extremos) o un 9 (para los que vayan pedaleando con bicicletas de paseo).

Lo mejor

Después de la etapa nº 20 esta es la más desnaturalizada, ajena a la verdadera esencia del Camí de Cavalls, ya que no sale del asfalto en casi ningún momento. Esto es bueno para unos y malo para otros, aunque lo que gusta a todos sin excepción son todas esas tranquilas playas por las que vas a ir pasando, que aunque estén en su mayoría urbanizadas conservan una placidez y atractivos innegables. Los mejores chapuzones están en Binisafúller, Binibèquer o en la mismísima playa del Aire (Punta Prima), donde las aguas

toman unos colores imposibles. Y la mejor foto, la de la postal más típica de Menorca, la tienes en el poblado de Binibèquer Vell, aunque sea como de cartón piedra (por imitar un pueblo de pescadores que nunca existió como tal), ya que regala estampas difíciles de olvidar y muy fáciles de fotografiar. Casi al final de la excursión podrás acercarte a Biniancolla y Son Ganxo, donde también se pueden componer muy buenas fotos.

Lo peor

El tráfico y los atascos en los días clave del verano.

SIGUE LA ETAPA EN EL MAPA de la página: 274.

AUTOBÚS
TMSA enlaza Maó con Punta Prima, Binibèquer y es Cannutells. En verano también tiene paradas en la playa Biniancolla, en Cala Torret, playa de Binibèquer, Binibèquer Vell, playa de Binissafúller y Cap d'en Font. Tel.: 971 360 475, www.tmsa.es.

Foto: Binibèquer.

Lo mejor del Camí de Cavalls
Etapa 19. PUNTA PRIMA - CALA SANT ESTEVE

En esta etapa hay un tramo delicioso que te llevará al ras del agua por caminos de tierra regalándote las mejores vistas de la isla del Aire. El mar muestra colores imposibles mientras avanzas por terrenos vírgenes, aunque hay otros urbanizados con mejor o peor fortuna. Las construcciones que más satisfacen a la vista son las de las torres de Alcaufar y d'en Penjat, las atalayas de defensa de los matacanes y los verdugos.

La ruta de las torres y de las vistas

Longitud: 7,3 km.
Tiempo estimado: 2 h 30 min.
Desnivel: 70 m.
Dificultad: Media - fácil.
Mi puntuación andando: 7.
Ciclabilidad: Alta excepto algunos tramos rocosos entre Punta Prima y la Torre d'Alcaufar.
Mi puntuación en bici: 8.

Lo mejor

El tramo que va de la playa del Aire (Punta Prima) a Cala Alcaufar discurre a la vera del mar por terrenos totalmente vírgenes. Primero pasarás junto a las ruinas de unas salinas, luego avanzarás por un sendero delicioso, cómodo y sin pendiente alguna, teniendo las mejores vistas del

Foto: Vista aérea del Camí de Cavalls.

mar y de la isla del Aire, hasta llegar a los pies de la torre de Alcaufar, recientemente restaurada. Esta atalaya destaca por el matacán, una especie de tosca terraza con unos huecos a través de los cuales lanzaban todo tipo de objetos a quienes osasen atacar la atalaya desde tierra. Tras la torre verás una calita deliciosa para el baño, las estampas marineras de Alcaufar y el islote del Torn que la protegen del oleaje y, después de s'Algar, el Caló d'en Rafalet. De aquí hacia Cala Sant Esteve el camino se interna tierra adentro hasta llegar a la Torre d'en Penjat (del ahorcado), que recibe tal apelativo porque era en ella donde se ajusticiaba a los presos del castillo de Sant Felip. En Cala Sant Esteve merece la pena disfrutar de la estampa de las barcas menorquinas amarradas y acercarse al fuerte de Marlborough.

Lo peor

Los tramos aburridos que discurren por el interior sin sombra.

SIGUE LA ETAPA EN EL MAPA de la página: 262.

Lo mejor del Camí de Cavalls
Etapa 20
CALA SANT ESTEVE - MAÓ

Si alguien tuviese la amabilidad de preguntarme sobre cual es la etapa del Camí de Cavalls menos apetecible para hacer a pie le diría que esta, aunque discurra por el segundo puerto natural más grande de Europa y por una de las ciudades más interesantes y con mayor historia del Mediterráneo. Las calles de Maó, sus paseos marítimos y sus miradores se disfrutan a pie aún más y mejor sin falta de seguir el famoso camino.

La ruta del puerto de Maó

Longitud: 6 km (todo asfalto excepto 50 m).
Tiempo estimado: 1 h 30 min.
Desnivel: 50 m.
Dificultad: Muy baja.
Mi puntuación andando: 5.
Ciclabilidad: Muy alta, ya que discurre en su mayoría por terreno asfaltado.
Mi puntuación en bici: 5 (para los ciclistas de BTT más extremos) o un 6 (para los que vayan a pedalear con bicicletas de paseo).

Lo mejor

El fuerte de Marlborough y el Castillo de Sant Felip son una de las excursiones castrenses más interesantes en la orilla sur del puerto de Maó (en la norte está la impresionante fortaleza de La Mola). Cuando llegues a Es Castell intentaría salirme de la ruta principal para visitar el entrañable puerto de Calesfonts, donde disfrutarás tomando unas cervezas con las mejores vistas de la bahía. Cuando cae la noche es un lugar delicioso para pasear y cenar en las terracitas de verano. De aquí volvería al casco histórico de Maó para callejear, asomarme al

mirador del Passeig Marítim y empaparme de la vida de esta preciosa ciudad. Después bajaría hasta el puerto a disfrutar de la estampa de todos esos yates amarrados en la orilla (la parte que más me gusta es la de la Punta de Cala Figuera, especialmente para desayunar en cualquiera de sus terrazas a primera hora de la mañana). También te recomiendo que hagas alguna de las excursiones en barco por el puerto natural y así poder visitar los monumentos de sus islas.

Lo peor

Demasiado tráfico y asfalto para los auténticos senderistas.

SIGUE LA ETAPA EN EL MAPA de la página: 262.

TAXI
Asociación Menorquina de Radio Taxi. Tel.: 971 482 222 / 971 367 111. www.taximenorca.es.

AUTOBÚS
TMSA enlaza Maó con S'Algar, Cala Alcaufar y Punta Prima. Tel.: 971 360 475, www.tmsa.es. TORRES Autobuses urbanos en Maó Tel.: 971 384 720, www.e-torres.net.

Foto: Cala Sant Esteve.

Una isla para vivirla
MENORCA,
EL PARAÍSO DEL KAYAK

DESPUÉS DE HABER TENIDO LA SUERTE DE NAVEGAR TODA LA COSTA PENINSULAR Y MEDITERRÁNEA (ISLAS BALEARES, CROACIA, ITALIA, FRANCIA...) SIN DEJAR NI UNA PLAYA, PUERTO O PUEBLO MARINERO SIN VISITAR, Y DE HABER DISFRUTADO DE LOS TRAMOS MÁS ATRACTIVOS EN KAYAK DE MAR, PUEDO AFIRMAR —SIN TEMOR A EQUIVOCARME— QUE LA COSTA DE MENORCA ESTÁ ENTRE LOS CINCO MEJORES DESTINOS DEL MEDITERRÁNEO PARA DISFRUTAR PALEANDO. ¡PRUEBA Y VERÁS!

Menorca, 216 km de costa para explorar en kayak

Una isla diseñada para el kayak

Gracias a la grandísima variedad de sus paisajes costeros podrás navegar tanto por calas estrechas como por otras playas de arena blanca y fina infinitamente extensas. Disfrutarás explorando acantilados que caen a pico, divertidos escollos y canalillos, cuevas navegables, pequeñas bahías, albuferas, islotes en los que desembarcar y pasar la noche... La lista es interminable, por eso es tan divertido recorrer la costa de Menorca en kayak. Pero hay otra característica que la hace aún más recomendable...

La costa cien por cien navegable

Hay otras porciones de litoral en España que también son muy apetecibles para el kayak, pero tienen un problema: cuando soplan determinados vientos y se levanta la mar no tienes más remedio que volverte a casa. Pero en Menorca, por su orientación frente a los vientos dominantes y sus dimensiones (ni muy grande ni muy pequeña, con la costa opuesta a media hora de camino) lo tienes mucho más fácil. Si vienes para disfrutar del kayak y resulta que sopla tramontana puedes navegar por la costa sur, ajeno al oleaje y las malas condiciones, y si ocurriese lo contrario, te vas a la costa norte, así que nunca tendrás que volver sin haber gozado de tu deporte favorito. Si nunca lo has probado anímate, porque es un deporte muy sencillo y liviano —tanto técnica como físicamente—, y si se practica con cordura y yendo bien equipado no resulta en absoluto peligroso.

Foto: Cala Parejals.

Menorca en kayak: 10 etapas

Si vienes con ganas de experimentar el kayak de mar puede que te sirvan de ayuda estas 10 etapas, diseñadas para que puedas embarcar y desembarcar con relativa facilidad, avituallarte e incluso alojarte al final de cada etapa. Pues venir con tu propio kayak o alquilar uno, hacer solo alguna de las etapas o plantearte la travesía entera. Si es así puedes contar con la ayuda y los servicios de varias empresas especializadas que te lo pondrán más fácil. Tienes el listado completo al final de estas páginas. ¡Disfruta de la aventura!

COSTA NORTE
1. Ciutadella - Cala Morell

Puedes comenzar a navegar desde el puerto de Ciutadella, en la rampa de botadura que hay al fondo, donde además se puede dejar el coche aparcado gratis al lado mismo. El primer tramo discurre por calas estrechas como pequeños fiordos que están urbanizadas, pero pronto te quedarás solo disfrutando de la belleza salvaje de los acantilados. Ten en cuenta que desde Sa Cigonya (poco después del Pont d'en Gil) hasta Cala Pous (después del Faro de Punta Nati) no hay ningún lugar seguro para desembarcar, y desde ahí a Cala Morell tampoco, por eso considero esta etapa como de dificultad alta. Antes de salir a navegar avisa de tus intenciones, no vayas solo y ten en cuenta la tramontana. Este tramo es muy peligroso con mal tiempo y en caso de apuro.

Distancia*: 8,7 M (16,1 km).
Dificultad: Alta.
Mi puntuación: 7.

Lo mejor: Navegar rozando casi los acantilados –verticales y magestuosos–, explorar las cuevas y cruzar bajo los puentes de roca natural.

Lo peor: Que te sorprenda la tramontana en un tramo tan expuesto donde apenas hay sitios para desembarcar. Solo es recomendable para palistas experimentados.

2. Cala Morell - Binimel·là

Esta es una de las etapas más bellas por la gran variedad de paisajes que vas a descubrir. Hay tramos frente a playas salvajes donde no llega nadie desde tierra; unos frente a preciosas playas vírgenes y otros junto acantilados inexpugnables. En Cala Morell hay un embarcadero y un pequeño club náutico con rampa de botadura para poder botar el kayak sin cargar demasiado con él en las espaldas. No tendrás donde avituallarte hasta llegar a Binimel·là, donde hay un restaurante. Todo es delicioso mientras no aparezca la tramontana. Estos vientos del primer cuadrante son muy habituales en invierno, aunque pueden aparecer en cualquier época de manera imprevista y violenta, alcanzando fuerza 10 en solo 15 minutos después de un día en calma, con buena visibilidad y cielo despejado. Solo se puede prever por los partes meteorológicos. No obstante, si navegando vieras una línea blanca a lo lejos, en el horizonte, y empezara a formarse oleaje, es que está al caer, así que lo mejor que puedes hacer es buscar un playa para desembarcar y que nunca te pille navegando en mitad de la travesía. Es preferible estar en

* DISTANCIA corresponde a la mínima distancia posible, llevando rumbos directos.

¡CUIDADO! Antes de salir a navegar consulta la meteo en: www.windguru.cz

SUGERENCIA De ser necesario, usa el bus o el taxi para volver al punto de partida.

AUTOBÚS
TORRES
Tel.: 971 384 720, www.e-torres.net.
AUTOS FORNELLS
Tel.: 971 154 390 - 686 939 246, www.autosfornells.com.
TMSA
Tel.: 971 360 475, www.tmsa.es.

TAXI
Asociación Menorquina de Radio Taxi. Tel.: 971 482 222 / 971 367 111. www.taximenorca.es.

tierra firme y volver caminando que acabar empotrado contra los acantilados. Se prudente, lleva siempre agua potable en abundancia, algo de comer, calzado cómodo (por si hubiera que volver caminando), un mapa detallado y un teléfono móvil cargado (¡y en una funda estanca!). Avisa siempre de tus planes... ¡y disfruta de la aventura!

Distancia: 8,42 M (15,6 km).
Dificultad: Media.
Mi puntuación: 9.

Lo mejor: La diversidad de paisajes y la cantidad de playas vírgenes frente a las que vas a navegar, algunas de las cuales se encuentran entre las 10 mejores de la isla.

Lo peor: Que te sorprenda la tramontana.

3. Binimel·là - Fornells
Cuando aparques en Binimel·là tendrás que dejar el coche estacionado al menos a 200 m de la orilla y cargar con el kayak sobre las espaldas. En esta playa hay un bar -restaurante donde avituallarse. Si te sorprende el mal tiempo puedes desembarcar en el Port de Sanitja y llamar a un taxi para que venga a buscarte. Al doblar el Cap de Ca-

Foto: Excursión en kayak.

valleria debes extremar las precauciones, sobre todo si hay viento del NE. En Fornells puedes desembarcar con facilidad, avituallarte y hacer noche tranquilamente. Un poco antes tienes la playa de Tirant y la urbanización Platges de Fornells, donde también hay bares, restaurantes, tiendas y alojamiento.

Distancia*: 8 M (14,81 km).
Dificultad: Media - alta.
Mi puntuación: 8.

Lo mejor: El contraste entre los tramos de calas vírgenes y los de acantilados verticales inexpugnables.

Lo peor: Que te sorprenda la tramontana o las corrientes y el oleaje que se forma al doblar el Cap de Cavalleria.

4. Fornells - Addaia
Puedes comenzar a navegar desde cualquiera de estos puertos aprovechando sus facilidades (rampas de botadura, embarcaderos, alojamiento, vituallas, refugio frente a los vientos y varias empresas de alquiler de kayaks). Tanto en Son Parc como en S'Arenal d'en Castell podrás hacer una paradita para avituallarte e incluso alojarte.

Distancia*: 6,45 M (11,9 km).
Dificultad: Media.
Mi puntuación: 8.

Lo mejor: Navegar tranquilo y seguro dentro de la bahía de Fornells, descubriendo todas sus calitas vírgenes, a las que no llega casi nadie por tierra. Llegar paleando hasta las islas de Addaia y explorarlas.

Lo peor: Que te sorprenda el mal tiempo en el tramo que va de la salida del puerto de Fornells a punta Pentinat, y los vientos del N al E. Cuidado con las corrientes y el oleaje que se forman en este paso.

5. Addaia - Es Grau

Tanto en Addaia como en Es Grau tienes donde alquilar los kayaks (con excursiones guiadas, cursos de navegación, monitores, etc.) y embarcar con facilidad, así como varios restaurantes, tiendas, etc. Al doblar el Cap de Favàritx las condiciones de navegación pueden cambiar drásticamente, a mejor o a peor. Tenlo en cuenta.

Distancia*: 6,45 M (11,9 km).
Dificultad: Media.
Mi puntuación: 9.

Lo mejor: La cantidad de calas vírgenes que vas a poder explorar, a la mayoría de las cuales solo se llega desde el mar con suficiente comodidad. El paso frente al mítico Cap de Favàritx y las aguas tan cristalinas y luminosas de Cala Presili, Arenal de Morella y Sa Torreta, así como el freo que se forma entre las Illa d'en Colom y tierra, con sus maravillosas playitas vírgenes accesibles solo desde el mar.

Lo peor: Los vientos de levante a partir del Cap de Favàritx y los de tramontana antes de llegar al faro.

6. Es Grau - Maó

Este tramo es duro y peligroso, especialmente a partir de Es Murtar, aunque esconde pequeños tesoros. Puedes alquilar los kayaks tanto en Es Grau como en el puerto de Maó.

Consulta el parte meteorológico antes de salir a navegar y que no te sorprendan los vientos del N al E.

Distancia*: 9,41 M (17,42 km).
Dificultad: Alta.
Mi puntuación: 5.

Lo mejor: El primer tramo, el que va de Es Grau a Sa Mesquida, especialmente el paso entre los Illots de sa Cudia y frente a Punta sa Galera.

Lo peor: El tramo siguiente (especialmente entre Es Murtar y la entrada al Port de Maó), ya que está muy expuesto a los vientos del primer cuadrante (N al E) y es muy acantilado, sin suficientes oportunidades para desembarcar con seguridad en caso de urgencia.

COSTA SUR
7. Maó - Playa de l'Aire

Puedes comenzar a palear en Calesfonts (dentro del puerto de Maó) o desde Cala Sant Esteve, donde podrás dejar el coche y embarcar en cualquiera de las rampas de botadura y/o muelles. Podrás avituallarte en Calesfonts, s'Algar, Alcaufar y en la playa de l'Aire (Punta Prima), donde también podrás alojarte. Si no puedes desembarcar con facilidad en esta playa puedes intentarlo en el puertecito de Biniancolla, 2,3 km más hacia el E.

Distancia*: 6,72 M (12,4 km).
Dificultad: Media - baja.
Mi puntuación: 7.
Lo mejor: El tramo de costa (virgen, acantilada y de baja altura) que va de Cala Sant Esteve al caló d'en Rafalet. Palear sobre las aguas de la playa de l'Aire (Punta Prima) y ex-

* DISTANCIA corresponde a la mínima distancia posible, llevando rumbos directos.

¡CUIDADO! Antes de salir a navegar consulta la meteo en: www.windguru.cz o en www.meteocat.com

SUGERENCIA De ser necesario, usa el bus o el taxi para volver al punto de partida.

plorar la isla que lleva su nombre.
Lo peor: El tráfico incesante de embarcaciones deportivas que muchas veces pasan demasiado cerca y demasiado rápido. El oleaje que se forma entre la playa y la isla de l'Aire.

8. Playa de l'Aire - Son Bou

Este tramo de costa es delicioso para hacer en kayak por la gran cantidad de puntos de interés que atesora. Además, tiene la ventaja de que, salvando el último tramo (acantilado, salvaje y sin muchas posibilidades de bajar a tierra), el resto discurre por una porción litoral salpicada de calitas y zonas urbanizadas donde poder desembarcar y descansar con facilidad. Te recomiendo que pares a tomarte algo en el chiringuito de la playa de Binibèquer, que pases entre los islotes de la punta y que te acerques hasta el puente de roca natural. También puedes parar a comer o tomar algo en Binibèquer Vell, en Es Canutells y en Cala en Porter. En cualquiera de estas tres localidades hay rampa de botadura y muelle donde desembarcar con facilidad, pero no son las únicas. Tienes otros enclaves muy marineros donde bajar a tierra con facilidad y conseguir un taxi para volver al punto de partida inicial en caso de

Foto: Playa de Es Talaier.

necesidad. Además, siempre tendrás la carretera, casas, etc. suficientemente cerca para reclamar ayuda.

Distancia*: 11,29 M (20,9 km).
Dificultad: Baja.
Mi puntuación: 9.

Lo mejor: Toda esa cantidad de calas, de pintorescos puertos, de rincones marineros y, sobre todo, de cuevas horadas en la roca, algunas navegables con el kayak.

Lo peor: Malo no es, pero peligroso sí: se trata del tramo que va de Es Canutells a Son Bou, sobre todo si se levanta mar del SE-S-SW, ya que es una zona muy acantilada con tramos donde no podrás desembarcar con suficiente seguridad en caso de apuro. Pero eso sí, si las condiciones son buenas disfrutarás como nunca, porque es una zona preciosa y muy espectacular donde se goza como nunca de la sensación de libertad que da el kayak.

9. Son Bou - Cala Galdana

Si no tienes mucha experiencia con el kayak pero aún así no quieres marcharte de Menorca sin haberlo probado, te recomiendo que hagas esta etapa (o el primer pedazo de la siguiente). Es fácil, hay varias empresas de alquiler de kayaks (tanto en Sant Tomàs como en Cala Galdana) y es uno de los tramos más atractivos, pues recorre la mayor parte de las playas más emblemáticas de la costa sur de Menorca. Además, es un tramo de costa muy frecuentado por las embarcaciones y, de tener un problema, siempre habrá alguien que te ayude.
Distancia*: 6,34 M (11,4 km).

Dificultad: Baja.
Mi puntuación: 9.

Lo mejor: Que recorrerás alguna de las playas más emblemáticas de la isla, a muchas de las cuales solo se puede llegar con suficiente comodidad desde el mar. También navegarás sobre las aguas cristalinas de los mayores arenales de la isla y podrás acceder paleando hasta cuevas horadadas en los acantilados.

Lo peor: El primer tramo frente a las playas de Sant Tomàs, Sant Adeodat y Binigaus, ya que es un poco aburrido (demasiada arena y a veces demasiada gente). También hay que tener en cuenta los vientos del SW, que son los más incómodos.

10. Cala Galdana - Ciutadella

Podrás alquilar los kayaks tanto en Cala Galdana como en Son Xoriguer, playa de Son Saura y en Ciutadella (tienes todas las empresas de alquiler en las páginas siguientes). Si eres principiante o, simplemente, no quieres tener que esforzarte demasiado, te recomiendo que comiences, por ejemplo, en Cala Galdana, y que hagas una pequeña ruta de ida y vuelta hacia uno u otro lado. De Cala Galdana a las famosísimas playas de Macarella, Turqueta y Son Saura no hay mucho tramo que recorrer y sí mucho que disfrutar. Además de las propias playas en sí podrás explorar cuevas horadas en el acantilado y rincones que de ninguna otra forma se pueden descubrir. ¡Disfrutarás de lo lindo! También podrás alquilar los kayaks y comenzar a navegar desde la playa de Son Xoriguer hacia el E, hacia las playas de Cala Parejals, Son Saura, etc. Esta es otra magnífica opción, sencilla, poco dura físicamente y recomendable para todas las familias. El tramo que va de Cala'n Bosch a Ciutadella es menos interesante que los dos anteriores, ya que no pasa por calas tan espectaculares, aunque tiene el atractivo de las puestas de sol. Si tuviera que recomendarte un tramo para hacer en kayak con la familia o en pareja, sin grandes pretensiones, me quedaría con cualquiera entre Son Xoriguer y cala Escorxada. Ya sabes que puedes alquilar los kayaks y recibir los cursillos pertinentes desde varios puntos situados en mitad de esta etapa y la anterior. Tienes toda la información en las páginas siguientes.

Distancia*: 11,55 M (21,3 km) la etapa al completo. 6,47 M (11,48 km) entre Cala Galdana y Son Xoriguer, y 5,08 M (9,40 km) entre Son Xoriguer y Ciutadella.
Dificultad: Baja.
Mi puntuación: 9.

Lo mejor: Todas esas míticas calas, alguna de las cuales solo se alcanzan fácilmente desde el mar.

Lo peor: Los vientos del SW y el tráfico marítimo.

* DISTANCIA corresponde a la mínima distancia posible, llevando rumbos directos.

¡CUIDADO! Antes de salir a navegar consulta la meteo en: www.windguru. cz o en www. meteocat.com

Foto: Kayak en Algaiarens.

PADDLE SURF: KAYAK & SURF
El invento hawaiano más de moda en MENORCA

El Stand Up Surf, SUP o Paddle Surf es un saludable deporte originario de Hawái que consiste en surfear las olas ayudado con una pala
yendo de pie sobre un *longboad*, una tabla de tamaño similar a la del
windsurf. Tiene un poquito del windsurf, mucho del surf y otro poco
del kayak, pero por lo que más está triunfando es por el punto de vista
elevado que te permite ver los colores y la riqueza del fondo del mar.

La forma más fácil de deslizarse

Entre todos los deportes de deslizamiento (surf, windsurf, kitesurf,
wakeboard, ski, etc.) este es el más satisfactorio para los que empiezan.
La facilidad con que puedes comenzar a dominar la tabla y deslizarte
–esa sensación tan agradable que pronto se consigue por muy torpe que
seas o por muy pequeñas que sean las olas– es lo que más gusta. Se trata
de uno de los deportes más fáciles de aprender y de los más agradecidos,
sobre todo en estas costas con tan pocas olas surfeables. Si pruebas,
repites. ¡Ven y verás!

¿Por qué gusta tanto en Menorca?

Aunque el Paddle Surf se diseñó originalmente para surfear las olas, en
esta isla de aguas tan calmadas esto es lo de menos. Aquí lo que más
gusta del Paddle Surf es que al remar erguido, de pie sobre la tabla, ob-
tienes un punto de vista suficientemente elevado para poder disfrutar al
máximo de la cristalinidad y los colores turquesas de las aguas. Si puedes
pruébalo en playas sobre fondos de arena blanca de poca profundidad
y llevando gafas de sol polarizadas. Hay ocasiones en que la sensación
óptica produce vértigo, pues ves el fondo sin notar el agua, y en vez de
estar deslizándote y flotando sobre el líquido elemento tal parece que
estuvieras volando sobre el fondo del mar. Esta sensación es similar a la

Foto: Paddle
Surf con la
empresa Dia
Complert.

que se obtiene al na-
vegar de pie en peque-
ñas embarcaciones.

Lo peor: Si pretendes
recorrer largas distan-
cias y/o sobre aguas
más movidas es prefe-
rible el kayak de mar,
ya que es más rápido
y seguro.

Dónde alquilar en la costa norte

King Caiacs: Alquila kayaks autovaciables (abiertos) de 1 o 2 plazas y organiza excursiones guiadas personalizadas desde la playa de Es Tancats (Algaiarens) y la de Banyul (Son Saura) de junio a septiembre, entre las 9 h y las 19 h. Tel.: 667 553 518 / 615 150 805. www.kingcaiacs.com.

Dia Complert- Aventura náutica: Además de alquilar kayaks en la bahía de Fornells y Cala en Porter organizan excursiones de 4 horas, otras personalizadas para 4 personas y también la vuelta completa a la isla, ocupándose de la logística. También dan clases y alquilan tablas de Paddle Surf. Tel.: 609 670 996, www.diacomplert.com.

Kayak Charter Fornells / Addaia: Organiza excursiones y alquila kayaks autovaciables (abiertos) y Paddle Surf en el Port d'Addaia y en la Bahía de Fornells. Tel.: 626 486 426 www.katayak.net.

Menorca en Kayak: Organizan excursiones guiadas desde Es Grau y la vuelta a Menorca en kayak, ocupándose de toda la logística. También alquilan y dan clases de Paddle Surf y kayak de mar, tanto autovaciables (abiertos) como de bañera (cerrados). Ofrecen packs multiaventura (con kayak, BTT y senderismo). Tel.: 669 097 977. www.menorcaenkayak.com.

Dónde alquilar en la costa sur

Club Marítimo de Mahón: Entre otras actividades, dan clases de kayak en el puerto de Maó. Tel.: 971 365 022, www.clubmaritimomahon.com.

Club Náutico de Villacarlos: Entre otras actividades, dan clases de piraguismo en Calesfonts (puerto

Foto: Kayak en es Talaier.

de Maó). Tel.: 679 807 186 / 971 365 884 http://clubnauticovillacarlospiraguismo.blogspot.com.es/

Menorca en Kayak: Organizan excursiones guiadas en kayak además de alquilarlos por horas o días completos. Están ubicados en Cala en Porter. Tel.: 669 097 977. www.menorcaenkayak.com

DMS Sport & Kayak: Organizan excursiones de un día o de la vuelta entera a la isla con todo incluido (guía, alojamiento, comidas, logística, etc.). Alquilan kayaks por horas, días, etc. y hacen cursos (esquitotaje, navegación, etc.) en la playa de Sant Tomàs. Tel.: 616 338 393, www.sportskayak.es.

Audax Sports & Nature Center: Entre otras muchas actividades organizan excursiones guiadas en kayak desde Cala Galdana, así como alquiler de kayaks por horas, días, etc. Tel.: 971 154 548, www.artiemhotels.com.

Surf and Sail Menorca: Entre otras muchas actividades, esta empresa alquila kayaks y organiza excursiones desde la playa de Son Xoriguer. Tel.: 659 959 312 / 629 749 944. www.surfsailmenorca.com.

Club Nàutic Ciutadella: Además de cursillos de kayak, también organiza otras actividades náuticas en Ciutadella. Tel.: 971 383 918. www.cnciutadella.com.

No te olvides de Mahón, uno de los puertos naturales del Mediterráneo más históricos,
atractivos y seguros para los navegantes.
Déjate perder entre sus callejas y descubre las plazoletas, los cafés y las terrazas.
Serás como otro vecino más, con nombre de salsa.

PLAYAS RECOMENDADAS EN FUNCIÓN DEL PERFIL DE USUARIO

PLAYAS RECOMENDADAS PARA PAREJAS

Son aquellas playas coquetas, tranquilas y discretas donde no hay que sudar la gota gorda para llegar hasta ellas. Son lugares lo suficientemente tranquilos para poder estar intimando los dos juntos bajo el sol sin que te falte ni te sobre de nada. Descansa, relaja, disfruta, sueña... y enamórate, ¡que estáis de vacaciones!

PLAYAS RECOMENDADAS PARA URBANITAS

Son las playas urbanas más equipadas y cómodas, especialmente diseñadas para el gran público. Están en el centro de los principales núcleos turísticos y habitualmente suelen estar abarrotadas de adoradores del sol que lo quieren todo. Todas tienen bandera azul y cuentan con socorristas, vigilancia y facilidades de acceso para discapacitados, entre otros servicios.

PLAYAS RECOMENDADAS PARA FAMILIAS

Cuando vamos a la playa con los niños nos gusta que haya suficiente espacio para todos los trastos y que no tengamos que caminar mucho. También se agradece que haya algún sitio a la sombra para que los peques duerman la siesta. Pero lo más importante es que la playa sea segura, que queremos estar tranquilos. Estas son las mejores playas para familias.

PLAYAS RECOMENDADAS PARA SENDERISTAS

Hechas a medida para los que no les importa tener que caminar con tal de llegar hasta parajes espectaculares donde solo habite la madre naturaleza. Estas son las playas para senderistas, a las que merece la pena ir solo por disfrutar de la excursión, que muy a menudo coincide con el famoso Camí de Cavalls. Son playas para disfrutar durante todo el año.

PLAYAS RECOMENDADAS PARA NUDISTAS

Menorca está repleta de playas discretas y suficientemente tranquilas para disfrutar del nudismo. Son playas y calas que muy a menudo también recomendamos para senderistas, pero cuando la práctica del nudismo es una costumbre muy arraigada y se practica de forma mayoritaria preferimos recomendarlas para nudistas.

TODAS LAS PLAYAS DE MENORCA

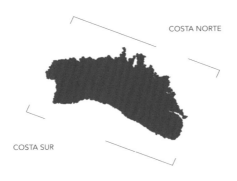

COSTA NORTE

COSTA SUR

Cala Morell

De Ciutadella a Punta Nati

Torre Vella
d'en Lozano

Cf-5

Faro de
Punta Nati

Etapa 10

PDI
5

Punta Nati

Camí de Cavalls (GR-223)

*Punta Perpinyà
de Fora*

*Punta de
s'Esquitxador*

*Puig de
sa Ruda*

*Punta Perpinyà
de Dins*

Racó de s'Amarador

es Aguilons

*Punta de sa
Falconera*

*Punta
Ombria*

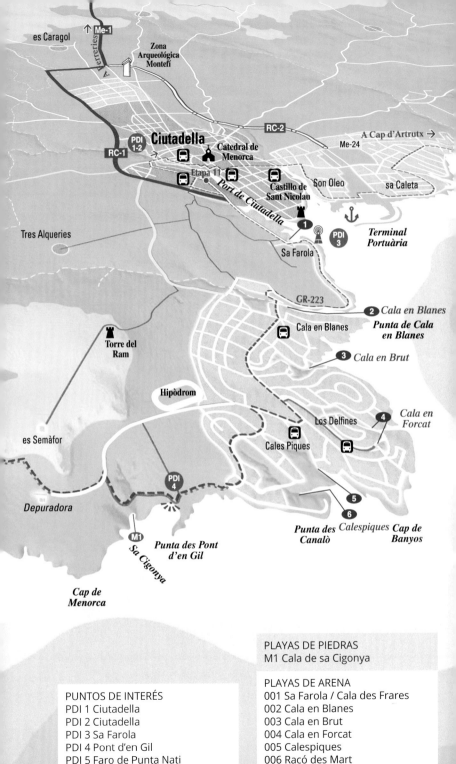

PUNTOS DE INTERÉS
PDI 1 Ciutadella
PDI 2 Ciutadella
PDI 3 Sa Farola
PDI 4 Pont d'en Gil
PDI 5 Faro de Punta Nati

PLAYAS DE PIEDRAS
M1 Cala de sa Cigonya

PLAYAS DE ARENA
001 Sa Farola / Cala des Frares
002 Cala en Blanes
003 Cala en Brut
004 Cala en Forcat
005 Calespiques
006 Racó des Mart

*La Menorca seca tiene un entrante rocoso –tan aterrador como hermoso–
que tiene nombre de mujer, diminutivo y a la vez superlativo. Es Punta
Nati, que tiene muchas piedras, un faro y un búnker al que solo ataca la
tramontana. Ven a conocerla, que te está esperando.*

El rincón del navegante
DE CIUTADELLA A PUNTA NATI

El puerto natural de Ciutadella es a la vez uno de los más bonitos y de los más congestionados. Es tan estrecho y está siempre tan abarrotado que a muchos patrones se les hace complicada la maniobra, aunque desde que se creó la estación marítima en el puerto exterior de Ciutadella ya no amarran aquí los gigantescos ferrys y se han ampliado las plazas de atraque. Los barcos en tránsito amarran junto a la gasolinera.

GASOLINERA
Abierta de 9:15 a 13:15 h y de 14:45 a 18:00 h de lunes a viernes. Sábados de 14:30 a 18:00 h. El horario cambia en función de la temporada. Mejor llamar antes al tel.: 971 481 373.

LUCES:
Port de Ciutadella:
Punta de Sa Farola: DB 6s 14M 21m Dique Son Blanc: GpD(4) V 5M 10m Punta El Bancal: GpD(3)R 9s 5M **Faro Punta Nati:** Dl (3+1) W 20s 16M 42m16M

Dónde amarrar

Port de Ciutadella (39°59'55.56"N 3°49'41.40"E): Después de las últimas modificaciones debido a la ampliación del puerto dispone de unos 147 amarres de gestión directa para embarcaciones de hasta 12 m de eslora. El calado en dársena es de 4 m. Cuenta con todos los servicios habituales. VHF: 9 Tel.: 971 484 455. www.portsib.es.

C.N. Ciutadella (39°59'55.56"N 3°49'41.40"E): Cuenta con unos 180 amarres para embarcaciones de hasta 22,5 m de eslora. El calado en dársena es de 4 m. Dispone de todos los servicios habituales. VHF: 9 Tel.: 971 383 918. www.cnciutadella.com.

Rampas de botadura

Port de Ciutadella (40°0'9.51"N 3°50'9.42"E): Al fondo del puerto de Ciutadella hay una excelente rampa pública y gratuita. Se puede aparcar gratis el coche y el remolque en la explanada próxima. Lo único que hay que tener en cuenta es el puente bajo el que hay que pasar navegando. No vale para vela ligera.
Cala en Forcat (39°59'54.80"N 3°48'5.32"E): Frente a la casa P17 (Biniveva) del Paseo Marítimo de los Delfines (en la orilla este de Cala en Forcat) se encuentra el camino que baja hasta la rampa, pública y gratuita. Hay mucha pendiente de bajada. La rampa no está muy cuidada, es estrecha e inclinada.

Dónde alquilar*

Solivent Charter: Excursiones con patrón en veleros de 12 m y 14 m de eslora. Tel.: 669 450 345 www.soliventcharter.com
Menorca Boats: Barcos a motor de 6 a 10,76 m con o sin patrón. Tel.: 609 611 958, www.menorcaboats.com.
Mestral: Barcos a motor de 4,7 a 7,5 m de eslora en el puerto de Ciutadella, y charter con patrón en

cruceros a vela y o a motor de hasta 14 m de eslora. Tel.: 619 673 039, www.menorcarentaboat.com.

Nautic Coast: Lanchas motoras en el puerto de Ciutadella de entre 5,25 m y 6,6 m. Tel.: 629 434 005. www.nauticcoast.com

Tu Barco en Menorca: Lanchas motoras de 5 a 6 m de eslora y una semirrígida de 5,20 en el puerto de Ciutadella. Tel.: 652 882 510. www.tubarcoenmenorca.com

Excursiones en barco*

Ocean Cat: Excursiones en catamarán desde Ciutadella. Te.: 680 729 138. www.oceancatmenorca.com

Menorca Blava: Desde Ciutadella. Tel.: 971 385 259, www.menorcablava.com.

Rutas Marítimas de la Cruz: Desde Ciutadella. Tel.: 670 214 322, www. rutasmaritimasdelacruz.com.

Chesapeake: Crucero en yate a motor desde Ciutadella. Tel.: 690 363 866. www.cruceroschesapeake.com

Centros de submarinismo*

Scuba Plus. Ciutadella. Tel.: 696 903 160, www.scubaplus.org.

Dive Inn Menorca: Puerto de Ciutadella. Tel.: 651 644 319 www.diveinnmenorca.com

Happy Sub Internacional Menorca. Cala en Forcat y Cala n'Bosch. Tel.: 609 213 329, www.happysub.de

Vela ligera*

Club Nàutic Ciutadella: Cursos de vela ligera, kayak, actividades subacuáticas, pesca submarina, recreativa, etc. Tel.: 971 383 918, www.cnciutadella.com.

Otras actividades en Ciutadella

Menorca Sport: Rutas BTT, senderismo, nordic walking, rutas a caballo, golf, kayak, pádel, Paintball, rutas por Menorca. Tel.: 971 381 056 / 606 415 802, www.menorcasport.es.

*EMPRESAS
Si tú también de dedicas a hacer felices a nuestros lectores alquilando tus embarcaciones, haciendo excursiones en barco, kayak, submarinismo, etc. y no apareces en estos listados, comunícanoslo (info@laluzenpapel.com) y te incluiremos en las próximas ediciones. ¡ES GRATIS!

Foto página anterior: Puerto de Ciutadella.

Los mejores fondeaderos

¡Ojo! Cuidado con las *rissagas* (subida repentina del nivel del mar de hasta 4 m en días señalados) y con la entrada a puerto con vientos fuertes del W-SW. ¡Infórmate!

001 Sa Farola

La única opción para fondear cerca del puerto de Ciutadella en caso de no encontrar amarre. Se fondea en el centro de la cala sobre arena, alga y 5 a 7 m de calado. Expuesto al S-SW.

Página 78

002 Cala en Blanes

Se puede fondear sobre arena y alga, entre 5 y 8 m, expuestos solo al S. En la cala amarran de punta muchas barquitas. Es recomendable tender un cabo a tierra o usar dos anclas.

Página 79

Playas de piedras
DE CIUTADELLA A PUNTA NATI

40°0'46.32"N 3°47'42.74"E

M1 Cala de sa Cigonya

Si después de ver el Pont d'en Gil te apetece darte un baño, ni que sea uno rápido, aquí tienes una calita de rocas bien cercana desde la que zambullirte. Camina 240 m hacia el norte del Pont y la verás junto al Camí de Cavalls.

PDI

Puntos de interés en la costa
DE CIUTADELLA A PUNTA NATI

40°08.99'N 3°50'9.60"E

PDI 1 Ciutadella

Vente a Ciutadella al final de la tarde, acércate al puerto y déjate seducir por la estampa. No hay lugar en el mundo tan particular como este. Con esa mágica luz que baña las piedras viejas, que tanta historia nos quieren contar.

40°08.99'N 3°50'9.60"E

PDI 2 Ciutadella

Cuando vengas empieza por el puerto, sube hasta el mirador de la Plaça des Born y el Ayuntamiento, asómate, y después tómate un helado en la de Els Pins. Además de encanto, las calles de la catedral tienen buenos restaurantes.

PDI 3 Sa Farola

Además del faro, inaugurado en 1863, desde Sa Farola podrás gozar de las vistas de la entrada del puerto de Ciutadella, así como del torreón del Fuerte de San Nicolás, que lo protege desde la otra orilla.

39°59'47.10"N 3°49'22.58"E

PDI 4 Pont d'en Gil

Este curioso puente natural labrado en la roca permite el paso de embarcaciones, así que cada vez que navego por la zona tengo que pasar bajo él... es como un pequeño ritual. Sigue los carteles indicadores desde Los Delfines.

40°0'41.26"N 3°47'44.31"E

PDI 5 Faro de Punta Nati

Este paraje impone tanto al final de cualquier día de verano como en pleno temporal de tramontana. No solo es el faro: son las rocas, los acantilados, el paisaje yermo y esa carretera que se estira hasta el infinito. ¡Es mítico!

40°2'58.57"N 3°49'25.55"E

Ciutadella

SA FAROLA - CALA DES FRARES ⚓ 🤿

001

SIN FALTA DE SALIRSE DE CIUTADELLA SE PUEDE DISFRUTAR DE UNA AUTÉNTICA PISCINA NATURAL QUE SOLO SUELEN FRECUENTAR LOS VECINOS DE LA ZONA. SE TRATA DE LA PLAYA DEL FARO, QUE AUNQUE TENGA POCA ARENA LE SOBRA TRANQUILIDAD Y ESPACIO PARA NADAR Y GOZAR.

La piscina natural más cercana a Ciutadella.

COSTA NORTE

Además de venir para disfrutar del más puro Mediterráneo, adoro pasear en bicicleta por la carretera que pasa junto al faro y sigue frente al mar hasta llegar a Cala en Blanes. Hay poco tráfico y un maravilloso carril bici que te permite ir más pendiente del paisaje que de la circulación. Si te animas a recorrerlo (son solo 1.650 m) te recomiendo que vengas al final de la tarde para que puedas admirar la magnífica puesta de sol sobre el mar. A la vuelta verás el faro abocinando su presencia con destellos aislados cada seis segundos, un código que nos permite a los marineros no confundir unos faros con otros. Esta *farola* se inauguró el 30 de abril de 1863, costó 208.900 reales, tenía un alcance de 6 millas y estuvo funcionando con aceite de oliva –primero– y parafina –después– hasta ser electrificado en 1917. Hoy en día está modernizado y tiene un alcance de 14 millas.

Descripción: Aunque sea de arena fina la playita es lo de menos, ya que sus dimensiones (10 m de longitud por 5 m de anchura) no dan para mucho, así que lo mejor para tomar el sol son los dos soláriums de hormigón como el de la imagen que verás sobre las rocas. La cala está muy protegida de los vientos y orientada al sur, con fondos de arena blanca y pequeñas praderas de posidonia a unos 4 m de profundidad.

Accesos: Viniendo por la carretera de Maó a Ciutadella tienes que tomar la ronda norte RC-1 yendo siempre hacia el *port* (señal amarilla) desde la primera rotonda. Vete siguiendo las indicaciones hacia el puerto y después de siete rotondas llegarás a un cruce que girando hacia la derecha te llevará hasta Sa Farola. Sigue esa carretera recto y justo cuando se curve hacia la izquierda tendrás la playita a tus pies.
Servicios: Ninguno.

Acceso rodado
Orientada al SE
Ocupación baja
Entorno residencial
L: 10 m
An: 5 m

Posición: 39°59'52.87"N 3°49'20.08"E | Población próxima: Ciutadella 2,4 km | Puerto próximo: Port de Ciutadella 0,5 M

⚓ ♿ CALA EN BLANES

002

Es perfecta para los niños, ya que además de arena fina y aguas calmadas y poco profundas cuenta con todos los servicios, es de fácil acceso, tiene una zona recreativa bajo las palmeras y, además, un parque infantil con forma de barco en la arena. ¡Genial!.

Lo tiene todo para las familias de turistas extranjeros.

Cala en Blanes se encuentra en la que llaman Urbanización Los Delfines, una de las zonas turísticas más importantes de Ciutadella. Aquí te vas a encontrar varios hoteles y apartamentos ocupados mayoritariamente por turistas ingleses y alemanes, que son los que más disfrutan de los establecimientos de ocio diseñados al gusto nórdico (restaurantes, bares, supermercados, centros recreativos, aqua parks, etc.) que se concentran en el Carrer dels Dofins. Si buscas algo más auténtico tendrás que irte al centro de Ciutadella, que está a unos 4 km, para lo cual tendrás que alquilar un coche, caminar, coger el bus o hacer el recorrido en bicicleta (práctica muy habitual entre los turistas). Tanto esta como la mayoría de las playas cercanas son perfectas para las familias con niños porque son de arena, de fácil acceso, con muy poca pendiente y sin apenas oleaje.

Descripción: La cala está orientada al sur y protegida del oleaje y de los vientos, bondad que aprovechan las barquitas que amarran en los costados de este pequeño fiordo calcáreo. La cala es de arena blanca y fina, tiene unos 30 m de longitud por 70 m de anchura y se sitúa al fondo del saco de un estrecho entrante con 60 m de boca y unos 500 m de fondo. **Accesos:** Sigue los carteles indicadores hacia Cala en Blanes desde la ronda norte de Ciutadella RC-1 hasta llegar a la última rotonda, donde tienes que girar 90º hacia la derecha, tomar la primera calle hacia la izquierda (carrer de la Torre de s'Augua) y aparcar al final de la misma, en un cruce, junto a una calle peatonal que baja hasta la playa, que está a 150 m. **Servicios:** Baños, duchas, chiringuitos, alquiler de hamacas y sombrillas, salvamento, alquiler de actividades náuticas, zona recreativa a la sombra, etc.

Chiringuitos

Duchas

WC

Alquiler

Deportes náuticos

Parada de autobús

Acceso rodado

Orientada al S

Ocupación alta

Entorno residencial

L: 30 m
An: 70 m

COSTA NORTE

CALA EN BRUT

003

Si alguien tuviera la amabilidad de preguntarme sobre cuál es la piscina natural que más me agrada en esta isla le diría que es esta. La playa no merece la pena, pero todos esos soláriums en la roca, las zambullidas y la trasparencia y tonalidad del agua...

Es la mejor piscina natural: perfecta para saltar, nadar y bucear.

¡Me tienen enamorado! No penséis que soy yo el único que ha perdido la cabeza por ella, pues todos los turistas de la urbanización de Cala en Blanes la cortejan al menos tanto como yo. Será porque las tardes y los baños aquí duran hasta el infinito, pues el sol incide todo el día hasta apagarse entre las aguas, cansado ya de cumplir con los deseos de tantos turistas. Puedes escoger el rincón que más te sugiera, y extender la toalla cerca del agua o un poco más alto, con más y mejores vistas, en balcones desde los que el agua se observa ingrávida, con unos tonos de turquesas imposibles. Prepárate, porque vas a disfrutar buceando con los peces nadando a tu alrededor... pero hazlo suficientemente alejado de los acantilados de la cala, porque las zambullidas (algunas desde alturas más que respetables) resuenan como bombazos y pueden ser peligrosas para el bañista desprevenido.

Descripción: Al fondo de este estrechísimo brazo de mar de 160 m de longitud se encuentra una playita de arena blanca y fina, generalmente descuidada, con restos de posidonia en descomposición (y, por ello, muy poco frecuentada), de unos 3 m de longitud y 14 m de anchura. Los fondos de la cala son de arena blanca y con sondas de entre 15 m y 3 m. Lo que más se disfruta son los soláriums de hormigón, con todas esas terracitas y escaleras talladas en la roca. También hay escaleras de piscina para salir del agua cómodamente.

Accesos: Sigue los carteles indicadores hacia Cala en Blanes desde la ronda norte de Ciutadella (RC-1) hasta llegar a la última rotonda, desde donde podrás ver y seguir los carteles indicadores de Cala en Brut. Síguelos hasta llegar a la playa y aparcar junto al nº78 de la Avinguda Cala en Brut.

Servicios: Ninguno.

COSTA NORTE

- Parada de autobús
- Acceso rodado
- Orientada al S
- Ocupación alta
- Entorno residencial
- L: 3 m An: 14 m

Posición: 40°0'5.60"N 3°48'21.43"E | Población próxima: Ciutadella 4 km | Puerto próximo: Port de Ciutadella 1,6 M

AYUNTAMIENTO DE CIUTADELLA

✸ CALA EN FORCAT

CALA EN FORCAT ES OTRO PEQUEÑO FIORDO CON TRES BRAZOS AL FONDO DEL CUAL SE HAN FORMADO DOS PEQUEÑAS PLAYAS DE ARENA. SI PUDIERA BORRAR DE LA IMAGEN ESA MOLE DE HORMIGÓN JURARÍA QUE ESTOY ANTE UN AUTÉNTICO PARAÍSO DE ALEGRES VILLAS JUNTO AL MAR.

004

Si no fuera por esa sombra y por tantos turistas...

Pero la realidad es otra. Por eso, siempre que recorro esos divertidos caminillos que serpentean por la orilla en busca de la mejor de las vistas, prefiero caminar dándole la espalda a esa conejera que llaman Almirante Farragut, uno de los escasos errores arquitectónicos (y de los más flagrantes) cometidos en la isla de Menorca, que fue declarada Reserva de la Biosfera por la UNESCO en 1993 precisamente por haber conseguido el equilibrio entre lo humano y lo natural, entre los desatinos urbanísticos y la más pura naturaleza. Afortunadamente, errores como este constituyen una auténtica rareza. No obstante, cada vez que me quedo hasta el final de la tarde y veo como la sombra siniestra se lo va tragando todo (incluso a mí mismo) me invade la ira mientras pienso que no tiene sentido pagar por una sombrilla, por su inutilidad y las horas de sol robadas...

Descripción: Al fondo del entrante se han formado tres calas: la primera no tiene arena, pero sí una rampa de botadura de uso libre y gratuito; la segunda tiene una diminuta playa de unos 4 m de longitud por 7 m de anchura y la otra una playa de arena blanca y fina de 10 m de longitud por unos 50 m de anchura, donde se encuentran las hamacas y sombrillas en alquiler. Esta última es la playa más indicada para los niños, ya que apenas tiene pendiente y es como una auténtica piscina natural.
Accesos: Sigue los carteles hacia Cala en Blanes desde la ronda norte de Ciutadella (RC-1), y cuando entres en la urbanización sigue el Carrer dels Dofins hasta llegar al hotel Almirante Farragut, desde donde podrás bajar a la playa por las escaleras que hay junto a la cabina de teléfono.
Servicios: Alquiler de hamacas y sombrillas.

COSTA NORTE

Alquiler 🛎

Parada de autobús 🚌

Acceso rodado 🚗

Orientada al S 🧭

Ocupación alta 👪

Entorno residencial 🏠

(2) L: 10 m
An: 50 m

(1) L: 4 m
An: 7 m

CALESPIQUES ✂

005

Esta calita de arenas blancas y finas en tan buena para familias con niños como para parejas, ya que las aguas están siempre tan calmadas que más parece una piscina que la orilla de una playa; pero, si algo he de objetar, son esas escaleras tan incómodas...

Una cala realmente curiosa que se disfruta también en pareja.

Especialmente si vas a venir cargado con la sillita y los cachivaches del pequeñajo, pues con el calor se hacen demasiado cuesta arriba. Lo que si vas a agradecer es tomarte algo bien fresquito en su diminuto chiringuito (a juego con el tamaño de la cala) y alquilar unas hamacas y sombrilla, que cuando el calor aprieta aquí se nota más de la cuenta, ya que la cala está encajada entre acantilados y apenas corre la brisa fresca. Y ahora te voy a hacer una sugerencia para los días que no esté para ir a la playa: ¡vamos a visitar el Bufador des Cap de Banyos! Se trata de un agujero en la roca rodeado por un muro oval que comunica subterráneamente con el mar, que se encuentra a 40 m. Cuando hay temporal la mar empuja el aire y el agua bramando con un terrorífico aliento. Está muy cerca del Hotel Almirante Farragut, a 700 m de aquí, en la Avenida de los Delfines nº 3.

Descripción: Calespiques es una cala que profundiza tierra adentro en dos brazos muy estrechos. El primero es Calespiques, donde está esta pequeña playa de arena blanca y fina encajada entre acantilados con una orilla urbanizada y la otra relativamente virgen. En el otro brazo se encuentra el Racó des Mart, que es una diminuta playita que aunque tenga unos 20 m de fondo apenas tiene un par de metros de bocana. La primera, la que aquí nos acontece, es buena para nadar y tomar el sol, pues tiene unos 12 m de largo por unos 30 m de ancho.

Accesos: Desde la entrada de la Urb. los Delfines sigue hacia el centro por la calle principal sin desviarte durante 1.300 m, hasta que dejes un cruce a la derecha y veas el cartel de la playa 200 m más allá, a la derecha, junto a los contenedores de basura y un parking.

Servicios: Alquiler de hamacas y sombrillas, wc y un pequeño chiringuito.

- 🏖 Chiringuito
- 🚻 WC
- 🛏 Alquiler
- 🚌 Parada de autobús
- 🚶 150 m a pie
- 🧭 Orientada al W
- 👪 Ocupación alta
- 🏠 Entorno residencial
- L: 12 m An: 30 m

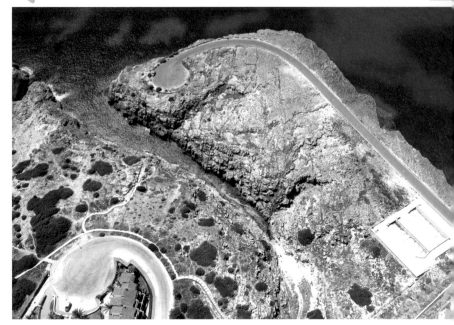

✂ RACÓ DES MART

¡BIENVENIDOS AL RINCÓN MÁS TRANQUILO Y ALEJADO DE LAS MASAS DE LA URBANIZACIÓN DE LOS DELFINES! SI ESTÁIS BUSCANDO UN LUGAR APARTADO Y NO QUERÉIS CAMINAR DEMASIADO NI NECESITÁIS DE SERVICIO ALGUNO ESTE SERÁ VUESTRO PEQUEÑO PARAÍSO... ¡Y TAN PEQUEÑO!

006

La más solitaria y tranquila de la Urbanización Los Delfines.

Ninguna otra playa es comparable con esta fina incisión longitudinal, tan encajada entre el acantilado que acaba en un rincón de capacidad familiar. Pocos turistas verás por aquí, ya que no tiene servicio alguno, pero lo que si te vas a encontrar es con abundantes despojos del mar. Y ahora os voy a sugerir una nueva visita: se trata del famoso Pont d'en Gil, una lengua de tierra que se proyecta hacia el mar dejando un impresionante puente natural bajo el que se puede navegar. Muy cerca de él se haya la entrada a una cueva submarina muy famosa entre los submarinistas por su bóveda de aguas glaciares repleta de estalactitas y estalacmitas. La cueva se adentra 200 m tierra adentro y es una inmersión muy habitual entre los centros de buceo próximos. El Camí de Cavalls pasa frente al Pont d'en Gil, que está muy bien indicado desde la urbanización Los Delfines.

Descripción: La calita se encuentra al final de un estrechísimo entrante, tanto que llega a tener tan solo 2 metros de anchura. Después, la cala se abre dando lugar a un pequeño arenal que se extiende hasta alcanzar los 25 m de longitud. Los fondos son de arena y rocas perfectos para bucear siempre y cuando no haya demasiados restos de posidonia, lo que incomoda el baño y el acceso al mar.

Accesos: Cuando entres en la Urbanización Los Delfines sigue la Avenida Calas Picas hasta desviarte hacia la derecha por la Avenida Pont d'en Gil, a la altura del nº 355-A. Si sigues esta avenida hasta el final llegarás hasta el famoso puente, mientras que si giras por la primera calle hacia la izquierda podrás bajar hasta la cala por un sendero que comienza junto a una farola, poco antes de que muera en una plazoleta, junto al hotel Binimar.

Servicios: Ninguno.

COSTA NORTE

Parada de autobús 🚌
Acceso rodado 🚗
Orientada al S 🧭
Ocupación alta 🚶
Entorno residencial 🏘
L: 25 m
An: 2 m ↔

Posición: 40°0'17.99"N 3°47'45.96"E | Población próxima: Ciutadella 4,9 km | Puerto próximo: Port de Ciutadella 2,5 M

De Punta Nati al Cap Gros

Cala Galdana

← A es Mercadal   **Ferreries**

Me-1

s'Almudaina

de l'Infern

Canal

Pujol de sa Taula
△ 58 Camí de Cavalls (GR-223)   Etapa 8 ↘

P

Prat de la Vall 9

10   *Cala Algaiarens*

8

M3

Necrópolis de Cala Morell   PDI 7

Etapa 9 ↓

Cala Morell

Penyal des Frares

PDI 9

Cala en Carbó   **Punta Rotja**

Cap Gros   M4

Cap de Ferro

7   *Cala Morell*

PDI 8

Punta de Fra Bernat   **Punta de Cala Morell**

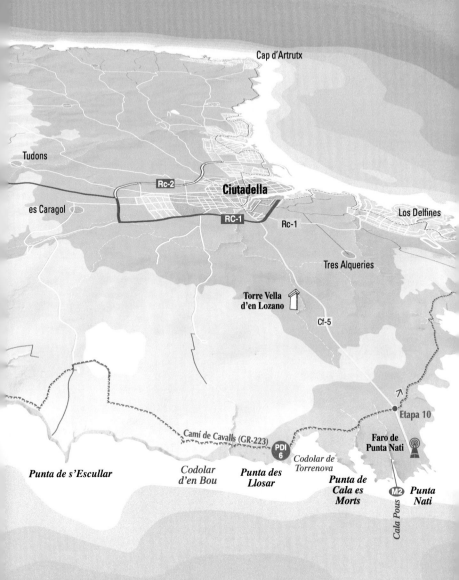

Cap d'Artrutx

Tudons

Ciutadella

es Caragol

Rc-2

RC-1

Rc-1

Los Delfines

Tres Alqueries

Torre Vella d'en Lozano

Cf-5

Etapa 10

Camí de Cavalls (GR-223)

PDI 6

Codolar de Torrenova

Faro de Punta Nati

Punta de s'Escullar

Codolar d'en Bou

Punta des Llosar

Punta de Cala es Morts

Cala Pous

M2

Punta Nati

PLAYAS DE PIEDRAS
M2 Cala Pous
M3 Codolar de Biniatram
M4 Macar de Cala en Carbó

PUNTOS DE INTERÉS
PDI 6 Codolar de Torrenova
PDI 7 Necrópolis de Morell
PDI 8 Punta de Cala Morell
PDI 9 Cap Gros

PLAYAS DE ARENA
007 Cala Morell
008 Ses Fontanelles
009 Es Tancats – Algaiarens
010 Es Bot – Algaiarens

*Cala Algaiarens es la viva imagen de un auténtico milagro, uno
más en Menorca, la isla afortunada del Mediterráneo que tiene
la suerte de estar tutelada por la mano de Dios... Está claro que a
nuestro Señor no le gusta el hormigón. Alabado sea entonces*

El rincón del navegante
DE PUNTA NATI AL CAP GROS

En este precioso tramo de costa se navega frente acantilados inexpugnables, en una porción litoral virgen y muy expuesta a la tramontana donde no hay amarre posible ni resguardo seguro. Hay mucho fondo y mal tenedero, así que de fallar la máquina y con vientos contrarios estaríamos en un aprieto. El Baix d'en Morell, aunque deja 5 m de agua sobre él, está situado a unos 300 m al N de la punta de Cala Morell.

LUCES:
Faro de Punta Nati GpD(3+1) B 20s 42m 16M.

BIBLIOGRAFÍA: Para navegar por esta zona es imprescindible consultar las cartas de navegación a fondo, antes de que ya sea demasiado tarde. Un buen derrotero es el Atlas Náutico de Alfonso Buenaventura. Puedes consultarlo en internet: http://buenaventura-menorca.com.

Foto: Cala Morell.

Rampas de botadura
Cala Morell (40°3'12.65"N 3°52'56.32"E): En Cala Morell hay un pequeño club náutico con un muelle, una grúa y una rampa de botadura para embarcaciones de poco porte. A la entrada hay una barrera que limita el acceso, tanto al varadero como a la rampa, etc. Lee el texto de la playa nº 007 para saber cómo llegar. Puedes informarte en la asociación de vecinos de Cala Morell. Tel.: 639 411 346.

Ses Fontanelles (40°2'47.46"N 3°54'51.70"E): Rampa de botadura en muy buen estado de conservación, amplia y cómoda, aunque con el inconveniente del acceso, que es por una finca privada cuya barrera

hay veces que está abierta y no hay problema, pero en otras ocasiones tendrás que conocer alguno de los usuarios de Ses Fontanelles... En la playa nº 008 sabrás cómo llegar.

¡Ojo con la tramontana!
Estos vientos fríos y secos del primer y segundo cuadrantes son muy frecuentes en invierno, aunque pueden aparecer de manera imprevista y violenta en cualquier momento, incluso a finales de agosto, alcanzando fuerza 10 o más en tan solo unos minutos. Solo se puede prever su llegada por los partes meteorológicos. No obstante, si navegando en la costa norte vieras una línea blanca a lo lejos, en el horizonte, y empezara a formarse oleaje, es que está al caer, así que lo mejor que puedes hacer es correr el temporal y buscar refugio en algún puerto. Te recomiendo que amarres en puerto seguro antes que fondear en ninguna cala de las del N, pues se puede volver una ratonera. Además, el temporal suele durar tres días como mínimo. En verano la tramontana no es tan dura, aunque da muchos sustos a los más desprevenidos.

Los mejores fondeaderos

¡Ojo! Aunque lo más peligroso es la tramontana hay que tener en cuenta el Baix d'en Morell al entrar en Cala Morell viniendo del E, especialmente con mal tiempo o con embarcaciones de mucho calado. Lo tienes a 300 m al N de la punta de Cala Morell.

007 Cala Morell

Es muy popular. Con tramontana es muy incómoda y puede que hasta peligrosa. La zona E está plagada de rocas. Es recomendable tender un cabo a tierra o fondear con dos anclas.

Página 92

M3 Biniatram - s'Escala

Me gusta este sitio porque casi nadie se acuerda de él. Está totalmente virgen y por tierra no viene nadie. Se fondea expuesto al N sobre arena y roca con 6 m a 10 m de agua.

Página 90

008 Ses Fontanelles

Un fondeadero muy popular entre las barquitas de poca eslora. Tiene mucho encanto y no está tan masificado como Algaiarens. Se fondea sobre arena y alga, con 4 a 7 m de agua.

Página 93

009/010 Algaiarens

Un fondeadero espectacular sobre fondos de arena infinitos. Masificado en verano. La zona E está un poco más protegida de la tramontana, pero no es del todo segura.

Páginas 94 - 95

M4 Cala Carbó

Hay muy mal tenedero (sobre roca) pero la playa es uno de las macares más espectaculares, salvajes y apartados del mundo. Las rocas rojas, la soledad... Expuesto al 4º cuadrante.

Página 90

Playas de piedras
DE PUNTA NATI AL CAP GROS

40°30'30.51"N 3°49'35.26"E

M2 Cala Pous

Esta diminuta calita responde a un estrecho entrante que penetra tierra adentro al este del faro de Punta Nati. Si te da un sofocón ya sabes donde darte un chapuzón. La tienes a 240 m hacia la derecha. ¡Cuidado con los pies!

40°2'53.63"N 3°54'35.94"E

M3 Codolar* Biniatram

Este codolar (playa de cantos erosionados) apenas lo visita nadie, y eso que está justo al pie del Camí de Cavalls. Es agradable tanto para pasar el día fondeado como para acercarse desde tierra a darse un chapuzón.

40°3'29.16"N 3°55'54.11"E

M4 Macar* Cala en Carbó

No hay ninguna otra cala tan apartada del mundo... Las piedras son de tonos rojizos y están finas y redondeadas, alcanzando tallas más que respetables. Es un paraje excepcional que te hará sentir como Robinson Crusoe.

*"Macar" es el nombre que le dan los isleños a las playas formadas por piedras redondeadas por el efecto erosivo del mar (macs). Estas playas se forman al pie de los acantilados de la costa norte de Menorca, donde la energía del oleaje durante los temporales de tramontana somete a las rocas que se desprenden del cantil a un continuo vaivén que erosiona los materiales hasta conseguir formas ovoides tan espectaculares como las del Macar d'Alfurinet. Cuando las playas están formadas por piedras no tan erosionadas (còdols), con formas más irregulares, se las denomina codolars. Estas playas de piedras resultan muy incómodas para el bañista, por eso les dedicamos menor espacio en la guía.

Puntos de interés en la costa
DE PUNTA NATI AL CAP GROS

PDI 6 Codolar de Torrenova

Cuando pases por aquí siguiendo el Camí de Cavalls fíjate en el dramatismo del paisaje y en la cruz en honor del General Chanzy, el vapor que se hundió aquí en 1910 con más de 100 fallecidos. Solo hubo un superviviente.

40°2'55.65"N 3°50'5.28"E

PDI 7 Necrópolis de Morell

De camino a cala Morell, pocos metros antes de llegar, fíjate en la entrada que hay hacia la necrópolis. Las cuevas se ven bien y la visita merece la pena. Es un paseo que gusta a todos, a los niños y a los adultos.

40°3'5.70"N 3°52'59.84"E

PDI 8 Punta de Cala Morell

Antes o después de la playa tienes que venir hasta aquí y asomarte a estos acantilados. Las vistas son impresionantes. Verás qué panorámica tan privilegiada, con toda esa quebrada porción litoral a tus pies.

40°3'27.19"N 3°52'56.92"E

PDI 9 Cap Gros

Este curioso cabo también recibe el nombre de Cap de Ferro en referencia a la coloración que toman sus llamativas areniscas. Estos materiales del Triásico están fallados y discordantes con los del Pérmico de Cala Carbó.

40°3'46.61"N 3°56'9.05"E

CALA MORELL ⚓ ✳

007

CALA MORELL ES UNO DE LOS LUGARES MÁS ENIGMÁTICOS DE LA COSTA. POR UN LADO TIENES UNA PLAYA QUE MERECE LA PENA VISITAR TAN SOLO POR EL PAISAJE Y, POR EL OTRO, UNO DE LOS AFLORAMIENTOS ROCOSOS Y DE LOS YACIMIENTOS ARQUEOLÓGICOS MÁS INTERESANTES DE LA ISLA.

La cala de la prehistoria y la geología. Un lugar único.

Y todo ello por si la cristalinidad de las aguas no fuera suficiente. Pero, centrémonos en sus atractivos geológicos y arqueológicos, pues justo aquí se produce el contacto entre las dos unidades geológicas más importantes de la isla, además de poder visitar de forma gratuita una de las necrópolis talayóticas mejor conservadas. Antes de bajar a la cala fíjate en la diferencia que hay entre las rocas de la punta de la izquierda (de tonos rojizos y con grandes bloques) y los acantilados de la derecha (de tonos grisáceos). Es la discordancia entre la formación Migjorn (Mioceno) y la formación Tramuntana (Jurásico), discordantes a causa de una falla. La necrópolis está poco antes de la playa: catorce cuevas talladas en la roca y usadas como cementerio desde el Bronce Antiguo (1.800 a.C.) hasta el siglo II d.C. Puedes entrar dentro de ellas e imaginarte aquellos tiempos...

Descripción: La playa está formada por una mezcla de piedras con arena fina y restos de posidonia. En la parte de atrás aún conserva los restos de una duna y su vegetación característica. Como no está muy explotada turísticamente suele estar un tanto descuidada. Tiene un muelle, una grúa, una rampa de botadura y una zona de varada para pequeñas embarcaciones. Para tomar el sol son cómodas las plataformas de obra que hay cerca del agua en ambas orillas, con escaleras de baño y puentecillos.

Accesos: En la primera rotonda que hay antes de entrar en Ciutadella por la carretera de Maó, entre el km 42 y 43, verás el primero de los carteles indicadores hacia Cala Morell. Vete siguiéndolos y llegarás sin problema 6 km después de salirte en la siguiente rotonda. Puedes aparcar gratis cerca de la playa.

Servicios: Un restaurante.

COSTA NORTE

- Restaurante
- Parada de autobús
- Acceso rodado
- Orientada al N
- Ocupación media
- Entorno residencial
- L: 40 m An: 20 m

✖ ⚓ SES FONTANELLES

Esta fue una playa muy querida entre algunos vecinos de Ciutadella, pero no por sus encantos turísticos, sino por ser uno de los pocos enclaves de la costa menorquina donde aún se respiraban los aires marineros de antaño, las tradicionales *anades a fora*.

008

De las anades a fora a un beach club solo para clientes del hotel.

Aquí celebraban las cenas y comidas a la fresca, junto al mar, que no era ni más ni menos que la forma más tradicional de disfrutar del Mediterráneo. Vivían el verano en las tradicionales cuevas y barracas de los pescadores, pequeños y humildes reductos edificados años atrás –cuando ninguna administración exigía permiso alguno– que fueron heredando de generación en generación hasta nuestros días. Pero estas humildes barracas las disfrutaban solo sus "propietarios", cuando pasaban aquí los fines de semana. Solo ellos tenían la llave que abría la barrera para acceder en coche hasta la cala (por una pista que cruzaba la finca privada). Los demás teníamos que ir caminando. Pero en el año 2014 la Administración las expropió y derruyó siguiendo la polémica Ley de Costas. Así que ahora todos tenemos que caminar. Todos menos los clientes de un hotel de lujo que pronto tendrán su beach club...

Descripción: La playa (de arena gruesa y restos de posidonia, y con unas dimensiones de unos 35 m de largo por 12 m de ancho) pasa desapercibida entre el gran público no solo por su escaso interés turístico, sino porque, además, el acceso implica cruzar una finca privada de acceso restringido o caminar 750 m desde el parking de las playas de Algaiarens, mucho más apetecibles para la mayoría de bañistas. Ello no quita que tenga unos fondos deliciosos, con unas praderas de posidonia en excepcional estado de conservación. Conserva, también, una rampa de botadura y un pequeño muelle y espigón donde amarraban pequeñas embarcaciones.
Accesos: Caminando 0,7 km hacia el NW por el Camí de Cavalls desde el parking de la playa de Es Tancat (playa siguiente), o en coche por la pista privada (claro, si nos dejasen usarla...)
Servicios: Ninguno.

COSTA NORTE

750 m a pie 🚶
Orientada al N 🧭
Ocupación media 👥
Entorno natural 🌲
L: 35 m
An: 12 m ↔

Posición: 40°2'46.65"N 3°54'51.95"E | Población próxima: Ciutadella 11 km | Puerto próximo: Port de Ciutadella 11 M

ES TANCATS - ALGAIARENS ⚓ 🏊

009

Si estáis buscando una de esas míticas playas vírgenes de Menorca para ir en familia pero sin tener que caminar demasiado estoy seguro que esta playa os va a enamorar. Es uno de los arenales más fascinantes y mejor conservados del norte de Ciutadella.

Una de las playas imprescindibles del norte de Menorca.

Un lugar de visita obligada, ya no solo por todo lo que se puede disfrutar del mar y de la playa (con esas arenas finas y aguas turquesas), sino por toda la naturaleza y el paisaje que la rodea, que es de una riqueza sin igual: las praderas de posidonia, el humedal y, sobre todo, un sistema dunar –de los más importantes de la isla– que se extiende por el valle casi dos kilómetros tierra adentro. Por todo esto (y lo que se me quedó en el tintero) toda esta zona está protegida, declarada Área Natural de Especial Interés e incluida dentro de la Red Natura 2000. Sorprende –y se agradece– que el famoso Camí de Cavalls pase tan cerca de ella, enlazando con las playas vecinas. Además, estamos de enhorabuena, porque gracias a las expropiaciones del Consell Insular hace años que ya no hay que pagar ni parking ni aquel famoso y controvertido "peaje" para llegar en coche hasta la playa.

Descripción: En la foto, Es Tancats es el arenal situado hacia la izquierda, de arena blanca y fina y con 325 m de longitud por 25 m de anchura media. Es la primera y más accesible de las dos playas de la Vall d'Algaiarens, una extensa superficie agrícola que fue formándose por los sedimentos de aluvión arrastrados por el torrente que desemboca en la vecina playa de Es Bot, separada de la de Es Tancats por el Puig Tremolor.

Accesos: Viniendo de Maó por la Me-1 toma la primera salida (ronda RC-1) en la primera de las rotondas antes de llegar a Ciutadella. En la segunda rotonda sigue los carteles indicadores hacia Cala Morell y Algaiarens y llegarás sin pérdida después de 7 km. Fíjate en el cartel luminoso que indica el estado de ocupación del parking. Al final hay que caminar 250 m y bajar escaleras. **Servicios:** Alquiler de kayaks, socorristas y wc en el parking.

COSTA NORTE

- 🛶 Alquiler de kayaks
- 🚌 Parada de autobús
- WC WC en el parking
- 🚶 250 m a pie
- P Aparcamiento gratuito
- ⊚ Orientada al NW-N
- 👪 Ocupación alta
- 🌲 Entorno natural
- ↕ L: 325 m
  An: 25 m

✂ ⚓ ES BOT – ALGAIARENS

NO HACE FALTA SER UN ENTRENADO SENDERISTA PARA DISFRUTAR DE ESTE ARENAL TAN VIRGEN Y EN TAN BUEN ESTADO DE CONSERVACIÓN, PUES LA DISTANCIA QUE MEDIA ENTRE LA PLAYA Y EL PARKING ES MÁS UN BUCÓLICO PASEO QUE UN MAL TRAGO. ¡YA VERÁS COMO MERECE LA PENA!

010

La parte más tranquila de la playa Algaiarens.

Son solo 1.000 m de agradable recorrido, primero junto a los campos de cultivo y las dunas que fija con sus raíces el pinar y, al final, yendo por un sendero al borde mismo del torrente de La Vall, entre la arena de las dunas y los cañizos. Este pequeño río llega hasta la parte trasera de la playa (de hecho hay que cruzarlo a pie poco antes de llegar), donde se embalsa dando forma a un pequeño humedal donde nidifican varias especies de anátidas (fochas, ánades reales y somormujos). Pero lo que más te llamará la atención son las tortugas de agua, que se dejan ver fácilmente, así como las gambusias, un pequeño pececillo ovovivíparo (los huevos eclosionan en el vientre materno antes de dar a luz a los alevines, que nacen con la cola por delante) importado de sudamérica para combatir los mosquitos, ya que se alimenta de sus larvas, que viven en aguas estancadas.

Descripción: En esta playa virgen que puedes observar a vista de pájaro en la página anterior, el único aditamento humano son los restos de un búnker y una de esas entrañables casetas menorquinas *d'anar a vega*, donde los isleños guardaban tradicionalmente sus barquitas y donde disfrutan de las comidas al aire libre "mediterráneamente". El resto es naturaleza pura y arena blanca y fina, la que da forma a la playa (de 175 m de longitud por 40 m de anchura media) y las dunas que conserva en excelente estado.

Accesos: Cuando hayas llegado al último de los dos parkings de las playas de Algaiarens comienza a caminar por el camino que sale hacia la derecha (el de la izquierda va hasta la playa de Es Tancat), yendo siempre con los pinos por la izquierda y el campo abierto por la derecha, hasta que al final se estreche y camines junto al río.

Servicios: Wc en el parking.

WC en parking **WC**
Parada de autobus **🚌**
1.000 m a pie **🚶**
Aparcamiento gratuito **P**
Orientada al W **◉**
Ocupación alta **👥**
Entorno natural **🌳**
L: 175 m
An: 40 m **↔**

COSTA NORTE

Del Cap Gros a Illes Bledes

Alaior

Me-1

es Mercadal

Me-1

Ferreries

Me-15

Puig de sa Torr
△
247

Santa Àgueda
△
Castillo de ⚔ 260
Santa Àgueda

es Pla
Vermell

Penyals de
Binidelfà

Serra Rossa

Etapa 7
🅿
PDI
10

Camí de Cavalls (GR-223)

13

M8

M6

PDI
11

Illa des
Coloms

14

Cala Moragues
Punta de Cala
Moragues

M7

12

Illes Bledes

Cala Barril

Cala en Calderer

Punta des Alocs

Cala dels Alocs

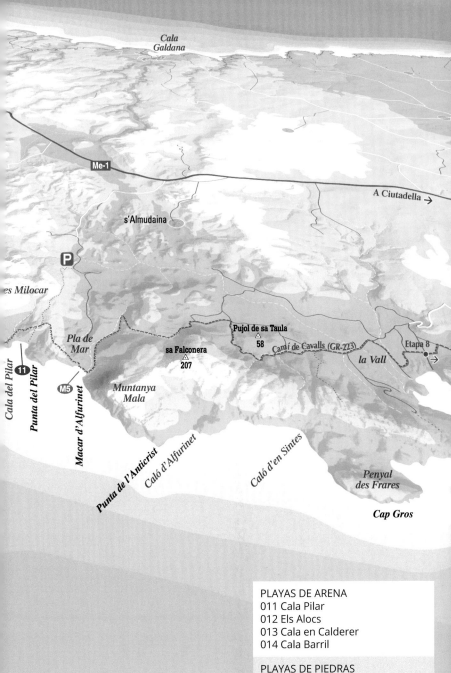

Cala Galdana

Me-1

A Ciutadella →

s'Almudaina

P

es Milocar

Pla de Mar

Pujol de sa Taula
△
58

Camí de Cavalls (GR-223)

Etapa 8

la Vall

sa Falconera
△
207

Cala del Pilar

11

Punta del Pilar

M5

Macar d'Alfurinet

Muntanya Mala

Punta de l'Anticrist

Caló d'Alfurinet

Caló d'en Sintes

Penyal des Frares

Cap Gros

PLAYAS DE ARENA
011 Cala Pilar
012 Els Alocs
013 Cala en Calderer
014 Cala Barril

PLAYAS DE PIEDRAS
M5 Macar d'Alfurinet
M6 Codolar dels Alocs
M7 Codolar de Binifaldí
M8 Cala Moragues

PUNTOS DE INTERÉS
PDI 10 Illa del Pilar
PDI 11 Illes Bledes

Dicen que en la cala del Pilar se apareció la santa que dio nombre tanto a la fuente como a la playa. Lo que no se puede negar es que aunque vista de rojo sigue virgen e impoluta... Es la playa marciana del norte de Menorca. Un buen lugar para estar alejado del mundo.

El rincón del navegante
DEL CAP GROS A
ILLES BLEDES

El tramo de costa virgen que se extiende entre el Cap Gros y las Illes Bledes es de 4,5 m y se encuentra ya dentro de las aguas pertenecientes a la Reserva Marina del Norte de Menorca, que alcanza una superficie de 5.119 ha marinas. El límite occidental de la reserva se encuentra en el Cap Gros y se extiende hasta finalizar en la bahía de Fornells. En la reserva hay tres zonificaciones diferentes reguladas. Infórmate antes.

BIBLIOGRA-FÍA:
Para navegar por esta zona es imprescindible consultar las cartas de navegación a fondo, antes de que ya sea demasiado tarde. Un buen derrotero es el Atlas Náutico de Alfonso Buenaventura. Puedes consultarlo en internet: http://buenaventura-menorca.com.

MÁS INFO:
www.caib.es.

Foto: Cap Gros.

Regulación de actividades en la Reserva Marina del Norte de Menorca

Pesca recreativa: La pesca submarina está prohibida en toda la reserva. Dentro de la reserva se puede practicar la pesca recreativa solo desde tierra y embarcación, con la excepción de las zonas de reserva integral y de veda para esta modalidad de pesca. Además, hay establecidos los siguientes períodos de veda:
- Curricán de superficie y curricán de fondo: del 1 de abril al 30 de septiembre.
- Pesca del raor (Xyrichthys novacula): del 1 de abril al 31 de agosto.
- Los aparejos están limitados. Infórmate en la web www.caib.es.

Buceo: El buceo está permitido solo en la zona C de la reserva (prohibido en la zona de Reserva Integral y zona B), previa autorización concedida por la Dirección General de Pesca. La autorización para el buceo individual tiene una validez de 15 días, que podrán ampliarse a criterio de la Dirección General de Pesca, y la de buceo colectivo de un año natural, del 1 de enero al 31 de diciembre. Las inmersiones en las aguas que rodean el Cap de Cavalleria están limitadas a un nº máximo por día. Están prohibidas las inmersiones en las cuevas submarinas, así como la manipulación o alimentación de las especies.

Fondeo: Está permitido en toda la reserva integral y zona B excepto sobre las praderas de posidonia. En el resto sin restricciones, aunque cabe decir que haya reserva o no nunca se debería fondear sobre esta planta tan importante para la salud de nuestras costas. El garreo y la masificación es el principal de sus males.

Peligros en la costa
Mantente alejado al menos 200 m de la Illa de Ses Bledes y la de Es Coloms para evitar sus bajos.

Los mejores fondeaderos

¡Ojo! con la Llosa de Ses Bledes (a 100 m al 315º de la Illa de Ses Bledes) y el Baix des Coloms (100 m al 320º de la Illa des Coloms). No pases entre las islas y tierra.

M5 Macar de Alfurinet - Sa Teula

La playa es famosa por sus enormes bolos redondeados. Es un fondeadero muy abierto, pero es muy tranquilo y tiene unos fondos de arena muy bonitos sobre 12 a 14 m de agua.

Página 102

011 Cala del Pilar

Una playa de arena de tonos rojizos espectacular. Muy frecuentada por tierra. Ojo con la Illa del Pilar. Lleva rumbos directos al entrar. Se fondea sobre arena y unos 5 m de agua.

Página 104

012 Cala Els Alocs

Por fuera se fondea sobre arena y 6 m de agua. Si vas a entrar que sea con muy poca eslora. Hay varias rocas que velan y un pequeño *escar* con muelle para desembarcar por babor.

Página 105

013 Cala Calderer

Yendo con una lancha a motor se puede llegar a fondear muy cerca de la orilla e incluso desembarcar sobre la arena. Por fuera se fondea sobre arena y roca, con 7 m de agua.

Página 106

014 Cala Barril

Para entrar hay que hacerlo rumbo 190º por babor de la Illa des Coloms. Recomendable solo para muy pequeña eslora, porque tiene mal tenedero y está repleta de rocas que velan.

Página 107

Playas de piedras
DEL CAP GROS A ILLES BLEDES

40°3'12.67"N 3°58'8.61"E

M5 Macar d'Alfurinet

Este es el *macar* (playa de grandes rocas redondeadas por el efecto erosivo del oleaje) más famoso de la isla. El Camí de Cavalls pasa justo a su lado y merece la pena pararse a fotografiarlo. ¡No hay otra playa con esos bolos!

40°3'8.21"N 3°59'5.59"E

M6 Codolar dels Alocs

Aparte de la playa de arena gruesa y grava, Ets Alocs tiene esta otra calita de piedras (*codolar*) situada a unos 250 m hacia el oeste. El Camí de Cavalls pasa justo a su lado y es de fácil acceso. Tiene unas rocas enormes en la orilla.

40°3'23.53"N 3°59'31.25"E

M7 Codolar de Binifaldí

Es una lástima que este *codolar* (playa de grandes guijarros más o menos redondeados por el oleaje) se encuentre perdido en la nada, alejado de cualquier camino, incluso del Camí de Cavalls. Sus rocas son impresionantes.

40°3'30.91"N 4°0'27.65"E

M8 Cala Moragues

A esta otra playa de grava y piedras sí que se puede llegar fácilmente. El Camí de Cavalls pasa justo a su lado permitiendo a los excursionistas darse un baño con relativa comodidad. Está a 1.000 al W de Cala en Calderer.

Puntos de interés en la costa
DEL CAP GROS A ILLES BLEDES

PDI 10 Illa del Pilar

Este curioso islote está justo frente a la hermosa playa del Pilar, a tan solo 385 m de la arena. Se puede llegar nadando y gozar del arrecife rocoso que lo rodea, con toda la vida submarina que atesora. ¡Ojo con las rompientes!

40°3'14.99"N 3°58'47.87"E

PDI 11 Illes Bledes

Estos islotes de afilado perfil están repletos de aves marinas que encuentran aquí el mejor de los refugios. Además de palmípedas, también habitan lagartijas endémicas en peligro de extinción. Es como una reserva ecológica.

40°44.08"N 4°1'53.50"E

Cala del Pilar

CALA PILAR ⚓ 🏊

011

¡BIENVENIDOS A UNA DE LAS PLAYAS VÍRGENES MÁS ESPECTACULARES Y COMPLETAS DE LA COSTA NORTE! ESPECTACULAR POR SUS CONTRASTES DE COLOR —ENTRE OTRAS MUCHAS COSAS— Y COMPLETA POR TODO LO QUE TIENE PARA VER Y DISFRUTAR, TANTO EN ELLA COMO A SU ALREDEDOR.

Es la cala del norte con la carita colorada.

Solo la excursión hasta la playa merece la pena tanto si vienes desde la de Els Alocs (por el Camí de Cavalls, junto al mar) como si lo haces desde el parking de Alfurí (entre encinas y sobre antiguas dunas remontantes, que ascienden ladera arriba hasta 2 km tierra adentro). La playa del Pilar es un auténtico paraíso natural donde se pueden observar rarísimos endemismos vegetales, además de un paisaje geológico espectacular donde predominan las areniscas rojizas del Pérmico, que contrastan con el verde de la vegetación y el azul del mar. Siguiendo el Camí de Cavalls mil metros hacia el W puedes llegar hasta el espectacular Macar d'Alfurinet (los *macares* son playas formadas por *macs*, grandes piedras redondeadas por la acción erosiva del mar), uno de los más representativos de la isla, donde también podrás ver los restos de una mina de cobre y una casita rehabilitada.

Descripción: Es una playa muy expuesta a la tramontana; virgen, de arena con curiosos tonos ocres y unos 240 m de longitud por 30 m de anchura.
Accesos: Tienes dos opciones: o caminando 1,2 km desde el parking de la playa de Els Alocs (página siguiente) o caminando 2 km desde el parking de Alfurinet. Para esta última opción salte hacia la derecha a 6,3 km de Ferreries (al final de la gran recta, cuando comienza la subida y un doble carril) desde la Me-1 dirección Ciutadella. Si vienes por el otro sentido salte a la derecha cuando veas un cartel indicador (poco después de que la carretera Me-1 comience a bajar) que dice "camí del Pilar". Pasarás bajo la carretera y al final te saldrás en el camino que discurre entre los pastos y campos de cultivo durante 4 km hasta llegar y aparcar en un pequeño parking situado a unos 2 km de la playa.
Servicios: Ninguno.

COSTA NORTE

🚶 1.200 m a pie

🧭 Orientada al N

👨‍👩‍👧 Ocupación alta

🌲 Entorno natural

↕ L: 240 m
An: 30 m

⚓ ELS ALOCS

La de Els Alocs es la playa del "antiviagra", una cala con muy poco sex appeal; y no solo porque sea poco cómoda para tumbarse —que lo es—, sino por el uso que se le da a los arbustos que le dan nombre. A pesar de que "no pone"... te la voy a presentar.

012

En vacaciones no hay disculpa: ¡hay que cumplir!.

Porque merece la pena conocer esta zona totalmente virgen (perteneciente a la Reserva Marina del Norte de Menorca, Red Natura 2000 y Área Natural de Especial Interés Me-3) ni que sea para comenzar desde aquí el Camí de Cavalls, pues se puede aparcar al lado —tanto del camino como de la playa— y comenzar una excursión que yendo hacia el oeste te llevará hasta la preciosa playa del Pilar. *Vitex agnus-castus*, ese es el nombre en latín de los *alocs* —los "arbustos de la castidad"— que abundan por los alrededores, usados tradicionalmente como regulador hormonal femenino para combatir numerosos trastornos menstruales y actuar como desinhibidor del apetito sexual (es un potente anafrodisíaco). Así que ándate con cuidado, no vaya a ser que te cueste el divorcio, porque dicen que con solo olerlo ya se nota... y estando de vacaciones ya no hay disculpa [...] .

Descripción: Es una playa de gravas y cantos muy poco cómoda para tumbarse y acceder al mar, pero interesante para el buceo de superficie. Tiene una barraca de pescadores y un *escar* (chamizo para guardar las barcas) con un pequeño embarcadero perfecto para tomar el sol junto al mar.

Accesos: Saliendo de Ferreries hacia Ciutadella por la carretera Me-1 toma la salida que hay hacia la derecha, casi en mitad de la gran recta, siguiendo el cartel de "camí dels Alocs". Si vienes en sentido contrario, desde Ciutadella, también se ve bien el cartel junto a otro de color azul de "restaurante a 50 m". Sigue la carretera (asfaltada y de doble sentido durante los primeros 5,2 km; y de tierra, coto de caza privado y en buen estado durante los últimos 2,5 km) hasta llegar y aparcar en una explanada, a 200 m de la playa.

Servicios: Ninguno.

COSTA NORTE

200 m a pie 🚶
Orientada al N-NW 🧭
Ocupación media 👥
Entorno natural 🌳
L: 80 m
An: 30 m

CALA EN CALDERER ⚓

013

SI VAS A VENIR CAMINANDO HASTA AQUÍ CON EL ÚNICO FIN DE DARTE UN BAÑO SERÁ PORQUE TE SOBRAN FUERZAS Y ADORAS LA SOLEDAD… PORQUE LA PLAYA DE CALDERER ESTÁ PERDIDA EN MITAD DE LA NADA, EN MEDIO DE UNA DE LAS PORCIONES LITORALES MÁS VÍRGENES Y EXTENSAS.

Una preciosa cala de arena fina alejada del mundo.

Hay que sufrir como mínimo más de 3 km a pie por un Camí de Cavalls que lo es más que nunca, pues hay que ser un pura sangre para acometer un tramo que tiene tanto que subir y bajar. Esa es la razón por la que tan pocos bañistas la frecuentan, tan solo alguna barquita que fondea atraída por la soledad y aspereza del paraje, porque los senderistas y ciclistas prefieren seguir de largo peleándose con el Camí de Cavalls. Aquí manda la tramontana, que modera la vida y modela el paisaje, esculpe las rocas con su soplido impenitente y arrastra consigo la arena que da forma a las dunas tras la playa (algunas de tipo remontante, que son las que se extienden ladera arriba cuando los vientos son persistentes). Todo discurre con normalidad hasta que llega el Torrent de Sant Jordi e irrumpe con fuerza para completar el ciclo y devolver al mar lo que es suyo.

Descripción: Por eso la playa es tan áspera, al menos a la vista, aunque no tanto al tacto. La arena, fina, comparte espacio con restos de posidonia en un escenario de lomas peladas y peñas que emergen entre las aguas cristalinas. Aún así queda espacio para una humilde casita de veraneo, una barraca de pastores/pescadores, una vieja mina de cobre y la "cueva" para dar cobijo a una barquita, que son los únicos complementos humanos. Lo demás es nada.

Accesos: O siguiendo el Camí de Cavalls hacia el este desde la playa de Els Alocs (3,5 km de andadura "rompepiernas") o lo propio, pero hacia el oeste, desde la playa de Binimel·là (4,5 km de sendero en buen estado pero con fuertes desniveles). Desde la finca de Sant Jordi hay mucho menos trecho (apenas 1 km), pero el camino es privado y solo se puede transitar con permiso.

Servicios: Ninguno.

COSTA NORTE

3.500 m a pie

Orientada al NW

Ocupación baja

Entorno natural

L: 85 m
An: 55 m

⚓ CALA BARRIL

A RAZÓN DE QUE ESTÁ ALEJADA DE TODO, ES PELIGROSA PARA FONDEAR POR SUS MUCHOS ESCOLLOS Y LA PLAYA EN SÍ NO ES PARA TIRAR COHETES, NO EXTRAÑA QUE SUS FANS ESTÉN CONTADOS CON LOS DEDOS DE UNA MANO. PERO ESTE PARAJE –DURO, INHÓSPITO Y MINERAL– A MÍ ME FASCINA.

014

Tan incómoda para tomar el sol como excelente para bucear.

Ni que sea para venir a sentarme cámara en mano mientras espero a que el sol se precipite tras el horizonte, cansado ya de cumplir con los deseos de los turistas. Es en ese preciso instante –de fascinante soledad y encuentro con uno mismo– cuando la mar abandona su baileteo esquizofrénico para reflejar los dramas cotidianos del cielo en cada atardecer, regalándome un espectáculo que nunca más se repite. Pero lo que más me fascina es la Illa des Coloms, que se recorta en el horizonte mientras la de Ses Bledes –que no se ve, pero se intuye– hace lo propio en la lejanía. Estos islotes están lo suficientemente alejados del mundo como para haber desarrollado una subespecie de lagartija endémica que los científicos llaman *Podarcis lifordi sargantanae*; pero lo que más se deja ver –y, especialmente, oír– es la colonia de aves que habitan en los escollos, declarados república independiente.

Descripción: Arena poca, mientras que las gravas y los cantos –*còdols* y *macs* que llaman los isleños–, redondeados por el efecto erosivo del oleaje, son mayoría. Y entre medias verás las rocas y los restos de madera (a veces de tamaños considerables) arrastrados y erosionados por el mar junto con alguna que otra mata de *fonoll marí* (hinojo marino) sobreviviendo bajo el spray salino. Esta especie vegetal era muy valorada por su alto contenido en vitamina C, además de que estando bien encurtida se usaba para condimentar las ensaladas, aunque hoy día está prohibida su recolección.

Accesos: El camino asfaltado que se ve en la imagen aérea es privado, así que solo se puede llegar a pie por el Camí de Cavalls desde Binimel·là (2.300 m) o desde Els Alocs (5.700 m). Es preferible venir desde Binimel·là por lo bonita que es la ruta de Cala Pregonda.

Servicios: Ninguno.

COSTA NORTE

2.300 m a pie
Orientada al NW
Ocupación baja
Entorno natural
L: 80 m
An: 10 m

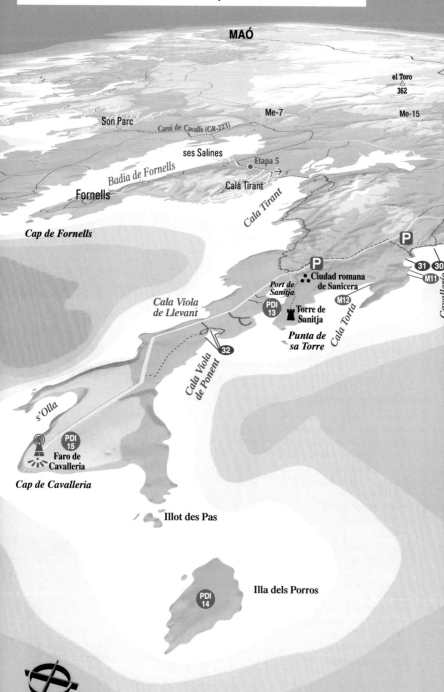

De Illes Bledes al Cap de Cavalleria

MAÓ

el Toro
△
362

Me-7

Me-15

Son Parc

Camí de Cavalls (GR-223)

ses Salines

Etapa 5

Badia de Fornells

Fornells

Calá Tirant

Cala Tirant

Cap de Fornells

P

P

31 30

M11

Cala Viola
de Llevant

Ciudad romana
de Sanicera

Port de
Sanitja

PDI
13

Torre de
Sanitja

M12

Cala Torta

Cavalleria

32

Punta de
sa Torre

Cala Viola
de Ponent

s'Olla

PDI
15

Faro de
Cavalleria

Cap de Cavalleria

Illot des Pas

PDI
14

Illa dels Porros

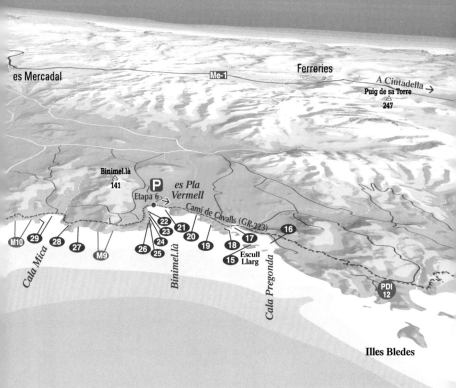

PLAYAS DE ARENA
015 Escull Llarg
016 Cala Pregonda
017 Pregondó - S'Alairó -
S'Embarcador
018 Son Mercaduret -
S'Embarcadoret
019 Calanca de Son Nadal
020 Cales Morts
021 Cala Binimel·là
022 Caleta de Binimel·là
023 Cova des Pont
024 Caleta de s'Elisabet
025 Racó d'en Miquel
026 Punta de Binimel·là
027 En Valent
028 Canal Mitger
029 Cala Mica
030 Cavalleria
031 Cala Roja
032 Cala Viola de Ponent

PLAYAS DE PIEDRAS
M9 Escull d'en Francés
M10 Font des Mart
M11 Maressos
M12 Cala Torta

PUNTOS DE INTERÉS
PDI 12 Caló Verd - Caló Fred
PDI 13 Port de Sanitja
PDI 14 Illa des Porros
PDI 15 Faro de Cavalleria

Pregonda y su legión de arenales (algunos menos conocidos que otros) sigue dejando boquiabiertos a todos los viajeros. Da igual que tenga cuatro casas rompiendo el entorno... a mí me sigue pareciendo una lugar imprescindible, una visita obligada. ¿Y a ti?

El rincón del navegante
DE ILLES BLEDES AL CAP DE CAVALLERIA

En estas aproximadamente 5 millas de costa se concentra tanto uno de los fondeaderos más famosos de la costa norte de Menorca como uno de los bajos más peligrosos, uno de los cabos más importantes y uno de los puertos naturales más antiguos, útil solo para pequeñas embarcaciones. Se trata, respectivamente, de Cala Pregonda, el Escull de sa Nau, el Cap de Cavalleria y el Port de Sanitja.

LUCES
Faro de Cavalleria:
GpD(2)B 10 s 94m 22M

BIBLIOGRAFÍA: Consulta el derrotero "Atlas Náutico de Menorca" de Alfonso Buenaventura en internet: http://buenaventura-menorca.com.

MÁS INFO: Recuerda que sigues estando en aguas de la Reserva Marina del Norte de Menorca. www.caib.es.

Foto: Cala Binimel·là.

¡Cuidado con el Escull de Sa Nau!

Yendo hacia Binimel·là o Cala Pregonda desde Fornells hay un bajo muy peligroso en la derrota, situado a 800 m al 340º del centro de la playa, en el veril de los 10 m y en la posición 40°3'30.68"N 4°3'0.37"E. Tiene tan solo 0,4 m de agua encima y se ve bien cuando rompe, por poca mar que haya, pero de noche y con el mar en calma es una trampa, pues no está balizado. Si te sorprendiera la tramontana por la noche estando fondeado en Pregonda o Binimel·là (algo muy habitual) no sabes el peligro que corres al salir de las calas hacia Fornells. Presta atención. Muchos patrones se olvidan del bajo hasta que ya es demasiado tarde.

Otros peligros a tener en cuenta

La punta que separa Binimel·là de Cala Mica está repleta de bajos hasta 250 m mar adentro. Son el Escull d'en Francés y las Lloses de s'Enderrossall. Estos peligros los hay que tener muy en cuenta al ir recortando la costa desde Binimel·là hacia Cala Mica y Cavalleria.

Cap de Cavalleria

El freo entre el cabo y la Illa des Porros es seguro y navegable.

El Port de Sanitja

Este puerto natural es útil solo para pequeñas embarcaciones, ya que apenas deja espacio para fondear entre las praderas de posidonia que lo rodean (siguiendo el centro de la línea longitudinal están las mejores opciones). Es recomendable fondear por proa y popa, pero sin tender cabos, ya que es muy frecuentado desde primera hora por las barcas que salen a pescar. Al fondo hay varios muelles de madera, pero ninguna otra facilidad. La torre de Sanitja (año 1800) desde tierra y el Escull de Sanitja desde el mar protegen la entrada. Se puede navegar entre el islote y la torre.

Los mejores fondeaderos

¡Ojo! Sigues estando en una zona muy expuesta a la tramontana. El puerto seguro más cercano está en Fornells, a unas 5 millas. Allí podrás amarrar o fondear.

016 Cala Pregonda

Puede que no exista playa en el norte de Menorca más masificada de barcos que esta. A pesar de todo merece la pena fondear (sobre 4 m y arena). Es perfecta para pasar la noche.

Página 117

021 Cala Binimel·là

Otro fondeadero muy popular, pero no tanto como el otro. Se fondea sobre 4 m, arena y alga. Accede con rumbo directo por la mitad oriental para evitar la zona sucia del W.

Página 122

029 Cala Mica

Lo que más me gusta de este sitio es que apenas viene gente por tierra. Se fondea en el centro de la cala sobre 5 m, arena, roca y alga. Solo está expuesta a los vientos del N.

Página 130

030 - 031 Cala Cavalleria / Cala Roja

Excepto en el centro de la cala (en la zona más próxima a la orilla) cualquier otro sitio es bueno para fondear sobre arena en esta playa. Cala Roja es buena con levantes y algo de N.

Páginas 131-132

032 Cala Viola de Ponent

Un rincón precioso para pequeñas esloras. Protegido de todos los vientos menos los del W. Se fondea en el centro de la cala sobre arena y alga con 2 a 4 m de agua.

Página 133

Playas de piedras de
ILLES BLEDES al
CAP DE CAVALLERIA

40°3'29.40"N 4°3'30.51"E

M9 Escull d'en Francés

Justo frente a todos esos escollos tan peligrosos para la navegación se encuentran dos pequeñas playas de grandes cantos rodados que solo son accesibles desde el mar. Por tierra se ven bien al pie del acantilado.

40°3'29.85"N 4°4'13.01"E

M10 Font des Mart

Al E de Cala Mica se encuentran tres pequeños macares (playas de piedras redondeadas por el efecto erosivo del oleaje) hasta los que se puede acceder relativamente fácil desde el Camí de Cavalls, que pasa justo al lado.

40°3'53.04"N 4°4'34.86"E

M11 Maressos

Entre la Punta des Marés y la de Es Picadors hay dos pequeñas playas de gravas y cantos. Por los nombres que reciben, sus rocas bien pudieron haberse empleado en la construcción. Están a 200 m al N de Cala Roja.

40°3'59.89"N 4°4'44.28"E

M12 Cala Torta

Pocos lugares hay en Menorca tan alejados del mundo. Esta cala de grava y rocas se haya fuera de toda ruta. Solo se goza desde el mar, por sus fondos de arena y aguas cristalinas, perfectas para el buceo de superficie.

Puntos de interés en la costa de ILLES BLEDES al CAP DE CAVALLERIA

PDI 12 Caló Verd - Caló Fred

Son dos calas de roca muy humaniza-
das (están hormigonadas y acondicionadas por los propietarios de la finca
y el chalet colindante) protegidas
del oleaje por los escollos e islotes de
Bledes. Desde tierra son inaccesibles.

40°3'51.47"N 4°5'54.84"E

PDI 13 Port de Sanitja

Este singular puerto natural orientado
al norte lleva siendo el refugio de los
navegantes desde antes de la época de
los romanos. Además de sus curiosos
embarcaderos tienes ruinas romanas,
una torre y muchas fotos que tomar.

40°4'19.03"N 4°5'20.00"E

PDI 14 Illa des Porros

Por cierto: es el islote de los puerros, y
no el de los porros. Está separado del
Cap de Cavalleria por un freo navegable que llaman Es Pas, de 350 m de
ancho y 10 m de calado mínimo. A
que ahora ya no tiene tanto interés...

40°5'19.12"N 4°5'32.02"E

PDI 15 Faro de Cavalleria

Después del de Favàritx y el de Punta
Nati, este es el faro más recomendable
de Menorca. Merece la pena visitarlo
al caer el sol y para conocer el centro
de interpretación que acaban de
inaugurar. ¡Tiene hasta un bar!

40°5'31.91"N 4°4'30.92"E

ESCULL LLARG ⚓ ✺

015

No hay en Menorca una playa más especial que la perla salvaje de este islote, una porción de paraíso hecho a la medida de unos pocos que no deja de ser el pedacito de tierra emergida de ensueño que hubiera imaginado Peter Pan en su isla del tesoro.

La cala más especial de Menorca, un milagro hecho realidad.

Si alguien tuviera la ocurrencia de preguntarme cual es la playa que más me impresiona de la costa norte de Menorca le diría, sin ninguna duda, que esta. No hay lugar en el mundo que se acerque más al concepto de auténtico paraíso –al menos para mí– que este pedacito de arena de tonos rosados, adosado a los pies de una islote de proporciones tan amables como este. Parece mentira que una peña de origen subvolcánico (de cuarzoqueratófidos) haya podido engendrar una niña rubia tan hermosa como esta, que se esconde bajo las faldas de su madre protegiéndose de los vientos malos y las miradas indiscretas. Por eso, de no ser porque te la estoy presentando, estoy seguro que te hubiera pasado desapercibida. Y no me extraña: hay tanto con lo que quedarse boquiabierto en Cala Pregonda que pocos se dan cuenta que lo mejor está en la isla de Peter Pan.

Descripción: La playa del Escull Llarg es esa pequeña porción arenosa que se ve en la orilla sur del islote, una pequeño arenal de sedimento fino de 35 m de longitud por unos 12 m de anchura. Merece la pena llegar nadando hasta él (son solo 170 m, sin corrientes peligrosas y poca profundidad) y, después de descansar tumbado sobre la arena, enfundarse las gafas de buceo y descubrir todos los rincones subacuáticos que la rodean. Explorar el propio islote en sí –esculpido con formas delirantes como una pieza de museo– no tiene desperdicio.
Accesos: Una vez hayas llegado al margen más septentrional de la playa de Pregonda (lee la página siguiente) tendrás el islote lo más cerca de ti. De esta playa a la del Escull hay que nadar 170 m, pero solo son 90 m hasta el comienzo del islote. Llévate unas sandalias si lo quieres explorar a pie.
Servicios: Ninguno.

COSTA NORTE

 Acceso por mar

 Orientada al S

Ocupación alta

Entorno natural

L: 35 m
An: 12 m

✄ ⚓ CALA PREGONDA

CALA PREGONDA ES UNA PLAYA QUE, AUNQUE HAYA QUE CAMINAR, MERE-
CE LA PENA RECOMENDARLA NO SOLO PARA SENDERISTAS, PUES SE TRATA
DE UNA DE LAS MÁS IMPRESIONANTES DE LA ISLA, UNA AUTÉNTICA MECA
A LA QUE TODOS DEBERÍAMOS IR NI QUE FUERA POR UNA VEZ EN LA VIDA.

016

La playa virgen más famosa del norte de Menorca.

Pero eso ya lo saben todos, por eso cuando vayas en pleno mes de las masas te la encontrarás llena hasta la bandera aunque haya que andar 1.900 m, tanto de bañistas "de a pie" como barcos fondeados de todas las esloras (y, si no me crees, échale un vistazo en Google Earth). La playa de Pregonda en la costa norte es como Cala Mitjana en la sur, un arenal famoso, "de foto", aunque solo la Pregonda puede decir que haya sido portada de dos de los discos de Mike Olfield. Es una playa muy valorada y, por ende, muy cotizada, pero no tanto como los tres chalets construidos sobre la arena que están a la venta por tan solo 9 millones. Uno tiene 12 habitaciones, 10 baños, capilla, helipuerto... pero vence la concesión administrativa en 2018. Cuando veo estas tropelías urbanísticas me vienen a la menta todas esas humildes casas derribadas por la famosa Ley de Costas, que parece que solo aplican con los más pobres.

Descripción: Aunque no te lo creas, el chalet blanco (el más escandaloso) lleva construido sobre estas arenas finas de tonos rosados al menos desde antes del año 1956. Prueba de ello es que se ve bien claro en las fotografías aéreas del famoso "vuelo americano". Además de por los islotes que emergen frente a la playa (que la protegen del oleaje que levanta la tramontana), destaca por sus dunas y su vegetación, que se alzan verticales a sus espaldas. El arenal adquiere unas dimensiones de 230 m de longitud por 30 m de anchura media.

Accesos: A pie por el Camí de Cavalls desde el parking de la playa de Binimel·là (infórmate de cómo llegar a ella en la página 122, playa 021). El tramo que hay que caminar está transitadísimo, en buen estado y es de tan solo 1.800 m. Merece la pena.

Servicios: Ninguno, así que no te olvides de llevar agua, comida, etc.

COSTA NORTE

1.800 m a pie 🚶

Orientada al E ⊚

Ocupación alta 👫👫

Entorno natural 🌲🌲

L: 230 m
An: 30 m ↕

PREGONDÓ - S'ALAIRÓ - S'EMBARCADOR

017

APENAS HAY QUE CAMINAR 250 M PARA CAMBIAR DE GÉNERO SIN SALIR DEL PARAÍSO: DE FEMENINO A MASCULINO, DE PREGONDA A PREGONDÓ, OTRO ARENAL DE ENSUEÑO QUE SE DISFRUTA TANTO DE DÍA COMO AL OCASO, CUANDO LAS LUCES LANGUIDECEN Y LOS BAÑISTAS RETORNAN A SUS CASAS.

Cala Pregonda y sus infinitas sorpresas.

Entonces lo prefiero. Porque siendo un lugar tan concurrido se disfruta más en la soledad que precede al final del día. Por eso merece la pena esperar a que todos se vayan, a que el crepúsculo se apodere de esta pequeña bahía pintándola de colores sutiles con su brocha divina. ¡Espera, no te vayas aún! Aguanta hasta que el faro de Cavalleria se encienda... y gozarás viendo la arena ponerse al rojo vivo y las nubes reflejarse sobre el espejo salino. Es mi momento, la hora mágica de los tomadores de vistas, cuando plantamos el trípode apresurados queriendo capturar la fugacidad del instante. Y mientras espero a que se obre el milagro, me gusta imaginar cómo debió de haber sido la vida de sus antiguos pobladores, los romanos que dieron forma en esta playa a un pequeño puerto de mercancías protegido del oleaje por los escollos. De ahí le viene el nombre de s'Embarcador.

Descripción: Lo que más llama la atención en esta playa de paisaje inalterado son, precisamente, los escollos (Esculls de Pregondó) que emergen a escasa distancia de la orilla. Estas rocas de origen subvolcánico (*cuarzoquera-tófidos*) han ido erosionándose por la fuerza de los elementos al tiempo en que proporcionaban sedimento a la playa, de tonos rosados y grano medio. Cuando hay un excedente arenoso y la dirección y fuerza de los vientos dominantes es constante, se forman dunas como las que verás, que se extienden 1.000 m tierra adentro siendo de las más importantes en la isla. En la foto aérea de la página anterior se ven todas las playas, las dunas y los escollos de Cala Pregonda, siendo la playa de Pregondó la situada en la parte inferior.

Accesos: Caminando 1.500 m hacia el W desde el parking de Binimel·là.

Servicios: Ninguno.

COSTA NORTE

🚶 1.500 m a pie

🧭 Orientada al N

👥 Ocupación alta

🌲 Entorno natural

↕ L: 70 m An: 30 m

SON MERCADURET - S'EMBARCADORET

CUANDO DIOS CREÓ EL MUNDO DEBIÓ DE HABER PUESTO TODO SU EMPEÑO PARA DAR FORMA A ESTE CURIOSO RINCÓN MINERAL: ESCULPIÓ LAS ROCAS, LAS PINTÓ DE COLORES DELIRANTES Y ENTRE MEDIAS DEJÓ ESTE PUÑADITO DE ARENA QUE AGRADA A LA VISTA TANTO COMO AL TACTO.

018

El rincón más apartado de Cala Pregonda.

A su lado sembró esas plantas que llaman pioneras porque son las primeras capaces de echar raíces sobre la inestabilidad de las arenas. Entre todas ellas la más sabrosa es el *fonoll marí* (hinojo marino o Crithmum maritimum), que aguanta pertinente sobre las rocas las salpicaduras del spray salino. Aunque está en peligro de extinción y ya no se permite su recolección (ahora vienen "de fuera"), esta planta carnosa forma parte del recetario tradicional insular desde siempre, cuando se consumía en ensaladas después de haber estado en salmuera y macerando en vinagre de vino blanco durante una temporada. Pero lo más importante es que atesora grandes cantidades de vitamina C, característica que aprovecharon los navegantes de antaño para evitar el escorbuto durante sus largas travesías. A falta de naranjas, bueno era el fonoll. Bueno y más fácil de conservar. Auténtica medicina natural.

Descripción: De las cuatro playas que hay en Cala Pregonda esta es la más pequeña y apartada de todas, pero no por ello la menos agradable. Si vas a venir en pareja puede que este sea tu rincón preferido, porque las vistas de toda la cala desde aquí son excepcionales, y además tiene unas proporciones (10 m de largo por 3 o 4 m de ancho) hechas a medida para dos. Los fondos que la rodean son de arena y roca, repletos de vida, tanto como los de los islotes que tienes a tiro de piedra, así que tráete las gafas de buceo contigo porque las vas a disfrutar como nunca.

Accesos: Caminando 1.500 m desde el parking de la playa de Binimel·là. Cuando estés llegando a Cala Pregonda, la primera playa que se ve es la de Pregondó, y justo a su lado, hacia la derecha, está esta otra porción de paraíso situada al pie del cantil.

Servicios: Ninguno.

COSTA NORTE

1.500 m a pie

Orientada al NW

Ocupación alta

Entorno natural

L: 10 m
An: 3-4 m

CALANCA DE SON NADAL

019

SI TE CAUTIVÓ LA CALITA ANTERIOR... ¡LA DE SON NADAL YA NI TE CUENTO! ES UN RINCÓN TAN APARTADO DE TODO QUE PARECE HABER SIDO DISEÑADO A MEDIDA PARA DOS, A CAPRICHO PARA MEDITAR Y PRACTICAR EL YOGA APOSTADO SOBRE CUALQUIERA DE SUS OTEADEROS MINERALES.

Un rincón humilde perfecto para meditar.

Siempre que venimos a pasar el día a Cala Pregonda nos gusta esperar hasta que se han ido todos. Paradójicamente, cuando más belleza muestran estos parajes es cuanta menos gente hay, cuando el silencio adquiere unas proporciones majestuosas. Por lo que a mí concierne, jamás he sentido con tanta intensidad la inutilidad de las palabras cuando veo al sol empeñado en pintarlo todo de oro... El Supremo Artesano nos regala espectáculos que a pesar de ser gratuitos nunca defraudan, porque los mejores tesoros no se pagan con dinero. El tiempo que uno pasa absorto en la belleza es el único tiempo vivido; esos son los únicos momentos que se te quedan gravados en la mente para formar parte de tu vida. Por eso nos gusta venir aquí, porque todo lo que hay es puro y bello, como hecho para ser vivido. Y si además lo vives en buena compañía, mucho mejor.

Descripción: La playa de la Calanca de Son Nadal es ese puñadito de arena de grano medio que se ve entre las rocas. Apenas tiene 5 m de longitud por 3 o 4 m de anchura máxima, así que tan solo hay sitio para un par de bañistas. Tengo que admitir que para extender la toalla no hay mucho espacio, pero sobran lugares donde bucear entre las rocas de esta porción de litoral que tanta vida alberga bajo las aguas. Todo el paisaje que lo rodea es roca. Roca pura con formas imposibles.
Accesos: Para llegar hasta esta calita hay que caminar 1.400 m desde el parking de la playa de Binimel·là en dirección a Cala Pregonda. Justo antes de llegar a una explanada de tierra roja con un montón de enormes rocas sueltas en mitad de todo, gira unos 110º hacia la derecha y camina 75 m hacia el E, hacia el faro del Cap de Cavalleria, y la verás.
Servicios: Ninguno.

COSTA NORTE

- 1.400 m a pie
- Orientada al N-NE
- Ocupación baja
- Entorno natural
- L: 5 m An: 3-4 m

Posición: 40°3'14.41"N 4°2'48.21"E   Población próxima: Fornells 10,9 km   Puerto próximo: Port de Fornells 7,5 M

✖ CALES MORTS

020

DE CALES MORTS NADIE SE ACUERDA NI EN PLENA TEMPORADA, AUNQUE PASEN JUNTO A ELLA CENTENARES DE BAÑISTAS HACIA CALA PREGONDA. PORQUE AQUÍ NO SE PARA NADIE... NADIE QUE NO LO HAGA PARA PONER PIEDRA SOBRE PIEDRA EN ESTE JARDÍN ANÓNIMO DE HITOS *CODOLENCS*.

La playa del jardín de roca.

Da igual que el camino pase justo a su lado, la playa sigue muerta –haciendo honor a su nombre– y lo único que crece –año tras año– son los montones de *còdols* y *macs* (el nombre que los isleños le dan a las piedras redondeadas por el efectivo erosivo del mar) apiladas la una sobre la otra para dar forma a un jardín de hitos que nació fruto del afán artístico de centenares de peregrinos anónimos. A veces me pregunto quien puso la primera piedra... seguro que no obró para que le hicieran "la foto", como tanto gusta entre la clase política. Las semillas que dieron lugar a este jardín mineral (similar –aunque a menor escala– a los de la punta del Pas des Trucadors –en Formentera– o las del lago salado de la isla de Dugi Otok –en Croacia–) crecen solas, sin afán de notoriedad ni grandes presupuestos. Así es como se reconstruye un país, piedra a piedra y entre todos. Yo sigo poniendo las mías.

Descripción: La cala, que tiene unas proporciones nada desdeñables (130 m de longitud por 12 m de anchura media), está formada principalmente por gravas, cantos, restos de posidonia y alguna que otra mancha de arena. Los fondos son aún más rocosos, repletos de vida submarina, pero poco cómodos para el bañista, y menos seguros aún para el navegante. El único aditamento humano es una caseta construida bajo el escarpe rocoso –de origen subvolcánico y típica coloración rojiza– que cierra la cala por el W. Esta playa se disfruta viéndola, pero poco más.

Accesos: Cuando vayas caminando hacia Cala Pregonda desde el parking de la playa de Binimel·là (en la página siguiente) la reconocerás enseguida, pues se encuentra justo al lado del camino, cuando este comienza a volverse de tonos rojizos, a 850 m del parking.

Servicios: Ninguno.

COSTA NORTE

850 m a pie
Orientada al N
Ocupación baja
Entorno natural
L: 130 m
An: 12 m

CALA BINIMEL·LÀ ⚓ ✂

021

Sɪ ɴᴏ ꜰᴜᴇʀᴀ ᴘᴏʀQᴜᴇ ʜᴀʏ Qᴜᴇ ᴄᴀᴍɪɴᴀʀ 400 ᴍ ᴅᴇꜱᴅᴇ ᴇʟ ᴘᴀʀᴋɪɴɢ ʜᴀꜱ-ᴛᴀ ʟᴀ ᴘʟᴀʏᴀ ʏ ᴘᴏʀQᴜᴇ ᴛɪᴇɴᴇ ᴜɴᴀ ᴘᴀʀᴛᴇ ᴅᴇ ʟᴀ ᴏʀɪʟʟᴀ ᴍᴜʏ ʀᴏᴄᴏꜱᴀ ʟᴀ ʀᴇᴄᴏᴍᴇɴᴅᴀʀíᴀ ᴛᴀᴍʙɪéɴ ᴘᴀʀᴀ ʟᴀꜱ ꜰᴀᴍɪʟɪᴀꜱ ᴄᴏɴ ɴɪñᴏꜱ, ᴘᴏʀQᴜᴇ ɴᴀᴅɪᴇ ꜱᴇ ᴘᴜᴇᴅᴇ ᴍᴀʀᴄʜᴀʀ ᴅᴇ Mᴇɴᴏʀᴄᴀ ꜱɪɴ ʜᴀʙᴇʀ ᴄᴏɴᴏᴄɪᴅᴏ Bɪɴɪᴍᴇʟ·ʟà.

Ya se que no es como Pregonda pero, ¿conoces sus calitas escondidas...?

Y menos aún los peques, que disfrutan viendo los patos asilvestrados nadando en la laguna; y no te digo ya si descubren alguna de las famosas tortugas del Mediterráneo... Pero yendo en pareja o con los amigos todo son ventajas, porque además de tomar el sol y disfrutar de una playa totalmente virgen podrás tomarte una caña con una de las mejores vistas de la comarca, ya que resulta que junto al parking hay un bar en una vieja masía que tiene una maravillosa terraza bajo los árboles. Al caer la tarde, ya de vuelta, adoro despedir al astro rey viendo el vergel que se extiende por el valle que llaman Els Martinells, una de las zonas más fértiles de Menorca y probablemente la que más lluvia recibe de toda la isla. La cervecita me sabe mucho mejor si escucho los cencerros y los mugidos de las vacas pastando, ni que sea desde la distancia... Es lo que pasa cuando llevas sangre asturiana. Si fuera sidra...

Descripción: De Binimel·là hay que destacar lo siguiente: que es de arena, que tiene un torrente que desemboca y se embalsa en la playa y que abundan los restos de posidonia, especialmente en la orilla oriental. Las orillas son de arena excepto en el centro, donde emerge un arrecife. Salvo tres chalets edificados sobre la ladera oriental, a más de 150 m de la playa, no hay nada construido. Tan solo un blocao de la Guerra Civil rehabilitado para uso privado sobre el costado occidental. ¡Si vienes navegando ojo con el peligrosísimo Escull de Sa Nao, a 800 m al N del centro de la cala!

Accesos: Yendo de Es Mercadal hacia Fornells por la Me-15 se llega a una rotonda donde si se toma la tercera salida y se van siguiendo los carteles indicadores se llega hasta el parking de la playa después de conducir 8 km.

Servicios: Socorrista, wc y bar restaurante situado a 400 m de la playa.

COSTA NORTE

- 🍴 Bar-restaurante
- 🚻 WC
- 🚶 400 m a pie
- 🧭 Orientada al NW-N
- 👥 Ocupación media
- 🌲 Entorno natural
- 📏 L: 250 m An: 20 m

✂ CALETA DE BINIMEL·LÀ

POR MUCHO TRECHO QUE HAYA Y POR MUY BACHEADO QUE PUEDA ESTAR EL CAMINO MERECE LA PENA VENIR CON TAL DE GOZAR LA PLAYA DE BINIMEL·LÀ, PERO CUANDO DESCUBRAS SUS OTRAS CINCO CALITAS… ¡ENTONCES TE DARÁS CUENTA QUE HABRÍAS VENIDO HASTA DE RODILLAS!

022

Rincones hechos a la medida para disfrutar en pareja.

Estas famosas playas –la de Binimel·là, Pregonda, Cavalleria, etc.– son una visita indiscutible, clásicos que hay que disfrutar porque son las auténticas joyas de la isla, pero si además de grandes arenales vírgenes como estos quieres descubrir las calitas de arena más sugerentes de la costa norte –cómodas, de tamaño XS y de fácil acceso– entonces tienes que venir a las calitas de Binimel·là. Cuando bajes desde el parking hacia la playa sigue caminando hacia la derecha en vez de hacia la izquierda y las irás descubriendo una a una. La primera es esta, luego está la de la Cova des Pont (que es una de las playas más singulares de la isla, ya que está dentro de una cueva que se comunica con el mar abierto a través de una abertura en la roca) y luego hay otras tres, a cada cual más sugerente. Estos son los rincones más tranquilos de la zona, muy apropiados también para la practica del nudismo.

Descripción: Si te fijas bien en la fotografía aérea podrás verlas todas. Yendo de derecha a izquierda, el primer puñadito de arena que se ve cerca del camino es la que aquí nos acontece; el hueco oscuro del final del sendero (y que apenas se ve) es la Cova des Pont, donde hay otra pequeña calita; la playa donde se ven algunas sombrillas es el Caleta de s'Elisabet; el siguiente huequecito (mucho más pequeño) es el Racó d'en Miquel; y, la última playa, la más larga, es la de la Punta de Binimel·là. Todas son de arena de grano medio y tonos rojizos. Salvajes, preciosas, tranquilas y muy apetecibles para disfrutar en pareja.

Accesos: Sigue los accesos descritos en la página anterior hasta llegar al parking de la playa de Binimel·là, camina 400 m hasta la playa y, cuando estés en ella, camina unos 200 m por la orilla derecha descubriendo estas otras calas.

Servicios: Los del bar de Binimel·là.

COSTA NORTE

700 m a pie 🚶
Orientada al W 🧭
Ocupación media 👥
Entorno natural 🌳
L: 15 m
An: 15 m ↔

Posición: 40°3'10.52"N 4°3'16.65"E | Población próxima: Fornells 10,2 km | Puerto próximo: Port de Fornells 6,9 M

COVA DES PONT

023

¡ACABAS DE DAR CON UNA DE LAS PLAYAS MÁS SINGULARES DE LA ISLA! UNA CALITA REALMENTE DIFERENTE A TODO Y A TODAS, PUES SE ENCUENTRA UBICADA DENTRO UN PEQUEÑO CRÁTER Y UNA CUEVA COMUNICADOS CON EL MAR POR UNA ABERTURA EN LA ROCA. ¡IMPRESIONANTE!

La cala más extraña hecha solo para intrépidos exploradores.

Pero eso sí, ya te adelanto que no es la mejor opción para tomar el sol o bañarse al uso, pues no cuenta con el espacio disponible ni con la porción arenosa suficiente para ello, ya que suele estar tapada por restos de posidonia (esas hojas acintadas de color pardo) arrastrados por el mar. Es una playa más para explorar que para disfrutar. Y ahora déjame que te cuente lo importante que es la posidonia para las playas. Siempre que la veas –en montones sobre la arena después de haber completado su ciclo vital o creciendo en las praderas submarinas– es que el mar está vivo y con unas condiciones de salud excepcionales. La posidonia impide que las corrientes se lleven la arena de la playa, limpia y oxigena el agua y favorece la vida de innumerables organismos subacuáticos. No te olvides que solo podremos disfrutar de las mejores playas mientras haya posidonia.

Descripción: Con el paso del tiempo el mar fue logrando horadar la base del talud de estas dunas consolidadas y penetrando tierra adentro hasta dar lugar a una pequeña playa. Al final, parte del techo colapsó formando un pequeño cráter y dejando a cielo abierto una porción de la playa. El agua sigue trabajando la roca, penetrando y arrastrando restos de posidonia sobre la arena, así que apenas queda sitio para tumbarse cómodamente, pero si te gusta explorar, acércate entonces hacia la parte norte, detrás de las rocas, y verás como penetra la cueva y la playa varios metros tierra adentro.

Accesos: Caminando 760 m desde el parking de Binimel·là. Descubre como llegar a esa playa en la página correspondiente y cuando estés allí camina por la orilla derecha descubriendo cada una de estas otras calas.

Servicios: En el bar de Binimel·là.

COSTA NORTE

760 m a pie

Orientada al W

Ocupación media

Entorno natural

L: 7 m
An: 5 m

Posición: 40°3'12.59"N 4°3'15.85"E   Población próxima: Fornells 10,3 km   Puerto próximo: Port de Fornells 6,9 M

✖ CALETA DE S'ELISABET

DE LAS CINCO CALITAS DE BINIMEL·LÀ ESTA ES LA MÁS CÓMODA DE TODAS, PUES SE TRATA DE UNA PLAYA CON ARENA SUFICIENTE PARA VARIOS ADO-RADORES DEL SOL COMO TÚ Y COMO YO. ES LO MÁS CERCA QUE SE PUEDE ESTAR DEL PARAÍSO, DISFRUTANDO DEL PAISAJE Y DE LA VIDA COMO NUNCA.

024

Entre todas la más bonita: mi preferida, mi niña mimada, mi carita linda...

Toda la zona virgen que tienes ante ti está tal cual la ves (sin que haya irrumpido el hormigón para tragárselo todo) casi de milagro. Corrían los años ochenta cuando ya estaban los viales trazados y la zona parcelada para comenzar a construir una urbanización del tipo a Son Parc, cuando el ayuntamiento de Es Mercadal, de improviso, retiró las licencias. Casos como este –en que se da preferencia a la conservación del patrimonio natural antes que al dinero fácil– se cuentan con los dedos de una mano. Ya sabemos como es esta España nuestra, la que prefiere el pan para hoy que el pan para mañana... Si Menorca no estuviese tan bien conservada estoy seguro que el turismo de calidad se hubiera ido a otra parte. Hay muchos otros destinos de sol y playa... pero pocos con un patrimonio natural tan bien conservado como el de esta Reserva de la Biosfera.

Descripción: Esta es la calita con mayor superficie arenosa de las cinco (unos 800 m²) y, por tanto, la más cómoda. Tiene dos tipos de sedimento: uno de un curioso tono rosado y el otro de color oscuro y grano medio, ambos acumulados con fuerte pendiente debido al efecto del oleaje del NW. Los fondos son de arena y roca, buenos para la práctica del buceo de superficie. Hacia el S de la playa hay un huequecito muy discreto y apartado entre las rocas perfecto para dos.

Accesos: Se llega caminando 800 m desde el parking de Binimel·là. Descubre como llegar fácilmente a esa playa en la página correspondiente y cuando hayas llegado hasta allí camina por la orilla derecha, junto al mar, descubriendo cada una de estas otras playas, que van apareciendo engarzadas como por arte de magia las unas tras las otras.

Servicios: En el bar de Binimel·là.

COSTA NORTE

800 m a pie 🚶
Orientada al W 🧭
Ocupación media 👥
Entorno natural 🌲
L: 20 m
An: 12 m

RACÓ D'EN MIQUEL

025

SI CAMINAS UN POCO MÁS HACIA EL NORTE PUEDE SER QUE TE PASES DE LARGO Y NO TE DES CUENTA DE QUE AL PIE DEL ESCARPE ROCOSO HAY ESTA MINÚSCULA CALITA DE ARENA SALPICADA DE GRANDES ROCAS. SE TRATA DE UN CURIOSO RINCÓN DEL QUE NO SE CONOCÍA SU NOMBRE.

Uno de los rincones más tranquilos y discretos de Binimel·là.

COSTA NORTE

880 m a pie

Orientada al W

Ocupación media

Entorno natural

L: 10 m
An: 2 m

Y ahora déjame que te hable de la toponimia de Binimel·là, que procede de *Bany Maylad*, de origen árabe, como una de las excursiones que te voy a proponer. Se trata de la subida al castillo de Santa Águeda, cuyos orígenes se remontan a los tiempos de la dominación musulmana. Esta residencia de verano fortificada (hoy día en ruinas) fue propiedad del rey Abû Uthmân Saîd Ibn Hakam, quien hizo de Menorca el último bastión del islam en occidente y un país islámico independiente entre los años 1234 y 1282. La ascensión –que dura unos 30 minutos– se hace por un delicioso camino empedrado hasta llegar a las ruinas, a 260 m de altura, con unas vistas sin igual. Si te apetece ir, retoma el camino hacia la playa de Els Alocs (playa 012) y cuando estés en el km 3,1 del *camí dels Alocs* toma la desviación hacia la derecha que hay junto al muro blanco, la casa en ruinas y la señal del *camí de Santa Águeda*.

Descripción: Si vas a venir pensando en darte largos paseos por la orilla... vas a tener que quedarte en la playa de Binimel·là, porque aquí apenas hay 10 m de recorrido. Además, los bloques de roca caídos del escarpe se comen parte de la superficie arenosa y apenas queda sitio para dos o tres parejas de adoradores del sol y de la tranquilidad. No obstante, este rincón discreto y ajeno a todos tiene una gracia divina, ya que está encajado entre antiguas dunas consolidadas (en el margen septentrional se aprecia la estratificación perfectamente) que la protegen de los vientos.

Accesos: Caminando 880 m desde el parking de Binimel·là. Descubre como llegar a esa playa en la página correspondiente y cuando hayas llegado hasta allí camina por la orilla derecha descubriendo cada una de estas otras playas, que van apareciendo engarzadas unas tras otras.

Servicios: En el bar de Binimel·là.

Posición: 40°3'16.76"N 4°3'16.44"E   Población próxima: Fornells 10,4 km   Puerto próximo: Port de Fornells 6,8 M

✄ PUNTA DE BINIMEL·LÀ

EN ESTA PRECIOSA PLAYA SE MAGNÍFICA UN LLAMATIVO FENÓMENO EN EL QUE YA TE HABRÁS FIJADO MIENTRAS CAMINABAS DESDE BINIMEL·LÀ HACIA AQUÍ: SE TRATA DE LA DIFERENTE COLORACIÓN DE LA ARENA, CON UNA MEZCLA ENTRE SEDIMENTOS ROJIZOS Y OTROS DE COLOR GRIS OSCURO.

026

Una buena cala para disfrutar del nudismo y de la tranquilidad.

Están juntos, pero no revueltos. Ello se debe al peso específico y origen totalmente diferentes de cada uno de los granos de arena. Los más claros y finos provienen, por una parte, de infinidad de bioclastos (restos de conchas, erizos de mar, etc. arrastrados por el mar, que se pueden apreciar a simple vista cogiendo un puñado de arena en la mano), y, por otra, de la erosión de las dunas fósiles que rodean la playa, que son rocas sedimentarias en cuya estratificación se puede observar fácilmente las capas de arena superpuestas. La arena de tonos más rosados (con porciones de color blanco, etc.) proviene de la erosión de los cuarzoqueratófidos que afloran en Pregonda, Illes Bledes, etc., que son rocas subvolcánicas. Y, por último, la arena de tonos gris oscuro, que proviene de la erosión de las turbiditas calcáreas y siliciclásticas del carbonífero que afloran en las cercanías de la cala.

Descripción: Esta playita tiene forma longitudinal (80 m de largo por apenas 8 m de anchura) en lugar de la típica forma de concha (con proporciones inversas) que hemos ido observando hasta el momento. Se generó gracias a la facilidad de erosión de las dunas fósiles, que van fraccionándose por los vanos que quedan bajo ellas, cayendo y quedando expuestas a la abrasión del mar. El borde norte de la cala está fracturado, mientras que el del sur deja una cueva bajo la que resguardarse cuando el sol aprieta. Los fondos son rocosos, buenos para el buceo.

Accesos: Caminando 900 m desde el parking de Binimel·là. Descubre como llegar a esa playa en la página correspondiente y cuando hayas llegado hasta allí camina por la orilla derecha descubriendo cada una de estas otras playas, que van apareciendo engarzadas unas tras otras.

Servicios: En el bar de Binimel·là.

COSTA NORTE

900 m a pie 🧍

Orientada al W 🧭

Ocupación media 🧍🧍

Entorno natural 👫

L: 80 m
An: 8 m ↔

EN VALENT ✘

027

¡YA LO SÉ! TÚ LO QUE QUIERES SON RINCONES AÚN MÁS ALEJADOS DEL MUNDO, PARAJES DONDE PUEDAS SENTIRTE COMO ROBINSON CRUSOE Y EXPERIMENTAR LO QUE ES UNA VERDADERA RESERVA DE LA BIOSFERA. PUES SÉ BIENVENIDO ENTONCES: ¡AQUÍ TIENES LO QUE BUSCABAS!

Una playa virgen para estar solos en el mundo.

Se trata de la playa de En Valent, un pequeño arenal emplazado en un paraje mineral donde todo está tal cual estaba hace centenares de años, cuando por aquí solo se veían pasar las aves y las barcas navegando así a lo lejos; y seguirá estando así –eso espero– por mucho tiempo, ya que toda esta zona está protegida desde 1999 y enclavada en mitad de la Reserva Marina del Norte de Menorca. Esta declaración tiene como objetivo proteger el tramo de la costa de tramontana de Menorca comprendido entre el cabo Gros y la bahía de Fornells, pues además de estar en muy buen estado de conservación se caracteriza por su elevado atractivo paisajístico y, sobre todo, natural. Y todo gracias a la gran heterogeneidad de sus fondos, que albergan gran diversidad de hábitats que favorecen la vida de 628 especies bentónicas establecidas en 35 comunidades biológicas diferentes.

Descripción: Esta playita de arena y grandes rocas situada al oeste de la punta d'en Valent adquiere unas dimensiones de 30 m de longitud por 20 m de anchura, más que suficientes para la escasez de adoradores del sol que recibe. Quien la descubre –senderistas la mayoría– lo hace casi por casualidad, pues se encuentra al pie del Camí de Cavalls. La orilla es rocosa, poco cómoda para el baño si no vas con calzado apropiado pero muy interesante para bucear.

Accesos: O siguiendo el Camí de Cavalls desde el parking de Binimel·là (caminando 1.800 m) o tomando la pista que sigue de largo dejando por la izquierda el parking. Esta pista en mal estado llega hasta la playa de Cala Mica o hasta esta otra si te sales un poco antes hacia la izquierda, bajando por un sendero.

Servicios: Ninguno.

COSTA NORTE

- 🚶 1.800 m a pie
- 🧭 Orientada al N
- 🚶 Ocupación baja
- 🌲 Entorno natural
- L: 30 m An: 20 m

✄ CANAL MITGER

028

He aquí otro pequeño tesoro, una calita salida de la nada para serlo todo. Todo lo que uno pueda soñar si lo que busca es la paz y el sosiego más íntimos. Un solitario rincón que a muchos de nosotros nos hará rozar el cielo con la punta de los dedos.

Otro capricho natural y un verdadero museo geológico al aire libre.

Se bienvenido y disfrútala al menos tanto como yo, pero cuida de ella y no des pistas de tu presencia, que solo sea el mar quien se desprenda de lo que le sobra. Y ahora fíjate bien, porque esta preciosa calita merece la pena conocerla no solo por los estupendos baños que te puedas dar, sino por su belleza geológica. En los acantilados que la cierran por la orilla oriental se pueden observar una serie de plegamientos excepcionales, una espectacular muestra de la geodinámica sufrida por estas capas de pelitas y areniscas del carbonífero. Es un auténtico museo mineral al aire libre que muestra sus encantos a todo el que guste sin pedir nada a cambio. Estas playas se disfrutan tanto en verano (con el bañador y la toalla) como fuera de temporada (con las botas y la cámara en mano) porque conservan un patrimonio paisajístico, natural y geológico merecedor de todos los elogios. ¡Felicidades!

Descripción: Al fondo del canal que hay entre la punta des Marès y la punta d'en Valent se ha ido depositando un puñadito de arena de tonos rosados que llaman la playa del Canal Mitger. Es una calita de tan solo 12 m de anchura donde la cantidad de sedimento emergido es muy variable, dependiente de la fuerza de los temporales, por eso es posible que puedas encontrarla muy mermada, casi inexistente, con montones de troncos, etc. arrastrados por el oleaje, o con la arena suficiente para disfrutarla tomando el sol o bañándote, ya que cuando la arena no emerge es porque está en los deliciosos fondos próximos a la playa.

Accesos: La mejor opción para llegar es siguiendo el Camí de Cavalls desde el parking de la playa de Binimel·là, que está a unos 1.900 m de aquí, porque la pista que llega hasta Cala Mica está cerrada al paso de vehículos.

Servicios: No te olvides del agua, etc.

COSTA NORTE

1.900 m a pie
Orientada al NE
Ocupación baja
Entorno natural
L: 12 m
An: 2 m

CALA MICA ⚓ ✂

029

La playa principal de Cala Mica es un arenal salvaje situado entre las lomas peladas de uno de los parajes más inhóspitos de Menorca. Teniendo las famosas playas de Binimel·là y Cavalleria tan cerca no me extraña que pase desapercibida...

Una de las grandes playas vírgenes menos visitadas del norte de Menorca.

Pues se encuentra fuera de las rutas habituales entre el gran público. Solo los senderistas que recorren el Camí de Cavalls se dan de bruces con ella, como una grata sorpresa en mitad del camino. Pero eso sí, los aficionados a la botánica tienen aquí la oportunidad de ver alguna de las especies más raras y de los endemismos más bonitos de la isla. Se trata de la extrañísima *Matthiola tricuspidata*, una pequeña planta con hermosas flores violáceas que habita sobre los terrenos arenosos más próximos a la playa; y la *Senecio rodriguezii*, un bellísimo endemismo de flores rosadas con pétalos blancos con forma de estrella que florece solamente sobre las rocas más próximas al mar de las islas de Mallorca y Menorca. Pero la planta que más gracia me hace son los arbustos de Alocs que crecen junto al torrente... ¡porque se usan como inhibidor sexual masculino! Es el colmo de la viagra.

Descripción: Cala Mica tiene dos playas de arena, la primera es la más grande que se observa en la foto aérea y la segunda está junto a la punta que la cierra por el E. Si te fijas también se ve el Camí de Cavalls, así como una de las *casetes d'anar de vega* (casitas de fin de semana) construida por los *pagesos* (campesinos) al pie de la playa de Cala Mica. De titularidad privada, la mayoría están edificadas desde mucho antes de existir la famosa Ley de Costas. Aparte de esta humilde casita también verás un extenso muro de piedra que separa una de otra finca, construido como impedimento para el ganado. Aunque las colinas se vean agostadas, durante la primavera lucen sus mejores galas vestidas de flores y del verde de los pastos.

Accesos: Caminando 1.900 m por el Camí de Cavalls desde la playa de Cavalleria o 2.000 m desde Binimel·là.

Servicios: Ninguno.

COSTA NORTE

🏃 1.900 m a pie

◎ Orientada al N

🚶 Ocupación baja

🌳 Entorno natural

↕ (2) L: 25 m An: 6 m

↕ (1) L: 200 m An: 20 m

Posición: 40°3'21.72"N 4°3'57.24"E   Población próxima: Fornells 10,5 km   Puerto próximo: Port de Fornells 6,5 M

✄ ⚓ CAVALLERIA

Junto con las de Algaiarens, del Pilar, Pregonda y Binimel·là, la playa de Cavalleria es otro de esos clásicos de obligada visita. Además de ser una de las más grandes, cuenta con un paisaje puro dignísimo de todos los elogios y un interesante campo de dunas.

030

La playa de los baños de barro.

Otra de sus bondades es la relativa facilidad de acceso, pues el parking (amplio y gratuito) se encuentra a "solo" 400 m de la playa, aunque al final hay que salvar unas escaleras de madera que descienden incomodando el acceso de las familias con niños que vayan cargadas con la sillita, etc. Pero centrémonos ahora en el paisaje y, sobre todo, en esas dunas que se extienden 1.300 m tierra adentro, hasta la carretera. Cuando una playa tiene mucha arena y un flujo de viento con la intensidad y orientación adecuadas es cuando se forman las dunas. Este arenal está muy expuesto a la tramontana, que es lo suficientemente persistente para transportar la arena hacia el sur y así dar forma a estas dunas, expoliadas durante décadas para ser usada en la construcción. Una duna es la reserva de arena de la playa. Si se la robas, desaparece. Y sin las playas... ¿qué sería del futuro de Menorca?

Descripción: Este arenal de 470 m de longitud es perfecto para el baño mientras no bufe la tramontana. Además de por las dunas, la playa de Cavalleria destaca por las pequeñas lomas que la rodean y sus dunas fósiles, es decir, antiguas dunas petrificadas entre las que fluye la arena. Otra de sus características geomorfológicas se debe a la presencia del Escull de Ferragut, esas rocas que emergen cerca de la orilla formando un tómbolo que segmenta la playa en dos mitades.

Accesos: Yendo de Es Mercadal hacia Fornells por la Me-15 se llega a una rotonda donde si se toma la tercera salida y se van siguiendo los carteles indicadores hacia Cavalleria, se llega hasta el parking de la playa después de 7.100 m. Se puede aparcar 1.100 m antes, junto a una curva, pero desde aquí hay que caminar 750 m por el camino de la verja de madera.

Servicios: Wc a 400 m, en el parking.

COSTA NORTE

Wc en el aparcamiento	WC
Aparcamiento a 400 m	P
400 m a pie	🚶
Orientada al W-N	🧭
Ocupación alta	👥
Entorno natural	🌳
L: 470 m An: 15 m	↔

CALA ROJA ⚓ ✗

031

La Cala Roja es una de las playas más peculiares del norte de Menorca y un lugar perfecto para disfrutar del Mediterráneo más salvaje sin tener que caminar demasiado. Cuando vayas de camino a la de Cavalleria, asómate y escoje entre amarillo o rojo.

La opción más asilvestrada de Cavalleria, para los que quieran más calma.

Esas areniscas ferruginosas del Pérmico que nos manchan de polvo rojo las avarques (calzado menorquín) son las mismas que afloraban en mitad del camino hacia cala Pregonda desde Binimel·là. Son rocas sedimentarias que se originaron hace 299 millones de años, pero aún son mucho más antiguas (416 millones de años) las de la playa de Cavalleria. Si te fijas en la fotografía aérea podrás observar la diferencia de color del suelo que hay a partir de la punta de Cala Roja. Se trata de la discontinuidad estratigráfica entre las areniscas rojizas del Pérmico de Cala Roja y las turbiditas ocres del Devónico de Cavalleria, que aquí se vuelve muy visible. Entre las unas y las otras hay un desfase de 117 millones de años. Pero lo más curioso es ver a los bañistas rascando la base de la peña que separa ambas playas para embadurnarse con esas arcillas. Los baños de lodo están tan de moda que se está erosionando y poniendo en peligro su estabilidad.

Descripción: Cala Roja es una pequeña playa de arena y cantos mucho menos visitada que su vecina de Cavalleria. Tiene un aspecto aún más salvaje y la ventaja de estar más protegida de la tramontana. Los fondos son de muy diversa tipología, con tramos de arena y otros de roca, muy interesantes para el buceo de superficie. El único aditamento humano son los restos de un búnker de la Guerra Civil que verás en ruinas sobre la punta que separa ambas playas.

Accesos: Yendo de Es Mercadal hacia Fornells por la Me-15 se llega a una rotonda donde si se toma la tercera salida y se van siguiendo los carteles indicadores hacia Cavalleria se llega hasta el parking de la playa después de conducir 7.100 m. De ahí hasta la punta que separa Cala Roja de la de Cavalleria hay que caminar 360 m, y otros 100 m por el sendero que baja hasta la playa.

Servicios: Hay un wc en el parking.

WC WC en el aparcamiento

P Aparcamiento a 460 m

🚶 460 m a pie

🧭 Orientada al W

👥 Ocupación media

🌲 Entorno natural

↕ L: 75 m An: 8 m

✄ ⚓ CALA VIOLA DE PONENT

SI BUSCÁIS UNA CALITA VIRGEN, DE ARENA, CON UNOS FONDOS DELICIOSOS PARA BUCEAR Y QUE ADEMÁS SE PUEDA APARCAR AL LADO, ESTOY SEGURO QUE ESTA ES LA VUESTRA. SE TRATA DE LA VIOLA DE PONENT, UN RINCÓN INSPIRADOR CUSTODIADO POR LA MOLE PÉTREA DEL CAP DE CAVALLERIA.

032

Todo en ella merece la pena: el mar, el faro, el paisaje... ¡y los chapuzones!

Pocas playas vírgenes hay en esta isla donde puedas despedir el sol desde tan privilegiado balcón y tan cómodamente alejado del mundo. Admito haber pasado aquí tardes infinitas sumido en una deliciosa y profunda indolencia, lo único que me cura todos los males. La receta es muy sencilla: apaga el móvil y escucha el silencio, que solo sean los cencerros de las cabras los que rompan esta paz divina; admira el entorno –sin una mala mancha de hormigón– e imagina –te será fácil– que sois una joven pareja del cercano poblado romano de Sanicera. Las navis longo pasan de largo remando hacia el puerto de Sanitja mientras el Deus Sol Invictus se precipita tras el horizonte recortando las siluetas. Las aguas han dejado de hervir con los vientos y ahora son el espejo que refleja los dramas cotidianos del cielo en cada atardecer. Y en medio de este epicúreo escenario... estáis vosotros dos. Amén.

Descripción: No tengáis prisa por volver... esperad a que el sol se sumerja y el faro compita con la luna. Coleccionad postales como esta y enriqueceréis vuestras vidas. Y, entre tanto, gozad de los tres brazos de esta estrella tallada en la roca caliza, con dos puntas de arena gruesa opuestas y una tercera encarada al mar abierto, que dan lugar a tres calitas como tres soles. La Viola de Ponent tiene una réplica al otro lado del cabo que llaman Viola de Llevant, pero que por no tener no tiene ni un puñado de arena. Lástima.

Accesos: Yendo de Es Mercadal hacia Fornells por la Me-15 se llega a una rotonda donde si se toma la tercera salida y se van siguiendo los carteles indicadores hacia el Cap de Cavalleria se llega hasta una verja muy cerca del Port de Sanitja. Crúzala, que no pasa nada, y toma el 5º camino de tierra que veas partir hacia la izquierda.

Servicios: Ninguno.

COSTA NORTE

Acceso rodado
Orientada al W-N
Ocupación media
Entorno natural
L: 10 m
An: 4 m
L: 35 m
An: 10 m
L: 20 m
An: 7 m

Posición: 40°4'33.62"N 4°5'28.21"E   Población próxima: Fornells 11,4 km   Puerto próximo: Port de Fornells 5,3 M

Del Cap de Cavalleria al Cap de Fornells

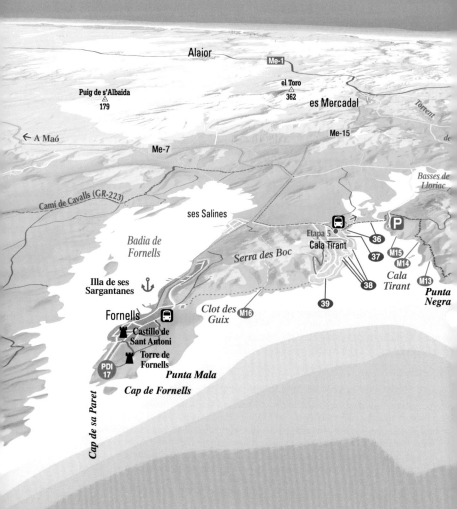

Alaior

Me-1

el Toro
362

es Mercadal

Puig de s'Albaida
179

Torrent

← A Maó

Me-15

Me-7

Basses de
Lloriac

Camí de Cavalls (GR-223)

ses Salines

Badia de
Fornells

Serra des Boc

Etapa 5
Cala Tirant

36

37

M15

M14

Cala
Tirant

38

M13

Punta
Negra

Illa de ses
Sargantanes

39

Clot des
Guix

M16

Fornells

Castillo de
Sant Antoni

Torre de
Fornells

PDI
17

Punta Mala

Cap de Fornells

Cap de sa Paret

PUNTOS DE INTERÉS
PDI 16 Cap de Cavalleria
PDI 17 Torre del Cap Fornells

PLAYAS DE ARENA
033 Cala d'en Saler
034 Binidonaire - Sa Mitgera
035 Macar Gran
036 Cala Tirant
037 Es Reclau
038 Na Belluga - Es Tronc
039 S'Olla - Es Ciprer

PLAYAS DE PIEDRAS
M13 Macar Petit
M14 Macar de sa Talaieta
M15 Es Pujolàs
M16 Sa Font d'ets Escalons

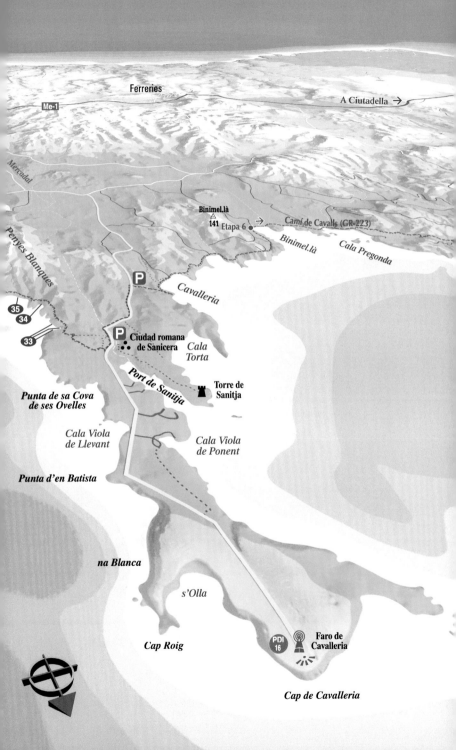

*Aunque el desarrollismo haya podido con ella, Cala Tirant fue
domada sin falta de látigo. Las casas —ajardinadas, de baja altura
y con gracia— no aprietan la mirada. Aquí no hay siervo ni señor.
Ambos conviven de la mano. Da gusto verlos.*

El rincón del navegante
DEL CAP DE CAVALLERIA AL CAP DE FORNELLS

Recortando la costa entre el Cap de Cavalleria y el de Fornells apenas hay 5 millas de navegación donde apenas verás barcos fondeados. La razón es muy sencilla: las mejores calas (Cavalleria, Binimel·là, Pregonda, etc.) están al W del cabo, mientras que a esta otra parte solo hay un gran arenal (urbanizado) y algún que otro rincón apartado frente a calas de grava perfecto para los robinsones de las pequeñas esloras.

LUCES:
Far de Cavalleria:
D(2)B 10 s 94m 22M
Cap Fornells.
Cabo de Sa Paret: DB 2s 29m 8M

BIBLIOGRAFÍA: Consulta el "Atlas Náutico de Menorca" de Alfonso Buenaventura en http://buenaventuramenorca.com.

RECUERDA sigues estando en aguas de la Reserva Marina del Norte de Menorca.

Foto: Lloses de sa Punta Larga.

Cala Tirant y los efectos de la traidora tramontana

Si tienes pensado hacer noche fondeado en esta cala procura que no te sorprenda la tramontana. Aunque cuenta con muy buen tenedero, y además es espaciosa y sin rocas peligrosas que no sean las Lloses de sa Punta Llarga (que velan a 100 m de la orilla, frente a la Punta Llarga de la costa E), cuando el viento rola del NW al N y luego al NE es muy fácil que tengas que salir de la cala a buscar otro refugio estando la mar ya muy formada. Cuando el oleaje viene fuerte del NE rompe la mar a gran distancia de la costa, ya que la playa apenas tiene pendiente (se sondan unos 5 m a unos 600 m de la orilla).

Con vientos de 80 km/h se llegan a formar olas de hasta 8 m de altura.

Algunos de sus naufragios

Las Lloses de sa Punta Llarga hicieron naufragar al carguero panameño "Benil", de 99 m de eslora, en el año 1981, cuando buscaba refugio aquí. Todo iba bien hasta que roló el viento del NW al NE, y entonces de nada le sirvió la protección del Cap de Cavalleria. Afortunadamente no hubo desgracias personales. El 4 de junio de 1996 también se hundieron aquí, el mismo día y víctimas de un temporal de similares características, dos veleros: el Ipanema y el Jolycoco Too, de 8 y 9 m de eslora respectivamente. En esta ocasión falleció uno de los tripulantes. Por eso, aunque estés de vacaciones y con ganas de desconectar, te recomiendo que estés siempre pendiente de la radio y del parte meteorológico. Al menos mientras vayas a estar navegando por la costa N de Menorca. Se prudente.

Centros de submarinismo
Diving Menorca: En la playa de Es Reclau. Tel.: 625 712 631 www.divingmenorca.com

Los mejores fondeaderos

¡Ojo! Si vas a aproximarte a estas calitas de grava que sea con sumo cuidado y poca eslora. La mayoría están minadas de rocas que velan, "las que la sonda no ve".

033 Cala d'en Saler

No hay mejor rincón para venir con tu barquita, largar cadena y darse un chapuzón nadando hasta la playa. Se fondea sobre arena, alga y roca expuestos al E.

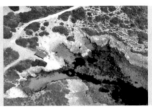

Página 142

035 Macar Gran

Hay fondo de arena con 8 a 9 m de agua a la entrada de esta amplia cala de grava. Por tierra no suele llegar nadie, y por el mar menos. Está muy expuesta a los vientos del NE.

Página 144

M13 Macar Petit

El hermano pequeño del Gran, aunque con mucho menos fondo y aún menos gente. Se fondea sobre grava a 4 m. Ojo al venir del Gran con las rocas que hay en la orilla NE.

Página 140

036 Cala Tirant

Ya sabes cómo se las gasta esta preciosa playa de arena blanca y aguas turquesas... Mientras no haya previsión de tramontana es un auténtico lujo. Lástima que esté urbanizada.

Página 145

M16 Sa Font d'ets Escalons

Una de esas calitas perfectas solo para venir con una lancha pequeña. Recomendable solo sin mar del N. Es fácil enrocar y tocar en el fondo. Ten cuidado al entrar con las rocas.

Página 140

Playas de piedras del
CAP CAVALLERIA a
CAP FORNELLS

40°3'14,45"N 4°5'55,47"E

M13 Macar Petit

Justo tras esa punta rocosa que llaman Punta de sa Talaieta está el Macar Petit, una playa de dimensiones no tan pequeñas con montones de guijarros y de posidonia acumulados. El Camí de Cavalls pasa justo a su lado.

40°3'12,35"N 4°5'58,33"E

M14 Macar de sa Talaieta

Si la anterior ya contaba con unas dimensiones nada desdeñables, esta es aún más grande. Se trata de una preciosa playa de guijarros redondeados que merece la pena visitar. El Camí de Cavalls pasa justo al lado.

40°2'52,89"N 4°6'4,59"E

M15 Es Pujolàs

Siempre me ha llamado la atención la forma en que emergen las rocas junto a esta pequeña cala de piedras. ¿A ti también te parece la cola de un cocodrilo? Son los Esculls des Pujolàs. Se ven desde el Camí de Cavalls.

40°3'15,78"N 4°7'8,75"E

M16 Sa Font d'ets Escalons

Merece la pena venir, aunque haya que caminar 600 m desde la playa de S'Olla. Es de piedras, pero tiene unos fondos deliciosos para bucear. Y está lo suficientemente alejada de todo para ser un oasis de tranquilidad.

Puntos de interés en la costa del CAP CAVALLERIA a CAP FORNELLS

PDI 16 Cap de Cavalleria

Este tremendo farallón calcáreo impone tanto desde el aire como desde el mar o desde tierra. Merece la pena acercarse en coche a verlo, y asomarse a los acantilados para despedir el sol desde la Menorca más septentrional.

40°5'22.12"N 4°5'34.14"E

PDI 17 Torre del Cap Fornells

Cuando vengas a Fornells no te olvides de visitar su famosa torre del año 1801: de las más grandes y mejor restauradas. Es de pago (hasta 2,4 €) y tiene horarios de visita. Infórmate antes en la OIT o en el tel.: 971 368 678.

40°3'47.10"N 4°7'48.82"E

Cap de Cavalleria

CALA D'EN SALER ⚓ 🏊

033

YA QUE VAS A VENIR HASTA EL EXTREMO NORTE DE LA ISLA QUE NO SEA SOLO PARA DARTE UN BAÑO EN ESTA CALA SALVAJE Y SUS TRES PLAYITAS. TE VOY A RECOMENDAR UNA EXCURSIÓN QUE MERECE LA PENA POR PARTIDA DOBLE: LAS RUINAS DE SANITJA Y EL FARO DEL CAP DE CAVALLERIA.

Desde que cerró el Ecomuseo ya no es lo mismo.

Asomarse a ver la isla de los Porros desde el extremo más septentrional de Menorca es una de esas visitas obligadas. Tanto como explorar las ruinas del Port de Sanitja. ¿Sabías que este puerto natural es, además de muy fotogénico (especialmente al final de la tarde), uno de los enclaves de mayor importancia arqueológica de la isla? Muy cerca de aquí existió un Ecomuseo que albergaba restos arqueológicos de épocas muy dispares, desde los tiempos de los asentamientos romanos hasta la dominación inglesa del siglo XVIII, y que resultó ser un punto de atracción cultural y turístico internacional. Era como poder ver in situ la biografía histórica de la ciudad portuaria de Sanitja, un puerto de gran valor estratégico. Ahora en vez del museo hay un Centro de Interpretación y un bar en el propio Faro de Cavallería. Abre solo en verano de 12 h a 22 h (la entrada cuesta 3 €).

Descripción: La cala d'en Saler está formada por tres pequeños brazos de mar al fondo de los cuales se han originado tres diminutas playitas. La más grande (10 m de longitud por 14 m de anchura) es la del centro, de arena gruesa; al norte hay otra aún más pequeña y con poca arena, pues la que hay suele estar cubierta por restos de posidonia; y al sur está el brazo más largo, pero el que menos playa tiene. Y entre medias de todo hay un chamizo de cañas bajo el que te podrás pasar la tarde a la sombra pensando sobre quién carajo habrá sido el de la genial idea... Sombrillas aquí... ¿para qué las quieres?

Accesos: Ve hacia el Cap de Cavalleria siguiendo las indicaciones que te di en la playa anterior y poco antes de llegar al Port de Sanitja verás los carteles del Camí de Cavalls en la orilla derecha. Síguelos y llegarás caminando 650 m.

Servicios: Ninguno.

COSTA NORTE

🚶 650 m a pie

🧭 Orientada al E

👥 Ocupación media

👫 Entorno natural

↕ L: 2 m
An: 2 m

↕ L: 10 m
An: 14 m

↕ L: 6 m
An: 6 m

Posición: 40°3'48.18"N 4°5'32.38"E   Población próxima: Fornells 10,4 km   Puerto próximo: Port de Fornells 3 M

AYUNTAMIENTO DE ES MERCADAL

✖ BINIDONAIRE - SA MITGERA

Solo cuando vas recorriendo el Camí de Cavalls te das cuenta de la presencia de estas dos playitas de gravas y cantos —que están ahí, en mitad de la nada—, aunque tengo que admitir que para darse un baño —tanto de sol como de olas— prefiero otras.

034

Las mejores playas para huir del mundo y perder la cobertura.

Otras playas más al gusto del cuerpo como la anterior, la de En Saler, porque estas, aunque agradan a la vista por la soledad del paraje en el que se encuentran, no son todo lo cómodas para extender la toalla como uno quisiera. Son playas que pasan desapercibidas ante la mirada del gran público pero que merecen la pena para, por ejemplo, bucear, pues estoy seguro que jamás sentirás mayor emoción que la de descubrir la cantidad de vida submarina que atesoran estos fondos rocosos y arrecifes. Es tal la transparencia y pureza de las aguas —de Menorca en general y de estas playas en particular— que la posidonia se encuentra en magnífico estado de conservación. Esta planta submarina necesita mucha luz para realizar la fotosíntesis, así que solo se desarrolla en costas de aguas cristalinas que favorecen la penetración de la luz. Que haya posidonia es una garantía de salud.

Descripción: Si te fijas bien en la imagen aérea verás que hay dos playas: la primera, la de la izquierda, es la de Binidonaire, que con sus 75 m de longitud por 10 m de anchura media es la mayor; y la segunda —la que hay al fondo de ese estrecho entrante de la derecha— es la de Sa Mitgera, de tan solo 22 m de longitud por unos 7 m de anchura. Ambas son de gravas, cantos y algunos tramos más arenosos, siempre en función de cómo hayan sido los temporales, pues está muy expuesta a los vientos y oleaje del NE.

Accesos: Vete hacia el Cap de Cavalleria siguiendo las indicaciones que te di dos playas más atrás y poco antes de llegar al Port de Sanitja verás en la carretera los carteles del Camí de Cavalls. Aparca donde puedas y camina hacia el E siguiendo el Camí de Cavalls. Pasa de largo la playa anterior y después de 1.150 m habrás llegado.

Servicios: Ninguno.

COSTA NORTE

1.150 m a pie 🚶

Orientada al NE ⊙

Ocupación baja 🚶

Entorno natural 🌲🌲

(1) L: 75 m An: 10 m ↔

(2) L: 22 m An: 7 m ↔

MACAR GRAN ⚓ 🐠

035

FÍJATE BIEN: ¿VES ALGO CONSTRUIDO QUE NO SEAN LAS PIEDRAS DE NUESTROS ANTEPASADOS? ¿ACASO HAY ALGUIEN QUE PERTURBE LA DELICIOSA INDOLENCIA QUE ACUNA ESTE PARAJE...? PUES ESTO, AMIGO MÍO, ES LA AUTÉNTICA MENORCA. LA VERDADERA ISLA DE LA CALMA.

Una playa de grava enorme de la que casi nadie se acuerda.

Es el paraíso de los amantes de lo puro y bello, de lo hecho para ser vivido; de la naturaleza con mayúsculas y de los yacimientos arqueológicos que escribieron la historia del mundo. Una isla que fue el oasis del rey Abù Uthmân Saìd Ibn Hakam, que la convirtió en el último bastión del islam en occidente y en un país islámico independiente entre 1234 y 1282; un pedacito de tierra chica, pero valiente; nacida para luchar contra los vientos y los mares más duros del Golfo de León como si de un gran continente se tratara; una isla para descubrir sin prisas, al ritmo cadencioso que marquen tus pies, y que aunque no tenga el camino del Apóstol tiene el de los caballos, que es el único que no tiene ni principio ni final y que se hace sin falta de montura ni de pisar iglesia alguna. Esta, amigo mío, será tu experiencia religiosa. El mejor camino para huir del mundo y encontrarse con uno mismo.

Descripción: ¿Ves ese extremo rocoso que se interna mar adentro...? Es Punta Negra, una de las moles pétreas (de turbiditas del devónico) más antigua de la isla (más de 400 millones de años). Pues bien, la playa grande con forma de arco tendido que se ve hacia arriba es el Macar Gran, hecho de gravas y cantos redondeados por el efecto erosivo del oleaje (*macar* viene de *macs*, que son esas famosas piedras esféricas). La siguiente playa es la de Binidonaire, y las otras dos chiquitas de más allá la de Sa Mitgera y d'en Saler. No hace falta que te diga que sus fondos rocosos y someros son perfectos para el buceo.

Accesos: Solo se puede llegar a pie si se sigue el Camí de Cavalls. Lo más liviano es comenzar a caminar desde las playas anteriores, y en concreto desde la d'En Saler. En total, desde la carretera hasta aquí, hay que andar unos 1.500 m.

Servicios: Ninguno.

COSTA NORTE

🚶 1.500 m a pie

🧭 Orientada al NE

🚶 Ocupación baja

🌲 Entorno natural

↔ L: 150 m
An: 15 m

Posición: **40°3'27.36"N 4°5'40.29"E** | Población próxima: **Fornells 11,5 km** | Puerto próximo: **Port de Fornells 2,8 M**

| AYUNTAMIENTO DE ES MERCADAL

✂ ⚓ CALA TIRANT

CALA TIRANT ESTÁ CONSIDERADA COMO UNO DE LOS ARENALES MÁS EXTENSOS DEL NORTE DE MENORCA, YA NO TANTO POR SU LONGITUD, SINO POR SU ANCHURA, PUES CUENTA CON UN IMPONENTE CAMPO DUNAR CUYAS LENGUAS DE ARENA SE INTERNAN HASTA 2 KM TIERRA ADENTRO.

036

Urbanizada sí, pero con gusto.

Junto con el de Algaiarens (playas de Es Tancat y Es Bot), estos dos sistemas dunares son los más grandes de Menorca. Para que se produzca tal acumulación de arena deben darse al menos dos factores: el primero es que haya suficiente sedimento de grano fino emergido y, el segundo, que haya un flujo de viento con la dirección, fuerza y persistencia suficientes para poder transportarlo. Si a ello añadimos la existencia de elementos que ayuden a retener el sedimento (escarpes rocosos, vegetación, etc.) es muy probable que se formen dunas. Cala Tirant está totalmente expuesta a la tramontana y además cuenta con abundante sedimento fino, por eso ha llegado a generar esos campos dunares tan impresionantes, que ejercen de reserva de arena de la playa para cuando los temporales se lleven parte de la misma. Si dañamos las dunas, nos quedamos sin playa. Es matemático.

Descripción: Cala Tirant también se caracteriza por el torrente que vierte sus aguas en la playa y que da lugar a una zona húmeda –repleta de vegetación y vida subacuática– que subsiste durante todo el año entre las dunas. Estas charcas se formaron en los socavones dejados por la extracción masiva de arena para la construcción. A pesar de la degradación de sus dunas, el arenal sigue teniendo unos fondos de arena excepcionales y unas condiciones de baño excelentes siempre y cuando no bufe la tramontana. El peor azote lo sufrió por el hormigón: toda la orilla oriental y parte de la occidental están urbanizadas.

Accesos: O desde la playa siguiente o siguiendo los carteles desde la tercera salida de la rotonda que hay en la carretera Me-15, la que va de Es Mercadal a Fornells. Yendo por ahí aparcarás cerca de la zona más virgen de la playa.

Servicios: Hamacas y sombrillas.

COSTA NORTE

Alquiler
Parada de autobús
Acceso rodado
Orientada al N
Ocupación media
Entorno residencial
L: 400 m
An: 15 m

ES RECLAU

037

EN LA ORILLA ORIENTAL DEL ARENAL DE CALA TIRANT SE HAN IDO FOR-
MANDO VARIAS CALITAS SITUADAS AL PIE DE LA URBANIZACIÓN. SON RIN-
CONES DELICIOSOS MUY POPULARES ENTRE LOS TURISTAS, QUE CLAMAN
AL CIELO CADA VEZ QUE NO LES RETIRAN LAS "ALGAS" A TIEMPO.

Paciencia y conciencia, esa es la clave.

COSTA NORTE

- Deportes náuticos
- Lavapiés
- Restaurante
- Alquiler
- Parada de autobús
- Acceso rodado
- Orientada al W
- Ocupación alta
- Entorno residencial
- (4) L: 20 m An: 5 m
- (3)(L: 6 m An: 4 m
- (2) L: 15 m An: 10 m
- (1) L: 70 m An: 15 m

Todos esos montones de hojas de
posidonia acumulados en la orilla de
la playa no es suciedad ni contaminación, sino buenos augurios. Es un
claro bioindicador que demuestra el
buen estado de salud de las costas menorquinas. Cada vez que los retiramos
nos estamos llevando consigo la arena
de la playa y arrancándole, además, su
defensa natural contra la erosión que
provoca el oleaje. Una playa es como
la piel humana: cuanto más la frota-
mos más envejece, por eso hay que
saber encontrar el equilibrio entre la
falta de higiene y el exceso. Está de-
mostrado que la forma más sostenible
de proteger las playas con usos turísticos está en recoger los cúmulos de posidonia cuando comienza la temporada y volverlos a dejar en su sitio antes
de la llegada de los primeros temporales. Pero la receta magistral solo sale
bien con una pizca de ética y moral...

Descripción: Si te fijas en la foto aérea
quizás veas las cuatro playas de Es Reclau. La primera, la mayor, es el arenal
que se observa en primer plano con
hamacas y sombrillas de alquiler. Hacia
el norte hay un pequeño entrante rocoso donde se sitúa la caseta de los socorristas y, al otro lado, la segunda calita,
también de arena fina, donde se suele
acumular la posidonia extraída. Tras
ella, siguiendo hacia el norte, hay otra
calita, de grava, muy tranquila y apartada, aunque la más discreta es la de grava
que hay 125 m más allá, al pie del talud.
Accesos: Poco antes de llegar a Fornells salte hacia Tirant y Platges de
Fornells. Sigue la carretera y cuando
llegues a la primera rotonda (la del olivo) toma la 2ª salida y sigue recto hasta
aparcar en la explanada que hay poco
más allá de la calle que baja a la playa.
Servicios: Bares, restaurantes, kayaks,
pedalos, submarinismo, hamacas, etc.

NA BELLUGA - ES TRONC

Si estando en la urbanización de Platges de Fornells aún buscas sitios más tranquilos y discretos para disfrutar del mar, puede que te gusten estas cuatro calitas de fácil acceso y muy próximas entre sí. Dicen que no son de interés turístico...

038

Solo para quienes busquen algo diferente.

Pero a mí sí que me lo parecen. Pues hay veces que cuando más se disfruta del Mediterráneo es estando solo, o casi, aunque se tenga que prescindir de algunas comodidades. En cualquiera de ellas se respira esa anhelada paz aún estando tan cerca de lo urbanizado (con gracia y estilo, eso sí). Las casitas encaladas –que brotaron a principios de los 80 a este lado de Fornells en imagen y semejanza del famoso pueblo marinero– al menos guardan cierto decoro; son de poca altura, la mayoría están ajardinadas –algunas con grandes cactus que parecen haber venido del desierto de Sonora– y con parcelas donde crece el césped bien regado. Ante tal estampa tengo que admitir que apetece pasarse unos días aquí alojado... Porque tienes el pueblo de Fornells a tiro de piedra donde, además de pasear frente a las barquitas de pescadores, podrás degustar su cotizada caldereta de langosta.

Descripción: Apenas 300 m las separan entre sí. La primera, la de la derecha, es la de Na Belluga, de gravas y cantos frecuentemente recubiertos de posidonia; la siguiente está justo al E de esa punta rocosa y es la primera de las tres calitas de grava que llaman Es Tronc. Estas últimas son las más apetecibles tanto para el baño como para el buceo, pues son las que menos restos de posidonia sumergida acumulan. No obstante, vete mentalizado: nadie se acuerda de estas calas.

Accesos: Poco antes de llegar a Fornells sal hacia Tirant y Platges de Fornells. Sigue la carretera y cuando llegues a la primera rotonda (la del gran olivo) toma la 2ª salida y sigue 775 m sin desviarte por el Carrer de Baix. Sigue por una calle sin salida que baja hacia la izquierda, justo después de una explanada de parking que verás a tu derecha. Puedes aparcar al final y bajar por el sendero.

Servicios: Ninguno.

COSTA NORTE

Parada de Autobús

100 m a pie

Orientada al NW

Ocupación media-baja

Entorno residencial

(4) L: 20 m An: 5 m

(3) L: 10 m An: 8 m

(2) L: 25 m An: 12 m

(1) L: 20 m An: 10 m

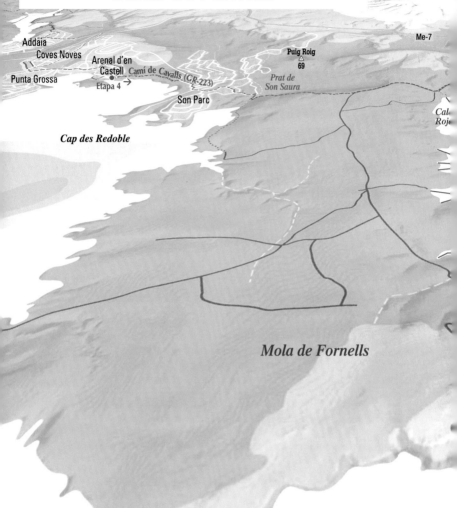

Bahía de Fornells

Addaia
Coves Noves
Arenal d'en
Castell
Punta Grossa
Camí de Cavalls (GR-223)
Etapa 4 →
Son Parc

Me-7

Puig Roig
69

Prat de
Son Saura

Cal
Roj

Cap des Redoble

Mola de Fornells

Punta de na Guillemassa

el Toro
△
362

es Mercadal

A Ferreries →

Me-1

Me-15

PDI 20

Salines de la
Concepció

Me-15

Basses de
Lloriac

Cala Blanca

42 Punta des Cagalló

ses Salines

Camí de Cavalls (GR-223)

Etapa 5 →

41

Serra des Boc

Cala Tirant

Illa des
Revells

43

44 Illa de ses
Sargantanes

45

BADIA DE
FORNELLS

⚓

39

46 Cala Cabra
Salada

47

40

Fornells

PDI 19 Castillo de
Sant Antoni

PDI 18

M17

M18

Torre de
Fornells

PDI 17

Cap de Fornells

Cap de sa Paret

Talaia de Fornells
△
123

na Ponça

PDI 21

Punta des Morter

PLAYAS DE ARENA
039 S'Olla y Es Ciprer
040 Es Vivers
041 Redona de Ses Salines
042 Cala Blanca, Cala Roja y s'Era
043 En Pabada, En Dem y Racó
des Pi
044 Illa de ses Sargantanes
045 S'Albufereta y Jonquereta
046 Caló des Llenyam y Cabra
Salada
047 S'Arenalet

PLAYAS DE PIEDRAS
M17 En Morena
M18 Racó de sa Coveta

PUNTOS DE INTERÉS
PDI 17 Torre del Cap Fornells
PDI 18 Caló Blanc
PDI 19 Castell de Sant Antoni
PDI 20 Salines de la Concepció
PDI 21 Punta des Morter

La bahía de Fornells constituye la frontera entre dos mundos. En la orilla occidental comienza –o termina– la Reserva Marina del Norte de Menorca, mientras en la oriental persisten los parajes más alejados del mundo, que solo se disfrutan caminando o navegando.

El rincón del navegante
BAHÍA DE FORNELLS

LA BAHÍA DE FORNELLS TIENE MUCHA FAMA ENTRE TODOS LOS NAVEGANTES, TANTO ENTRE LOS CRUCERISTAS —QUE DISFRUTAN DE UN PRECIOSO PUERTO DONDE AVITUALLARSE Y UN MAGNÍFICO REFUGIO FRENTE A LA TRAMONTANA— COMO ENTRE LOS AFICIONADOS A LA VELA LIGERA, YA QUE LA BAHÍA ES EXCELENTE PARA LA PRÁCTICA DE LA VELA Y EL WINDSURF, Y CUENTA, ADEMÁS, CON VARIAS ESCUELAS DONDE INICIARSE O PERFECCIONARSE. ¿Y SI TE ANIMAS A UNAS VACACIONES ACTIVAS?

GASOLINE-RA: Fuera de temporada abren solo los miércoles por la mañana. A partir de junio abren todos los días de 8 a 20 h.

LUCES:
Cabo de Sa Paret: D B 2s 29m 8M
Enfilación 178,5º del Islo-te Sargantanes. Anterior CtR 1s 14 m 7M Posterior IsoR 4s 23m 7M
Puerto: GpD(4)V 11s 7m 5M

Foto: Puerto de Fornells.

Cómo entrar a la bahía de Fornells de noche

Viniendo de Maó, el faro del Cap de Cavalleria (GpD(2)B 10s 94m 22M) nos puede servir de referencia, sobre todo en cuanto doblemos la mola de Fornells. Cuando la tengamos por el través de babor y con la luz del faro del Cap de Sa Paret a la vista ya podremos buscar la enfilación luminosa que nos guía en la entrada a la bahía de Fornells. Seguiremos el rumbo 180º según la enfilación hasta que tengamos la luz del espigón del puerto por la aleta de estribor. En ese momento podemos cambiar al 215º, largar cadena sobre 8 m de agua y esperar a la mañana siguiente.

Dónde amarrar en Fornells
Port de Fornells (40º3'14.81"N 4º7'53.60"E): Dispone de 115 amarres para embarcaciones de hasta 15 m de eslora, aunque para transeúntes solo se destinan 7. En verano está masificado y apenas quedan huecos. Cuenta con servicios de WC y duchas, aunque destaca por su servicio de recogida de aguas residuales y de sentina. Lo mejor es el ambiente del pueblo y de los bares y restaurantes que lo rodean. Tel.: 971 376 604, www.portsib.es.

Club Nàutic Fornells (40º3' 0.61"N 4º7'48.99"E): Gestiona un campo de boyas (solo para socios) y dos pantalanes, uno en Fornells y otro en Ses Salines. El primero es para 74 embarcaciones de entre 4 y 12 m de eslora, con un calado máximo de 2,8 m. Está situado muy cerca del edificio del club náutico, que cuenta con duchas y lavandería. Está a unos 2 km del centro del pueblo. El segundo pantalán está casi en el centro de Fornells y cuenta con 31 amarres de entre 5 m y 12 m de eslora, con un calado máximo de 4 m. VHF 9. Tel.: 971 376 328. www.cnfornells.com.

Boyas Proyecto Balears Life Posidonia (40°3'1.34"N 4°8'5.27"E):
El Proyecto Balears Life Posidonia establece dos campos de boyas en Menorca: en Fornells y en la Illa d'en Colom, operativas solo entre el 1 de junio y el 30 de septiembre, para eslora máxima de 16 m. En Fornells hay un primer grupo fondeadas al sur de S'Arenalet, Cabra Salada, etc., aunque la mayoría están al otro lado de la bahía, frente al paseo marítimo, a unos 300 m al sur del puerto (aunque tienes varios muelles en el paseo donde desembarcar con la auxiliar). Si no puedes amarrar en el puerto puedes amarrarte a una de estas boyas (¡ojo, que ahora las cobran y hay que reservar!). La primera de las opciones es la mejor si pretendes desembarcar en Fornells con una auxiliar sin motor, porque hay menos trecho que remar y menos corrientes. La segunda opción es perfecta para estar más alejado del bullicio, donde apenas se vea nada construido, aunque de no tener una buena auxiliar y un fueraborda que la empuje resulta peligroso llegar remando hasta el pueblo. Cada boya se define con un color. Sobre la misma lleva anotado el número de boya, la eslora máxima permitida y el viento máximo de seguridad (16 nudos). Puedes reservar tu boya hasta las 9 h del día de llegada al campo de boyas, pero el amarre ha de hacerse entre las 12 h y las 18 h del día de llegada. El día de salida hay que dejar la boya libre antes de las 11 h. Puedes reservarla para cuando vuelvas el mismo día avisando al patrón del campo de boyas por el canal 77 V.H.F.

Foto: Bahía de Fornells.

El formulario se descarga a través de la página web www.balearslifeposidonia.com. Puedes informarte en el tel.: 971 439 779 (de 9 h a 19 h). Si no llegas antes de las 18:30 te quedas sin la reserva de la boya. Y en caso de no haber boyas del tamaño de tu eslora te asignarán automáticamente una de eslora superior, ¡con la tarifa correspondiente! No está permitido fondear entre las boyas ni sobre posidonia (ojo, que lo controlan). Aunque años atrás fueron gratuitas, en el 2015 cobraban 13,34 € al día para esloras de hasta 8 m, 29,10 € hasta 12 m y 48,50 € hasta 16 m. Y todo sin prestar ningún servicio adicional, como barquero, etc.

Rampa de botadura

Port de Fornells (40°3'15.89"N 4°7'49.87"E): Hay una rampa de botadura de uso libre y gratuito en la zona del varadero del puerto. Es ancha, con poca pendiente y fácil de usar, pero lo que no es tan fácil es aparcar el coche y el remolque. Durante el verano suele haber muchas barcas varadas y coches aparcados, por lo que apenas queda sitio.

Foto: Puerto de Fornells.

Dónde alquilar*

Servinautic Menorca: Alquila barcos a motor (lanchas open tipo Bayliner, Cap Ferret, etc.) de 5,5 a 8 m de eslora sin patrón (solo con titulación) en el puerto de Fornells. Tel.: 629 273 209/10/11, www.servinauticmenorca.com.

Ocimar Menorca: Embarcaciones sin titulación en Fornells. (neumáticas y semirígidas). También ofrecen sky acuático y wakeboard. Tel.: 676 991 243 www.ocimarmenorca.com.

Llatina Boats: Alquilan barcas tradicionales menorquinas de hasta 5 m de eslora sin falta de titulación. Tel.: 678 239 487. www.llatinaboats.com

Dia Complert- Aventura náutica: Realizan excursiones combinadas en lancha rápida, kayaks y motos de agua en la costa norte. También organizan clases y salidas en Stand Up Paddle (SUP), traslados y alquiler de bicicletas de montaña, senderismo, etc. Tel.: 609 670 996, www.diacomplert.com.

Centros de Buceo*

Diving Center Fornells. Tel.: 971 376 431, www.divingfornells.com.
Merak Diving Center: Fornells. Tel.: 616 443 489. www.merakdiving.com

Excursiones con patrón*

Catamarán Charter: Excursiones a vela con un catamarán o un velero de 10 m de eslora. Tel.: 626 486 426, www.catamarancharter.net.

Aquataxi: Excursiones con una Zodiac Medline de 7,3 m de eslora. Tel.: 690 930 325. www.aquataxi.net

Escuelas de vela, windsurf y Stand Up Paddle (SUP)*

Wind Fornells: Cursos de vela ligera windsurf, Stand Up Paddle (SUP) y esquí náutico. Tel.: 971 188 150, www.windfornells.com.

Club Nàutic Fornells: Cursos de vela ligera y windsurf. Tel.: 971 376 358, www.cnfornells.com.

Escuela de Vela Ses Salines: Cursos de vela ligera y windsurf. Tel.: 971 376 484, www.menorcasailing.co.uk

Los mejores fondeaderos

¡Ojo! No se puede fondear al sur de la línea trazada entre Ses Salines y la Illa Sargantana por tratarse de una de las zonas de especial protección de la Reserva Marina.

Fornells

Al sur del puerto y frente al paseo marítimo es normal ver barcos fondeados. Procura no hacerlo entre las boyas de Life Posidonia. Se sondan entre 5 y 9 m sobre fango y arena.

Página 159

045 S'Albufereta y Jonquereta

Siempre y cuando puedas echar el ancla sobre arena aquí tendrás un delicioso fondeadero. Es perfecto para pequeñas esloras. Se sondan no más de 2 m en la zona con fondo de arena.

Página 164

046 Caló des Llenyam y Cabra Salada

Uno de los fondeaderos míticos en la bahía para pasar el día tomando el sol y disfrutando de sus playas vírgenes. Casi no llega nadie por tierra. Se sondan de 2 a 3 m sobre arena.

Página 165

047 S'Arenalet

La otra opción, igual de hermosa y apetecible. Durante el verano se llena de barquitas que vienen desde el puerto de Fornells a pasar el día. Es precioso. Se sondan 4 m sobre arena.

Página 174

M17 y M18 En Morena y Sa Coveta

Las calitas rocosas perfectas solo para barcas de muy pequeña eslora. Apenas viene nadie y están muy tranquilas. El fondo es de roca y alga y tendrás que acercarte mucho a tierra.

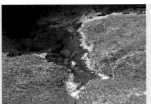

Página 156

Playas de piedras en la BAHÍA de FORNELLS

40°332.97'N 4°823.12"E

M17 En Morena

A esta calita de grava y piedras solo llegan las barcas desde Fornells. Es un lugar apartado y tranquilo para pasar la tarde fondeado, pero para estar tumbado en el suelo mejor te quedas en las playas que hay 300 m antes.

40°337.79'N 4°820.37"E

M18 Racó de sa Coveta

Aunque no es para tirar cohetes, esta otra calita tiene más espacio para extender la toalla. Es diminuta, de grava y apenas viene la gente, pero para llegar en barca o en kayak y bajar a tierra puede merecerte la pena.

PDI
Puntos de interés en la costa de la BAHÍA de FORNELLS

40°331.10'N 4°758.44"E

PDI 18 Caló Blanc

Es una zona de baño con aguas cristalinas, fondo de arena y una cómoda escalera para acceder al mar que está situada junto al paseo marítimo, tras el nº 40 del Carrer Tramuntana, en el extremo norte de Fornells.

PDI 19 Castell de Sant Antoni

Hace poco que fue restaurado y aunque después de tantas batallas no ha quedado mucho en pie constituye una de las visitas obligatorias de Fornells junto con la torre de (PDI 17), de la que ya te hablé anteriormente.

40°3'26.52"N 4°7'59.16"E

PDI 20 Salines de la Concepció

Ese color rojizo del agua se debe a una bacteria que es capaz de sobrevivir en aguas tan salobres como estas. Merece la pena acercarse a verlas. El Camí de Cavalls pasa muy cerca y están a 700 m de la carretera.

40°1'33.93"N 4°7'34.71"E

PDI 21 Punta des Morter

Las vistas desde aquí son impresionantes, aunque el esfuerzo para llegar (casi 8 km a pie por una pista con un último tramo ascendente muy duro) solo tú sabrás si merece la pena. Yo digo que sí. Pero hay que echarle...

40°3'55.87"N 4°8'35.76"E

Puerto de Fornells

S'OLLA Y ES CIPRER

039

DE NO SER POR SA FONT D'ETS ESCALONS –UNA PLAYITA DE PIEDRAS TOTALMENTE ALEJADA DEL MUNDO A UNOS 500 M AL ESTE DE ESTAS DOS– PODRÍA AFIRMAR SIN TEMOR A EQUIVOCARME QUE ESTA ES LA MEJOR PLAYA PARA DARSE UN BAÑO DE SOL, OLA Y, SOBRE TODO, SOLEDAD.

La cala más apartada de la urbanización.

Pero no te hagas ilusiones, que solo es lo que ves: mucha roca esculpida por los elementos y apenas un puñadito de arena gruesa sobre la que extender la toalla; aunque alejados del bullicio, eso sí. A pesar de tener muy cerca la urbanización tiene la suerte de estar en la frontera límite a partir de la cual ya nada hay construido. Es un rincón mineral diseñado para una o dos parejas. Nada más. Pero solo para las que busquen los rincones más apartados sin que haya mucho que caminar; y, sobre todo, para las que adoren el buceo de superficie, pues los fondos de roca que rodean la cala están repletos de vida submarina. Y ahora déjame que te recomiende una visita perfecta para hacer "a la fresca": se trata del mercado agroalimentario de Fornells, un mercadillo típico de los agricultores y ganaderos de la zona que venden sus productos cada lunes de verano –de las 19 h a las 23 h– en el Carrer Major.

Descripción: La que ves en la imagen es la playa de Es Ciprer, formada mayoritariamente por arena gruesa y grava, aunque hay otra cala un poquito antes que, aunque tenga más espacio para extender la toalla, tiene el inconveniente de que se encuentra al pie de un talud que dificulta mucho su acceso. Y si quieres conocer la playa de rocas de Sa Font d'ets Escalons podrás verla en las páginas posteriores, donde te muestro los *macares* y *codolares*, o caminando 500 m más hacia el este por el sendero que va bordeando la costa desde aquí.

Accesos: Antes de llegar a Fornells gira hacia Tirant y Platges de Fornells. Sigue la carretera y cuando llegues a la rotonda toma la primer salida y sigue recto hasta el final durante 1,4 km, hasta aparcar junto al nº 101. La playa de s'Olla la tienes a tus pies y la otra caminando 200 m hacia el E.

Servicios: Ninguno.

COSTA NORTE

Acceso rodado

Orientada al N

Ocupación media

Entorno residencial

(2) L: 20 m
An: 10 m

(1) L: 18 m
An: 12 m

ES VIVERS

040

POR MUY HUMILDE QUE SEA Y POCA ARENA QUE TENGA, HABÍA QUE IN-
CLUIR LA DIMINUTA PLAYA DE ES VIVERS POR SER UNO DE LOS RINCONES
QUE MÁS DISFRUTAN LOS VECINOS DE FORNELLS PARA DARSE UN BAÑO
SIN SALIR DEL PUEBLO. TE BAÑES O NO, MERECE LA PENA VENIR.

El rincón humilde para entrar al mar en Fornells.

Porque el pueblo marinero de Fornells –con sus callejas encaladas de vida apacible– sigue conservando su encanto de antaño, cuando sus vecinos vivían exclusivamente de la pesca y el campo. Hoy día es un pueblo consagrado al veraneo, famoso por su caldereta de langosta. Pero lo que más gusta a los navegantes es que junto con el Port d'Addaia este es el único refugio seguro del norte de Menorca. Se trata de una extensa bahía que se interna tierra adentro más de 4 km entre la Mola y el Cap de Fornells, que dejan una estrecha boca de entrada de apenas 300 m que la protege del oleaje de tramontana. Merece la pena venir ni que sea para disfrutar las terrazas de los restaurantes junto al puerto; aunque tiene también varias piedras antiguas que visitar, como las de la torre de defensa costera, el castillo de Sant Antoni y la casa del contramaestre (estas dos últimas muy cerca de la playa).

Descripción: Ahora sí, ya te digo que la playa apenas tiene unos palmos de arena y grava susceptibles de cambios por el efecto del oleaje. Pero lo mejor es la plataforma de baño contigua, con solárium, bancos a la sombra y una escalera como las de las piscinas. ¡Eso sí que facilita los chapuzones! Por cierto, el nombre de Es Vivers le viene por unos viveros que hubo justo aquí adelante. Cuando la bahía entró a formar parte de la Reserva Marina del Norte de Menorca los clausuraron.

Accesos: La playa está entre la casa del contramaestre (sede de la OIT y de la Estación Náutica Badia de Fornells) y los restos del castillo de Sant Antoni, en el Carrer dels Vivers. Cuando entres al pueblo sigue la calle del puerto (carrer del Mar), pasa junto a la iglesia y sigue hacia adelante hasta girar a la derecha en cuanto puedas. Puedes aparcar justo tras el solárium.

Servicios: Los del pueblo.

COSTA NORTE

Tiendas 🛒
Restaurantes 🍴
Bares 🥤
Acceso rodado 🚗
Orientada al SE 🧭
Ocupación alta 👫
Entorno urbano 🏛
L: 14 m
An: 2 m ↔

Posición: 40°3'22.77"N 4°7'56.70"E · Población próxima: **Fornells** 0 km · Puerto próximo: **Port de Fornells** 0 M

REDONA DE SES SALINES

041

AUNQUE LA PLAYA REDONA SEA EL MAYOR ARENAL DE LA BAHÍA DE FORNELLS POCOS BAÑISTAS VERÁS POR ALLÍ. ESTA BAHÍA ES PERFECTA PARA LA PRÁCTICA DE ACTIVIDADES NÁUTICAS COMO LA VELA LIGERA, EL WINDSURF, ETC., PERO NO TANTO PARA TOMAR EL SOL A LA VIEJA USANZA.

La playa de la vela ligera en Fornells.

COSTA NORTE

Excepto las preciosas calitas vírgenes de la orilla oriental, la bahía de Fornells no cuenta con los típicos arenales al gusto del gran público. Aunque esta sea la mayor de las playas dentro de la bahía, ni la calidad de la arena ni sus fondos invitan a su disfrute, así que se aprovechó para la construcción de un pantalán flotante e instalar la base de decenas de embarcaciones de vela ligera. En Ses Salines se encuentra uno de los centros de aprendizaje de windsurf, catamarán, etc. más famosos de Europa, ya que dentro de la bahía siempre sopla el viento perfecto para estos deportes. Tanto es así que la mayoría de las casitas de la tranquila zona residencial de Ses Salines suelen estar siempre ocupadas por deportistas venidos de todo el mundo. De aquí a Fornells apenas hay 1,7 km de recorrido que se puede hacer paseando o en bicicleta, disfrutando del carril bici que bordea la bahía.

Descripción: Si vas a seguir el camino hacia Fornells fíjate en la casita de las palmeras, la de las tejas blanqueadas, porque justo en la orilla hay otra playita (la de En Trompera) de muy difícil acceso. Poco más allá, antes de llegar a los primeros pantalanes del puerto, hay otra playita (la de En Brut) que solo se usa para botar y varar pequeñas embarcaciones de vela ligera, así que la Redona de Ses Salines es la única de arena, accesible y relativamente útil para el bañista. Tiene unas dimensiones de casi 300 m de longitud y unos 12 m de anchura media.
Accesos: A 1 km antes de Fornells verás el cartel de Ses Salines hacia la derecha (el anterior de color rojo no, el siguiente de color blanco después de la marquesina del bus). Si te sales y sigues esa calle te darás de bruces con la playa. Puedes aparcar al lado.
Servicios: Un hostal, restaurantes y los del Club Nàutic Fornells.

Restaurantes

Deportes náuticos

Acceso rodado

Orientada al E

Ocupación baja

Entorno urbano

L: 300 m
An: 12 m

Posición: 40°2'27.80"N 4°7'26.44"E · Población próxima: Fornells 0,5 km · Puerto próximo: Port de Fornells 0 M

CALA BLANCA, CALA ROJA Y S'ERA

Estas tres singulares calas se encuentran en el fondo del saco de la bahía de Fornells, en una zona virgen ajena al desarrollo urbanístico donde las aguas adquieren más temperatura y mayor concentración salina. Este es el hogar de las halobacterium.

042

Son playas para explorar más que para chapotear.

Un género de microorganismos que dan esos llamativos tonos rosados a las aguas salobres en las que viven. Estas resistentes "superbacterias" –que se desarrollan especialmente bien en los estanques saliníferos de La Concepció, sometidos a una altísima tasa de radiación ultravioleta, temperatura y salinidad– están siendo estudiadas por los científicos por su capacidad de mitigar la destrucción celular. Estas bacterias pueden permanecer en un estado semilatente dentro de los cristales de sal durante mucho tiempo, hasta que se disuelven nuevamente y retornan a la vida, reparando todo el daño ocasionado en su ADN por la desecación parcial. Por eso se las estudia, por su capacidad regeneradora (hay varias marcas de cosmética interesadas) y porque podrían ayudar en la lucha contra el cáncer. Es posible que Cala Roja sea un buen hogar para las halobacterium.

Descripción: Si te fijas en la foto aérea podrás ver las tres "playas". La de más abajo es cala Blanca, que apenas tiene playa –y la que hay es de arenas fangosas poco apetecibles–; la segunda es cala Roja, de similares características, y la pequeña bahía que se forma en el extremo de la orilla oriental es la playa de s'Era. Ninguna es recomendable para el baño, pero sí merece la pena descubrirlas por su belleza paisajística y estado virginal.

Accesos: Yendo de Maó a Fornells por la Me-7 verás una explanada hacia la derecha con los carteles de color rojo del Camí de Cavalls, 825 m antes de llegar a la Me-15. Aparca, cruza la verja de las salinas y comienza a caminar siguiendo esos carteles hacia Son Saura. A 2.400 m salte del camino principal hacia la izquierda (la primera opción dentro del pinar) y 400 m después estarás frente a las playas.

Servicios: Ninguno.

COSTA NORTE

2.800 m a pie

Orientada al
(1) SW (2y3) NE

Ocupación baja

Entorno natural

(3) L: 80 m
An: 5 m

(2) L: 180 m
An: 20 m

(1)L: 20 m
An: 5 m

Posición: 40°1'48.58"N 4°8'0.20"E   Población próxima: Fornells 5,5 km   Puerto próximo: Port de Fornells 0,5 M

EN PABADA, EN DEM Y RACÓ DES PI

043

Cualquiera de estas calitas –vírgenes y alejadas del mundo– están tan próximas entre sí como de la isla de las Sargantanes, donde viven las lagartijas endémicas entre los restos del castillo. Si vas a venir, que sea más como explorador que como bañista.

Hay demasiado trecho que caminar... mejor ven remando.

Porque el esfuerzo de llegar hasta aquí caminando no se ve del todo recompensado si solo vienes con intención de extender la toalla y tumbarte al sol. Tanto el tramo que corresponde con el Camí de Cavalls como el resto de pistas que llegan hasta lo alto de La Mola (122 m) discurren por una porción de tierra totalmente virgen y protegida, perteneciente al ANEI Me-4. Se trata del cabo de Fornells, una mole calcárea del Jurásico repleta de cuevas (la de Els Anglesos, Na Polida, etc.) a las que se puede acceder solamente desde el mar. Aunque se intentó urbanizar, la costa oriental de la bahía de Fornells se mantiene tal cual desde hace siglos, y sus abundantes calas son territorio casi exclusivo de los navegantes y de algún que otro sufrido excursionista. Si te gusta la bicicleta de montaña aquí tienes una buena ruta, casi toda ella 100% ciclable. ¡Pero vete bien avituallado!

Descripción: De las tres playitas la más apetecible (por contar con mayor superficie arenosa) es la de En Pabada, que es la primera que se ve en la fotografía aérea yendo de izquierda a derecha. Tras ella están las de En Dem y el Racó des Pi, con muy poca arena.

Accesos: Yendo de Maó a Fornells por la Me-7 verás una explanada hacia la derecha con los carteles de color rojo del Camí de Cavalls, 825 m antes de llegar a la Me-15. Aparca, cruza la verja y comienza a caminar siguiendo esos carteles hacia Son Saura. Cuando veas que el Camí de Cavalls se sale del camino principal hacia la derecha abandónalo y sigue de frente, hacia el N, por el Camí de la Mola. A unos 1.750 m de ese punto el camino se desdobla en dos con forma de raqueta y pasa por un muro. A 500 m hacia el W están las playas, pero no hay camino trazado alguno.

Servicios: ¡No te olvides de llevar agua!

COSTA NORTE

🚶 5.750 m a pie

🧭 Orientadas al W

🚶 Ocupación baja

👫 Entorno natural

↕ (3) L: 20 m
An: 5 m

↕ (2) L: 20 m
An: 5 m

↕ (1) L: 18 m
An: 7 m

Posición: 40°2'34.39"N 4°8'29.25"E   Población próxima: Fornells 8,5 km   Puerto próximo: Port de Fornells 0,5 M

🦎 ISLA DE SES SARGANTANES

HAZME CASO: ¡LÁNZATE A LA AVENTURA DE EXPLORAR LAS CALAS E ISLAS DE LA BAHÍA DE FORNELLS Y NO TE ARREPENTIRÁS! SIEMPRE SUELE ESTAR PROTEGIDA DE LOS VIENTOS Y EN EL PUERTO SE PUEDE ALQUILAR TANTO KAYAKS COMO BARQUITAS A MOTOR O A VELA, CON O SIN TITULACIÓN.

044

Una isla para declararla tu república independiente.

Así que... ¿a qué esperas? ¡Ahora ya no tienes disculpa! Verás cuando llegues navegando hasta la orilla de todas esas playitas salvajes, o cuando desembarques en la isla de Les Sargantanes y veas las lagartijas endémicas correteando y tomando el sol despreocupadas, desconocedoras del peligro de los humanos, que puede que nunca hayan visto en sus vidas. El islote que ves en la imagen ha tenido gran importancia desde siempre, tanto para la defensa de la bahía como para la orientación de los navegantes. Por una parte aún conserva los restos del castillo y la torre de defensa del siglo XVIII que, junto con el castillo de Sant Antoni –en la ribera norte de Fornells– y su famosa torre, defendieron la bahía del ataque de los piratas turcos durante siglos. Además de estas piedras viejas también conserva el pequeño muelle, una casa y las dos torres de enfilación –de color blanco y forma troncocónica–

que emiten una luz roja por las noches que nos permite a los navegantes trazar una visual que nos indica el rumbo de entrada a la bahía de Fornells. En este caso la derrota es de 178,5°.

Descripción: Ese pequeño islote de casi 25.000 m² y con tan solo unos 14,5 m de altura cuenta con al menos cuatro playitas de arena gruesa, la mayoría de las cuales se ubican en la costa meridional y oriental. Apenas tienen unos 10 m de longitud y 2 o 3 m de anchura, pero para llegar paleando en kayak y desembarcar son deliciosas. Te sentirás como Robinsón Crusoe. ¡Te lo aseguro!

Accesos: Desde el puerto de Fornells tan solo hay que navegar 850 m hacia el SE. Al principio de la guía tienes un listado con información sobre el kayak y las empresas que alquilan embarcaciones en Fornells.

Servicios: ¡No te olvides de llevar agua!

COSTA NORTE

Acceso por mar
Orientadas al W y al E
Ocupación baja
Entorno natural
L: 10 m
An: 2-3 m

S'ALBUFERETA Y JONQUERETA

045

DESPUÉS DE LA FAMOSA CABRA SALADA, LAS CALITAS DE S'ALBUFERETA Y JONQUERETA SE ENCUENTRAN ENTRE LAS MÁS APETECIBLES DE LA BAHÍA DE FORNELLS. SON DOS PLAYAS DE ARENA VÍRGENES Y DELICIOSAS, PERFECTAS PARA LLEGAR NAVEGANDO Y DEJARSE MECER POR EL MEDITERRÁNEO.

De las calas más apetecibles en Fornells.

Y lo digo no porque sea imposible llegar por tierra –que se puede–, sino porque el trecho que hay que recorrer –a pie, al solano y muchas veces sin una mala sombra– hacen la tarea muy tediosa, recomendable solo para los senderistas más sufridos antes que para la mayoría de los bañistas como tú y como yo. Por eso te animo a que alquiles alguna de esas barquitas (seguras, fáciles de usar y sin necesidad de titulación) que tienen en el puerto de Fornells, donde la mayoría de las empresas de actividades náuticas están asociadas y pertenecen a la red nacional de Estaciones Náuticas. Vengas a motor (con o sin titulación) o a vela (con barquitos de vela ligera, catamaranes, etc.), la diversión está garantizada. Si quieres conocer todas las opciones de alquiler de embarcaciones que hay en la zona retrocede unas páginas y tendrás toda la información en el rincón del navegante. ¡Disfruta!

Descripción: Con unas dimensiones de 60 m de longitud y unos 10 m de anchura media, la calita de S'Albufereta es la mayor de las dos. Está totalmente virgen, es de arena fina y suele tener restos de posidonia arrastrados por el mar, ya que casi toda la bahía de Fornells está cubierta por una pradera en magnífico estado de conservación de esta importantísima planta subacuática. Un poquito más al norte verás otra deliciosa porción arenosa, y a menos de 200 m (junto al espeso bosque pinar) se encuentra la playa de Jonquereta, más pequeña pero igual de apetecible. Ambas tienen fondos arenosos y de posidonia y están muy bien resguardas del viento del N-E.

Accesos: Camina 250 m más hacia el N desde el muro que te comentaba dos playas más atrás y toma el camino hacia la izquierda. A 400 m está la playa, pero la ruta en total es de 6.200 m.

Servicios: ¡No te olvides de llevar agua!

COSTA NORTE

6.200 m a pie

Orientada al W

Ocupación baja

Entorno natural

L: 30 m
An: 3 m

L: 60 m
An: 10 m

CALÓ DES LLENYAM Y CABRA SALADA

La auténtica esencia del Mediterráneo –la que no conoce el hormigón y huele a veranos de juventud– se respira aquí, entre la leña, las cabras y la sal. Cualquiera de estos deliciosos brazos de mar te hará rozar el cielo con la yema de los dedos...

046

Rincones para disfrutar mediterráneamente.

Ven navegando y lo podrás comprobar. Pero no te esfuerces demasiado, que con un pequeño bote ya se disfruta como nunca. No por tener un barco más grande vas a gozar más, porque, como alguien dijo un día: no es más rico el que más tiene, sino el que menos necesita. Y te lo cuento porque siempre que vengo por aquí pienso lo mismo: ¡para qué tanta eslora! Acabamos echándonos la soga al cuello cuando nos creamos la necesidad de tener un barco más grande, una casa más grande... ¡y una hipoteca más grande! Los dineros parecían ir al por mayor en los tiempos en que se gastaba lo que no se tenía, y ahora disfruta más el que menos tiene (cuantos menos cargos, menos quebraderos de cabeza). Los barcos con demasiados caballos están pasados de moda porque se quedan en puerto mientras los *llaüts* salen a navegar cada día. Hermosa lección de sabiduría vital: *Less is more.*

Descripción: Fíjate en la imagen aérea: la playita de arena blanca y aguas turquesas que está más abajo es la de Cabra Salada, y la otra más chiquita que se ve al fondo del brazo de mar más pequeño es el Caló des Llenyam. Ambas son de arena con fondos de igual sustrato, aunque con abundantes praderas de posidonia. Cuando vayas a fondear fíjate donde tiras el ancla, que al garrear (arrastrar el ancla sobre el fondo) dañarás las praderas de posidonia. De la leña apenas queda gran cosa. Cabras pocas (algunas a dos patas) y sal por todas partes, hasta en el habla, que es salado porque en Ses Illes Balears dicen *sa cala* en vez de *la cala*.

Accesos: Siguiendo la ruta descrita en las tres playas anteriores sigue caminando más hacia el N y 900 m después verás como el camino pasa justo al lado de Cabra Salada. No hay pérdida. En BTT se hace relativamente bien.

Servicios: ¡No te olvides de llevar agua!

6.500 m a pie

Orientadas al (1) W y (2) NW

Ocupación baja

Entorno natural

(1) L: 15 m An: 10 m

(2) L: 20 m An: 5 m

COSTA NORTE

De Fornells a Punta Grossa

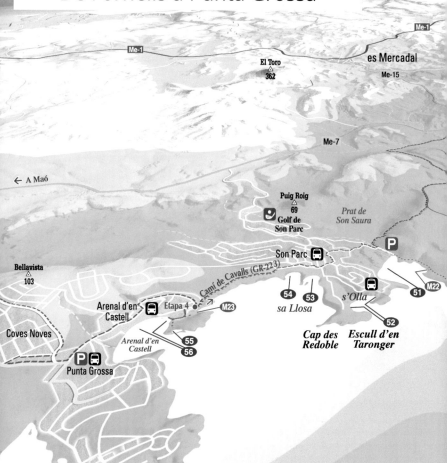

es Mercadal

Me-1

Me-15

El Toro
△ 362

Me-7

← A Maó

Puig Roig
△ 69
Golf de
Son Parc

Prat de
Son Saura

Son Parc

P

Bellavista
△ 103

Camí de Cavalls (GR-223)

54 53

s'Olla

51 M22

sa Llosa

Arenal d'en
Castell   Etapa 4   M23

Cap des
Redoble

Escull d'en
Taronger

52

Coves Noves

Arenal d'en
Castell

55
56

P
Punta Grossa

Escull Gros

Punta Grossa

Punta Codolar

PLAYAS DE PIEDRAS
M19 Racó del Frare
M20 Macarets des Vell Marí
M21 Es Te Roig
M22 Clot de s'Aladern
M23 Sa Xeringa

PUNTO DE INTERÉS
PDI 22 Refugio pescadores

PLAYAS DE ARENA
047 S'Arenalet
048 Cala en Tosqueta
049 Caló des Peix
050 Cala Pudent
051 Arenal de S'Olla - Son Saura -
Son Parc
052 Ses Olles
053 Sa Llosa
054 Platgeta des Gatassos
055 S'Olleta
056 Arenal d'en Castell

Si no fuera por los acantilados que la protegen, la cala de Sa Llosa también sería el paraíso del gran público. El acceso se complica para los menos avezados, que tienen que conformarse con soñarla desde la distancia. Pero no es tan duro ni tan difícil el llegar... ¿Por qué no lo intentas?

El rincón del navegante
DE FORNELLS A PUNTA GROSSA

Aunque muy corto (apenas 6,5 m) este tramo de litoral ofrece alguno de los fondeaderos más bonitos de la costa norte de Menorca. A la mente me vienen todos esos días fondeados en Cala en Tosqueta y Cala Pudent... como si fueramos los robinsones del océano. Pasaron los días y no vimos a nadie. Soledad absoluta. Solo nuestro barco, la mar y la auténtica naturaleza, salvaje y pura. Pero, claro, era el mes de octubre.

LUCES:
Fornells Cabo de Sa Paret: D B 2s 29m 8M Enfilación 178,5º del Islote Sargantanes. Anterior CtR 1s 14 m 7M Posterior IsoR 4s 23m 7M

SUGERENCIA
Si eres un aficionado al Golf en Son Parc tienes el único campo de golf de Menorca. Tel.: 971188875 / 971359059 www. golfsonparc.com.

Foto: Cala en Tosqueta.

Peligros en la costa de Fornells a Punta Grossa

Las corrientes y oleaje de Punta Pentinat: Ya se que apetece venir navegando bien arrimado a los acantilados de la Mola de Fornells... y hacer una paradita frente al Racó d'en Frare y todas esas cuevas que salpican este farallón calcáreo. Impresiona ver la altura que alcanzan, cayendo a pico sobre el mar sin apenas dejar una mala roca que interrumpa nuestra derrota. Pero cuando llegues a la Punta Pentinat dale buen respeto, pues se forman grandes olas y corrientes sobre las Lloses d'en Pentinar, que avanzan 100 m mar adentro. Y si vas a venir en kayak, tenle aún más respeto.

Las rocas entre la Illa d'en Tosqueta y Punta Pentinat: Cuando estés aproximándote a Cala en Tosqueta no pases entre la isla y tierra, déjala por estribor, ya que el freo está repleto de rocas que velan. También hay rocas peligrosas al S de la punta que cierra Cala en Tosqueta por el E. Se trata de las Lloses d'en Guafi.

Los Esculls d'ets Ofegats y los de En Truyol en la derrota hacia el Arenal d'en Castell: Yendo de Addaia al Arenal d'en Castell te encontrarás en mitad de la derrota con estos dos peligrosísimos bajos. Primero con los de Truyol, que son los más visibles, ya que sobresalen unos 2 m del agua a 250 m al 300º del Escull Gros o de Na Joanassa. Y después con los Ofegats, que son dos, separados entre sí 80 m y sumergidos, como esperando pacientes al paso de cualquier navegante incauto. Ten mucho cuidado, pues solo se ven con algo de mar formada. Están a 650 m al 250º del Escull Gros (40°1'59.66"N 4°10'59.29"E).
Siempre he dicho que prefiero navegar con mar rizada que con calma chicha, pues solo así se delatan las rocas que velan a dos aguas. La costa norte de Menorca es así de traicionera.

Los mejores fondeaderos

¡Ojo! Sigues estando en una zona muy expuesta a la tramontana. Escucha a diario el parte meteorológico y mantén la emisora encendida. ¡Aunque sea julio o agosto!

048 Cala En Tosqueta

Una deliciosa cala virgen con varias playas y un islote que la protege del levante. Excepto del S, está protegida de todos los vientos. Se sondan 4 m sobre arena, roca y alga.

Página 175

050 Cala Pudent

Se fondea sobre arena y 2 m de calado para estar protegidos del levante. Muy buena con nortes. Al entrar ten cuidado con las rocas del Escull d'en Tortuga que hay por babor.

Página 177

051 Arenal de S'Olla - Son Saura

Inmenso arenal con forma de herradura y fondos de arena blanca. Hay poca pendiente (cala 6 m a 400 m de la orilla) y con N se levantan grandes olas. Bueno con E-S-W.

Página 178

053 Sa Llosa

Uno de mis fondeaderos preferidos. Las aguas toman un color imposible y los fondos de arena son infinitos. Muy protegida de todos los vientos menos los del NE. Sonda de 10 a 2 m.

Página 180

056 Arenal d'en Castell

Cala con forma de herradura bien protegida de los vientos. En la orilla E se aguanta bien hasta con algo de N. Está balizada y repleta de bañistas, pero con espacio para todos.

Página 190

Playas de piedras de FORNELLS a PUNTA GROSSA

40°3'46.83"N 4°9'35.77"E

M19 Racó del Frare

Llegar caminando hasta aquí tiene mucho mérito, pero desde el mar no es tanto el esfuerzo. Acércate en kayak o en barca y verás qué rincón más curioso. Hay años que forma una pequeña playa de grava en su interior.

40°3'12.71"N 4°9'50.24"E

M20 Macarets des Vell Marí

Estas curiosísimas playas de guijarros que se forman al pie de los acantilados y frente a las rocas afiladas que emergen junto a la costa bien pudieron ser el último hogar de la foca extinta del Mediterráneo. Asómate y mira.

40°2'51.68"N 4°9'44.98"E

M21 Es Te Roig

Al pie de estos acantilados de tonos rojizos se forma una playa de rocas que solo es accesible desde el mar. Desde tierra tan solo puedes acercarte al cantil y verla desde la distancia. De cualquier forma no tiene mucho interés.

40°3'30.91"N 4°0'27.65"E

M22 Clot de s'Aladern

Esta diminuta calita de grava y grandes cantos redondeados es la más cercana al gran arenal de S'Olla (o de Son Saura - Son Parc). Apenas son 4 m de largo y solo es útil para las parejas más tímidas y esquivas.

M23 Sa Xeringa

A pesar de estar formada por unas rocas y cantos de tamaño desmedido, la orilla de esta calita es arenosa, de aguas cristalinas y cómoda para el baño. Para disfrutarla llévate sandalias. La tienes a dos pasos del Arenal.

40°1'26.87"N 4°1'041.37"E

Puntos de interés en la costa de FORNELLS a PUNTA GROSSA

PDI 22 Refugio pescadores

Cala Pudent siempre fue un buen resguardo para los pescadores. Tanto es así que llegaron a construir una caseta -de la que apenas queda nada- para pasar las noches protegidos de la intemperie. Hoy solo queda este montón de piedras.

40°2'38.16"N 4°9'37.91"E

Son Parc y S'Olla

S'ARENALET ⚓ ✄

047

ADEMÁS DE SER LA CALITA MÁS GRANDE DE LA BAHÍA DE FORNELLS, LA PLAYA DE S'ARENALET ES UNO DE LOS RINCONES MÁS RECOMENDABLES PARA NUDISTAS. ES UNA PENA QUE HAYA TANTO QUE CAMINAR... PORQUE LOS BAÑOS AQUÍ –COMO DIOS TE TRAJO AL MUNDO– SON CELESTIALES.

Navegando se hace más corto. ¿Por qué no te animas y alquilas una?

Y al respecto del nudismo tengo que admitir que su práctica es una costumbre muy extendida en esta isla (casi tanto como en Ibiza y Formentera), donde no existen playas exclusivamente nudistas, como guetos donde haya que estar a escondidas. Basta con buscar una playa relativamente ajena al turismo de masas (que aquí son mayoría) o aquellas otras recomendadas para senderistas, para dar con el lugar perfecto para disfrutar del sol al natural y con la suficiente discreción. Pero te animo a que busques tu propio espacio también entre las recomendadas para parejas, etc. Fíjate en el grado de ocupación (que corresponde a los meses de julio y agosto) y que no te desanime el no ver muchas playas etiquetadas para nudistas... Menorca es perfecta para disfrutar del naturismo, así que busca tu sitio (que te lo pongo fácil) ¡y decláralo tu república independiente!

Descripción: Lo que más me gusta de s'Arenalet es precisamente eso, que es un arenal en toda regla, con forma de embudo (con 37 m de largo por 32 m de ancho) y arena fina del color de la harina. Según llegas ya tienes una primera porción de playa suficientemente atractiva, pero si sigues caminando hacia el norte por la orilla darás con otro pedacito de arenal emergido igual de interesante.

Accesos: Yendo de Maó a Fornells por la Me-7 verás una explanada hacia la derecha con los carteles del Camí de Cavalls, 825 m antes de llegar a la Me-15. Aparca, cruza la verja y comienza a caminar siguiendo los carteles hacia Son Saura. Cuando veas que el Camí de Cavalls se sale del camino principal hacia la derecha abandónalo y sigue de frente, hacia el N, por el Camí de la Mola. A 2.800 de esa bifurcación pasarás junto a la playa.

Servicios: ¡Imprescindible llevar agua!

COSTA NORTE

🚶 6.700 m a pie
🧭 Orientada al W
🚶 Ocupación baja
🌲 Entorno natural
↕ L: 37 m
↔ An: 32 m

Posición: 40°3'25.01"N 4°8'28.61"E   Población próxima: Fornells 5,5 km   Puerto próximo: Port de Fornells 0,6 M

🎽 ⚓ CALA EN TOSQUETA

POCAS PLAYAS EN MENORCA TE HARÁN SENTIR MÁS ALEJADO DEL MUNDO QUE LAS DE EN TOSQUETA, QUE PERMANECEN AHÍ, TAL CUAL, AJENAS A LA TRAMONTANA DESDE EL PRINCIPIO DE LOS TIEMPOS. LA ÚLTIMA VEZ QUE VINE A PIE, EL SOL ME CASTIGÓ TANTO QUE PENSÉ QUE NUNCA VOLVERÍA.

048

Benditos grifos, benditos todos... No encontré sitio más alejado del mundo.

Nunca más a mediodía y sin agua suficiente. El camino hasta aquí no existe: se hace camino al andar. Discurre por un terreno desolado –azotado por el sol y por los vientos– que no regala nada, ni el más mínimo matojo bajo el que protegerse de esta luz cegadora. Vine con dos litros de agua que tuve que racionar, y lo mismo me dio que estuvieran a la temperatura perfecta para hacer una infusión: cada gota era oro líquido. Esperé hasta la tregua del ocaso y llegué caminando casi a oscuras a Fornells. Recuerdo haber entrado en el baño de un bar... y sentir una emoción indescriptible al ver salir el agua fresca del grifo. Me supieron tan bien esos primeros tragos como la "cola loca" que me sirvieron bien fría después. No apreciamos lo que tenemos hasta que nos falta... entonces sí que vemos milagros donde antes no veíamos nada. Hay que saber mirar para ver la verdadera fortuna.

Descripción: Fíjate bien, porque cala En Tosqueta esconde más de una perla salvaje. Además de los dos arenales más grandes de la foto esta cala tiene al menos otro par de playitas salvajes, la una en tierra firme, justo frente a la isla, y la otra en el propio islote. Estas últimas tienen mucho menos sedimento mineral y abundante posidonia, pero las dos playas principales son todo lo hermosas y puras como para retirarse a vivir aquí como Tom Hanks en su magistral película El Náufrago. Cocos no hay. Y gente poca. Pero barcos fondeados... a veces demasiados. Escoge una. O las dos. Y llévate gafas de buceo.

Accesos: Prepárate bien, que grifos tampoco hay... Empieza a caminar desde el parking de Son Saura y sigue tu rumbo paralelo a la costa. Solo hay sendero trazado hasta Cala Pudent; a partir de ahí... te toca elegir tu propia aventura durante 5,5 km. ¡Ánimo!

Servicios: Al menos 3 litros por barba.

COSTA NORTE

5.500 m a pie 🚶

Orientada al SE ◉

Ocupación baja 🚶

Entorno natural 🌳

(2) L: 60 m An: 15 m 🏖

(1) L: 80 m An: 10 m 🏖

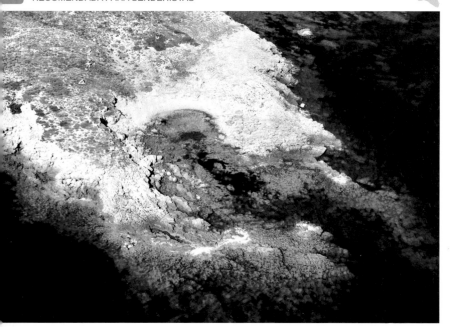

CALÓ DES PEIX

049

EL CALÓ DES PEIX ES ESA PEQUEÑA PLAYITA CON FORMA DE MEDIA LUNA QUE SE ESCONDE ENTRE LAS PEÑAS, LA PUNTA ROCOSA QUE LLEVA SU NOMBRE Y A LA QUE DEBE SU EXISTENCIA, UNA PESQUERA CON FAMA HISTÓRICA QUE FORMA UN PUERTO NATURAL QUE LA PROTEGE DE LOS MARES.

Una cala virgen como pocas recomendable solo para aventureros.

De no ser por las rocas que actúan de rompeolas poca playa existiría. No obstante, este agreste caló –de talla y edad adolescente– alberga muy poco sedimento fino. Nació de entre las rocas calcáreas, muy escasas en la parte norte de la isla en comparación con la costa sur. La caliza y los *forns de calç* (hornos de cal como el que hay junto a la playa anterior) siempre han ido de la mano. Estos hornos de cal se usaban para extraer la cal viva de la caliza, cuya reacción química se producía a unos 900 ºC. Para ello había que meter las rocas en el horno y mantenerlas a esa temperatura quemando leña durante 12 días. La cal se hidrataba posteriormente para formar hidróxido cálcico, la lechada con la que se encalaban las casas. También se usaba como elemento cohesivo de la argamasa, aunque lo más importante era su utilidad como desinfectante. Era la lejía de antaño.

Descripción: Cuando vengas caminando por estos parajes baldíos donde apenas crece la vegetación procura no sentarte en los *socarrells*, esos arbustos (de los pocos que quedan en pie) bajos, con forma semiesférica, ramificación espesa y, sobre todo, espinosa. La climatología extrema y el exceso de tala (probablemente para ser empleada en los hornos de cal) dejaron peladas las rocas. La playa es de grava y de orillas rocosas, perfecta para el buceo de superficie aunque no tan cómoda para los baños de sol. Soledad en estado puro.

Accesos: Empieza a caminar desde el parking de S'Olla y sigue tu rumbo yendo lo más cercano a la costa. Solo hay sendero trazado hasta Cala Pudent; a partir de ahí... te toca elegir tu propia aventura, ya que los senderos se desdibujan y son más un camino de cabras que cualquier otra cosa. En total son 3,5 km. Lee la playa anterior.

Servicios: Llévate al menos 2 l de agua.

COSTA NORTE

 3.500 m a pie

Orientada al E

Ocupación baja

Entorno natural

L: 50 m
An: 12 m

✂ ⚓ CALA PUDENT

050

BIENVENIDOS A UNO DE MIS RINCONES FAVORITOS, UNA CALA QUE POR EL PRECIO DE UNA TE DAN SEIS. SEIS PLAYITAS COMO SEIS SOLES, A CADA CUAL MÁS DIFERENTE, PUES AUNQUE TODAS SEAN GUAPAS —A RABIAR— HAY UNA QUE LA POBRE HUELE MAL Y ADEMÁS ES FEA. ES LA "PUDENTA".

Tantas calitas y tan cerca... ¡Escoge!

¿Ves la playa con forma cónica y aguas oscuras que hay en el extremo izquierdo? Esa es la cala Pudent, que debe su nombre a la acumulación de posidonia oceánica y restos orgánicos en descomposición. Pero no te asustes, que cuanta más posidonia haya más pura es el agua. Esta planta subacuática es un excelente bioindicador, pues solo se desarrolla en aguas tan limpias como estas. Además de servir de hogar a multitud de organismos marinos protege las playas del efecto erosivo del mar. A ciencia cierta, cuanta más posidonia hay mejores son las playas. Sus hojas acintadas se usaron desde antaño como abono, como cama para el ganado y para proteger las piezas delicadas (la llamaban alga de vidrieros), pero el problema (sobre todo para los turistas) viene cuando al cumplir su ciclo vital se mueren y acumulan en la orilla, dando mala presencia y, a veces, mal olor.

Descripción: Pero no te preocupes, que no se nota si no metes los pies dentro... Y ahora fíjate bien en la foto: la joya de la corona es la primera playa que se ve yendo hacia la derecha, de arena blanca y fina, siendo, entre todas, la mejor para darse un baño. Después —entre esas rocas afiladas y aguas turquesas— hay una calita diminuta que llaman Es Bol Petit, de arena más gruesa, pero perfecta para bucear. Y, por último, la playa de gravas y arena gruesa de Es Maressos. En la orilla opuesta, justo frente a la joya de la corona, está un pequeño macar de guijarros junto a las ruinas de una casa de pescadores. Si sigues caminando más hacia arriba darás con otras dos calas llamadas Es Caló Verd, una de guijarros y otra casi inaccesible desde tierra.

Accesos: Caminando 1.300 m por el sendero que sale paralelo a la costa desde el parking de la playa de S'Olla.

Servicios: Ninguno. ¡Llévate agua!

COSTA NORTE

1.300 m a pie 🚶

Orientadas al SE 🧭

Ocupación media 👥

Entorno natural 🌲

(6) L: 80 m
An: 6 m

(5) L: 20 m
An: 4 m

(4) L: 30 m
An: 15 m

(3) L: 30 m
An: 5 m

(2) L: 4 m
An: 5 m

(1) L: 15 m
An: 10 m

Posición: 40°2'42.44"N 4°9'30.72"E   Población próxima: Fornells 11,6 km   Puerto próximo: Port d'Addaia 4,1 M

ARENAL DE S'OLLA - SON SAURA - SON PARC ⚓

051

Si estáis buscando una playa inmensa de arena blanca y fina suficientemente cómoda para ir con los peques, estoy seguro que esta os va a seducir. Tiene fácil acceso, servicios, una de sus orillas sin urbanizar y un impresionante campo de dunas. ¡Genial!

Magnífica elección para ir a la playa con niños.

COSTA NORTE

🍴 Restaurantes
🚻 WC en bar
🛶 Alquiler
🤿 Deportes náuticos
🚌 Parada de autobús
🅿 Aparcamiento a 100 m
🚗 Acceso rodado
👫 Ocupación media
🧭 Orientada al N
🏠 Entorno residencial
↕ L: 330 m An: 40 m

Ni te imaginas lo que vais a disfrutar haciendo castillos de arena o jugando a las palas en la playa. Me gusta porque incluso en el mes de las masas queda espacio libre para poder divertirse sin molestar (ni que te molesten). Solo tiene un "pero": la tramontana. Si vais a venir desde lejos infórmate bien antes porque las olas y el viento del norte le dan de lleno, y entonces la piscina natural que era los días anteriores se convierte en un mar en ebullición, peligroso para los peques y perfecto solo para los kitesurfers. Y ahora fijaos en esas preciosas dunas... Hace años estuvieron a punto de arruinarlas por la construcción y el pateo constante de los turistas. Hoy están protegidas, equipadas con cordones disuasorios, pasarelas de madera y barreras de interferencia para que el viento suelte la arena que lleva consigo. Gracias a tanto esfuerzo las dunas se están recuperando. ¡Felicidades!

Descripción: Impresiona ver las dunas encaramándose por los acantilados que envuelven la cala, pues algunas alcanzan los 15 m o 20 m de altura y se internan tierra adentro más de 1.000 m. Las dimensiones de la playa también son considerables: 330 m de longitud por 40 m de anchura media. En la parte trasera de la playa la carretera llega a seccionar las dunas, fijadas por las raíces de los pinos. Hacia el W hay un humedal (Bassa des Prat) junto al que pasa el Camí de Cavalls y otros senderos que llegan incluso hasta el campo de Golf Son Parc. Merece la pena verlo.
Accesos: Toma la desviación hacia Son Parc desde la carretera de Maó a Fornells (Me-7) y sigue los carteles indicadores hacia el arenal de Son Saura. El parking a 100 m de la playa.
Servicios: Varios restaurantes (uno en la misma playa), socorrista, alquiler de hamacas, sombrillas, kayaks y pedalos.

Posición: 40°1'59.07"N 4°9'38.13"E   Población próxima: Fornells 10,3 km   Puerto próximo: Port d'Addaia 3,6 M

⚓ 🦑 SES OLLES

ADEMÁS DE SER UN BUEN FONDEADERO PARA TODOS AQUELLOS QUE DE-
SEAN ESCAPAR DE LA MULTITUD, SES OLLES CUENTA CON DOS AGRESTES
CALITAS DE GRAVA QUE HARÁN LAS DELICIAS DE LOS QUE QUIERAN PERDER
DE VISTA EL HORMIGÓN SIN ESTAR DEMASIADO ALEJADOS DEL MUNDO.

052

Para los baños de sol y de ola más discretos.

Basta con caminar un breve trecho y es-
forzarse para bajar por el terraplén para
que parezca que estás en otro mundo.
Si estás alojado en cualquiera de los hoteles y apartamentos de la urbanización
Son Parc puede que ya estés cansado de
tantos turistas, así que te gustará saber
de la existencia de este solitario rincón
mineral. Mientras no bufe la tramontana (frente a la que está plenamente expuesta) será tu propia piscina natural de
agua salada, un auténtico acuario por el
que bucear disfrutando de sus riquezas
submarinas con solo unas gafas y un
tubo. No hace falta más. Otra buena
forma de entretenerse ajeno al turismo
de masas es en el campo de Golf Son
Parc, el único que existe en Menorca.
Este campo de 18 hoyos es famoso por
no usar para el riego más que agua de
lluvia o reciclada. Y también por sus
preciosos pavos reales, que se pasean
por el campo en semilibertad.

Descripción: En primer término se ve
la playa más agreste y de peor acceso de
las dos. La otra se encuentra justo en-
frente, al otro lado de este anfiteatro rocoso invadido por las aguas. La primera
es de grava y arena, aunque la más arenosa es la segunda. Ambas suelen tener
restos de troncos en la orilla arrastrados
por los temporales de tramontana.
Accesos: Desvíate hacia Son Parc desde la carretera Me-7 (Maó a Fornells)
y cuando estés en el 1º cruce (junto
al campo de golf) toma la 1ª salida.
En la rotonda toma la 2ª salida, en la
siguiente toma la 1ª y en la otra la 1ª.
Sigue unos pocos metros y gira hacia
la izquierda, y luego otra vez hacia la
izquierda por esa carretera poco transitada. Síguela y toma la 2ª salida hacia la derecha (para ir a la 1ª playa) o
sigue de frente (2ª playa). Están al final del vial, bajando por el terraplén.
Servicios: Ninguno.

COSTA NORTE

Parada de autobús 🚌
Acceso rodado 🚗
Orientadas al (1) NW y (2) E 🧭
Ocupación baja 🧍
Entorno residencial 🏡
(2) L: 25 m An: 8 m
(1) L: 35 m An: 10 m

MACAR DE SA LLOSA ⚓ ✖

053

ME DECLARO FIEL TRANSEÚNTE ENAMORADO DE ESTA PORCIÓN DE PA-
RAÍSO, LA QUE VOLVERÉ A DISFRUTAR UNA Y MIL VECES MÁS CADA VEZ QUE
EL DESTINO ME TRAIGA POR ESTOS MARES. HAN SIDO TANTOS LOS MO-
MENTOS QUE PASÉ AQUÍ, EMBEBIDO POR ESA DELICIOSA INDOLENCIA...

De difícil acceso por tierra... pero no imposible. ¡Atrévete!

Tantas tardes ajeno al mundo –enamorado de la vida– que siempre que
me lo preguntan contesto lo mismo:
hay males que solo cura la mar. Si ya lo
dice el spot... hay que saber disfrutar
del mundo *mediterráneamente*, y eso
empieza por venir aquí y varar tu lanchita en la arena, declarando este pedacito de tierra tu república independiente; o soltar el ancla y dejarse mecer
por el mar tumbado sobre la cubierta
del viejo *llaüt*, que al fin y al cabo es el
que mejor se integra en este ambiente.
Amigos míos, hay pequeños caprichos
en la vida que hay que saber disfrutar,
y uno de ellos es gozar de cualquier ca-
chivache flotante (cuanto más pequeño y humilde mejor, para no dar que
hablar a la conciencia) que te traiga
hasta aquí sin necesidad de tener que
jugarte el tipo destrepando por la ladera. Aún así, con barquito o sin él, yo
también lo daría todo por venir. ¡Salud!

Descripción: Es esa estrecha franja de
arena, grava y guijarros aferrada a los pies
del acantilado, que aquí cae a pico sin
apenas dejar un mal camino por el que
bajar sin jugarse el tipo. La verdadera
esencia del lugar está en la orilla, a partir
de la cual las aguas toman colores que
son el mejor analgésico. Los fondos de
arena se extienden tanto que reflejan la
luz como nunca. Si vas a venir navegando hazlo un día sin tramontana, fondea
tranquilo y disfruta. Hacia la derecha se
forma un cueva con una playa bajo el
cantil a la que se llega nadando o navegando. ¡Ojo con los desprendimientos!
Accesos: Sigue al pie de la letra los
descritos en la playa anterior y cuando
llegues a la carretera poco transitada
que te decía salte hacia la derecha, por
una pista que conduce a un vertedero.
Asómate y mira. ¿La ves? Al otro lado
está el "sendero" que baja a la playa.
Servicios: Ninguno.

COSTA NORTE

🚌 Parada de autobús
🚶 80 m a pie difícil
🧭 Orientada al NE
🚶 Ocupación baja
🌲 Entorno natural
↕ L: 110 m
An: 15 m

Posición: 40°1'44.96"N 4°10'4.39"E   Población próxima: Fornells 10,3 km   Puerto próximo: Port d'Addaia 3,4 M

AYUNTAMIENTO DE ES MERCADAL

⚓ 🐟 PLATGETA DES GATASSOS

CUANDO A NEPTUNO LE VIENE EN GANA Y PERMITE EL NACIMIENTO DE ESTA PLAYITA DE ARENA ES COMO SI OBRARA UN PEQUEÑO MILAGRO, UNA PORCIÓN DE PARAÍSO AJENO AL MUNDO QUE SOLO GOZAN LOS QUE LA CONOCEN, LOS QUE LLEGAN POR MAR O LOS QUE NO LE TIENEN MIEDO...

054

Una calita salvaje de arena fina y muy caprichosa.

Y hablando de miedo, te voy a contar una historia verídica que te hará pensar si bajar o no a extender la toalla sobre la arena... ¿Sabías lo del naufragio del Stephano Flori? Esta barcaza de bandera rusa se hundió en la madrugada del 14 de enero de 1867 con sus 16 tripulantes justo frente a estas rocas. Venía de Malta cargada de trigo con destino a Inglaterra. De los 16 tripulantes solo se salvó uno. Y el mar solo devolvió a tres cadáveres que fueron enterrados en la arena de la playa. Las autoridades ordenaron: "disponga sean enterrados en la misma playa, a una profundidad suficiente, siguiendo en el mismo orden con los demás que acaso vayan saliendo..." El hecho de incomunicar al tripulante superviviente y de enterrar los cuerpos en la misma playa estaba motivado por provenir de un puerto que por aquella época estaba catalogado como "sucio".

Descripción: Era por el miedo al contagio de las enfermedades... Hablemos a hora de la playa: Hay años que las corrientes y el oleaje evitan que aflore la arena fina y pura que caracteriza esta preciosa calita, siendo entonces tan solo un puñado de rocas frente a unas aguas cristalinas como pocas. Asómate al acantilado y si la ves baja y disfrútala. Pero si ves algo extraño saliendo de entre la arena... Pobres almas. Descansen en paz.

Accesos: Hay que admitir que para el común de los mortales bajar hasta esta calita supone jugarse el tipo. Aquí nada de chanclas ni resbaladizas albarcas. Se llega sin prisas y yendo con cuidado, por el mismo "camino" que baja hasta la cala anterior, mojándose en algunas ocasiones. Lee como aproximarte en las dos playas anteriores y no te pierdas con tantos cruces y rotondas...

Servicios: Ninguno, evidentemente.

COSTA NORTE

Parada de autobús

80 m a pie difícil

Orientada al NE

Ocupación baja

Entorno natural

L: 19 m
An: 6 m

S'OLLETA ✂

055

ACABÁIS DE ENCONTRAR EL ESPACIO "PRIVÉ" DEL ARENAL D'EN CASTELL, EL RINCÓN MÁS AJENO A LAS MASAS DE ESTA PLAYA CRUELMENTE BALEARIZADA. S'OLLETA ES PERFECTA PARA BUCEAR, PARA ENCONTRAR UN POCO MÁS DE INTIMIDAD Y, SOBRE TODO, PARA GOZAR DEL SOL AL NATURAL.

El rincón apartado y tranquilo que buscabas.

En Menorca abundan los rincones para nudistas, pues se trata de una isla propensa a los baños de sol y ola en libertad, una costumbre muy arraigada y tolerada entre la mayoría de sus habitantes, aunque yo, personalmente, prefiero saber exactamente dónde para disfrutar más. ¿Y tú? ¿A que a ti también te parece perfecto este rinconcito..? Es perfecto para eso y más. Porque, ¿te has fijado en esas rocas que emergen junto a la orilla cual arrecife coralino? Coral poco, pero vida y paisajes submarinos, "a puñados". Cuando vengas y te subas al acantilado mira hacia el norte y fíjate en los escollos que llaman Esculls d'en Truyol, y en otros un poco antes, los que apenas emergen, llamados Esculls d'ets Ofegats. Como estos hay decenas en la costa norte, y son auténticos peligros para la navegación. Si vas a navegar por esta costa no bajes la guardia, estate atento a la meteo y estudia las cartas a fondo.

Descripción: En la península rocosa que cierra el arenal d'en Castell por el oeste se ha ido formando esta preciosa cala de grava y arena de aspecto natural y salvaje. Cuenta con unas proporciones de 38 m de longitud y una anchura media de unos 15 m. Parece mentira, pero lo cierto es que ha sobrevivido a la especulación urbanística en una de las porciones de costa más castigadas por el hormigón. **Accesos:** Yendo por la carretera de Maó a Fornells (Me-7) sal hacia el Arenal d'en Castell. Sigue los carteles indicadores y cuando estés a punto de llegar desvíate hacia la izquierda en un cruce, justo antes del Hotel Aguamarina. Sigue la carretera y aparca a 1.500 m del cruce, junto al último bloque de apartamentos de la parte derecha de la Vía de Ronda. De ahí parte un camino que baja hacia la playa y la península rocosa. **Servicios:** A 100 m, en la playa siguiente.

COSTA NORTE

🚶 400 m a pie

🧭 Orientada al N

👥 Ocupación media

🏠 Entorno residencial

📏 L: 40 m
An: 16 m

⚓ ⚓ ARENAL D'EN CASTELL

EL ARENAL D'EN CASTELL ES UNA DE LAS PLAYAS DE MENORCA QUE MAYOR CANTIDAD DE RÉCORDS OSTENTA: UNA DE LAS MÁS LARGAS, DE LAS MÁS URBANIZADAS Y DE LAS MÁS ABARROTADAS DE ADORADORES DEL SOL, LA MAYORÍA DE PROCEDENCIA BRITÁNICA Y ALEMANA.

056

El arenal perfecto para las familias nórdicas.

Por eso, si vas a venir hasta aquí esperando encontrar algo de la Menorca tradicional y auténtica, perderás el tiempo. Casi todo lo que hay está diseñado por y para el turista de sol y playa. Comer algo que no sea "cocina internacional" (patatas fritas con) resulta una tarea casi imposible, como imposible es dejar de mirar horrorizado todas esas conejeras construidas frente al mar. A pesar de todo tengo que admitir que el arenal debió de haber sido precioso... Sigue siendo una especie de gigantesca piscina natural durante los días en que no sopla la tramontana, entonces verás decenas de chiquillos disfrutando como nunca de la playa, dc su arena fina y de sus aguas cristalinas. Aquí no les falta de nada, desde lanchas de pedales en alquiler hasta tiendas de souvernirs donde poder comprarles un patito hinchable. Y todo a pie de playa: del hotel a la arena.

Descripción: Con forma de arco y unas dimensiones de 650 m de longitud y unos 25 m de anchura media, es el segundo mayor después de Son Bou. Tiene otra pequeña playa arenosa hacia el W de 60 m de longitud.

Accesos: Yendo por la carretera de Maó a Fornells (Me-7) salte hacia el Arenal d'en Castell siguiendo los carteles indicadores, y cuando estés a punto de llegar verás un cruce. Sigue de frente, hacia la urbanización Punta Grossa, y tan pronto pases el cruce verás una explanada tras el pinar que hace de parking, aunque hay otros dos un poco más allá, más amplios y más cercanos a la playa. Ambos parkings son gratuitos, y de allí a la playa se baja caminando unos 100 m. También hay parada de bus cercana.

Servicios: Bares y restaurantes a pie de playa, lavapiés, alquiler de hamacas y sombrillas, lanchas de pedales, kayaks, etc. También hay socorristas.

Bares y restaurantes
Lavapiés
Alquiler
Deportes náuticos
Parada de autobús
Aparcamiento gratuito
Acceso rodado
Orientada al N
Ocupación alta
Entorno urbano
L: 650 m
An: 25 m

COSTA NORTE

Posición: 40°1'18.65"N 4°10'50.55"E Población próxima: Addaia 3,3 km Puerto próximo: Port d'Addaia 3,3 M

De Punta Grossa a Addaia

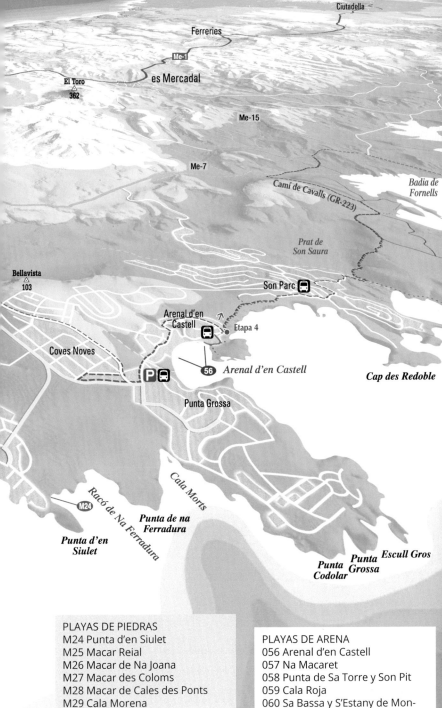

Ciutadella

Ferreries

Me-1

es Mercadal

El Toro
362

Me-15

Me-7

Camí de Cavalls (GR-223)

Badia de
Fornells

Prat de
Son Saura

Bellavista
103

Son Parc

Arenal d'en
Castell

Etapa 4

Coves Noves

56 · Arenal d'en Castell

Cap des Redoble

Punta Grossa

Racó de Na Ferradura

M24

Cala Morts

Punta d'en
Siulet

Punta de na
Ferradura

Punta
Codolar

Punta
Grossa

Escull Gros

PLAYAS DE PIEDRAS
M24 Punta d'en Siulet
M25 Macar Reial
M26 Macar de Na Joana
M27 Macar des Coloms
M28 Macar de Cales des Ponts
M29 Cala Morena

PUNTOS DE INTERÉS
PDI 23 Illes d'Addaia
PDI 24 Salinas de Mongofre

PLAYAS DE ARENA
056 Arenal d'en Castell
057 Na Macaret
058 Punta de Sa Torre y Son Pit
059 Cala Roja
060 Sa Bassa y S'Estany de Mongofre
061 Illa d'Addaia
062 Cala en Brut
063 Sivinar de Mongofre

Es por las "halobacterium" por lo que las salinas de Addaia se ponen coloradas cuando las miras... Ahora los frigoríficos son de bajo consumo, los hay "no frost" y otros que incluso tienen tele, pero antaño era la sal el mejor conservante para los alimentos.

El rincón del navegante
de PUNTA GROSSA a ADDAIA

En esta pequeñísima porción de litoral nos encontramos con dos elementos muy interesantes para el navegante. Por un lado las islas de Addaia, que ofrecen rincones deliciosos para explorar con pequeñas embarcaciones, y por el otro el puerto natural de Addaia, que está muy bien resguardado de los vientos del norte, con un buen fondeadero y una marina bien equipada. Todo es perfecto menos la peligrosa entrada.

GASOLINERA: En el Port d'Addaia no hay, pero si se solicita vienen con una cuba para surtir a los yates más grandes. Infórmate en el tel.: 971 358 649 o en www.puertoaddaya.com.

BIBLIOGRAFÍA: Consulta el "Atlas Náutico de Menorca" de Alfonso Buenaventura en http://buenaventura-menorca.com.

Foto: Port Addaia.

Dónde amarrar

Puerto Addaya (40°0'21.67"N 4°11'57.81"E): En el interior de este puerto natural se encuentra una marina situada en la ribera de poniente de la cala, a partir de un islote conocido como Illa de ses Mones. Se trata de un puerto deportivo en el que se amarra de punta al muelle o a dos pantalanes flotantes. Dentro de la dársena los calados oscilan entre 1,5 m y 3 m, y existen unos 150 amarres para embarcaciones de hasta 25 m de eslora. En general está muy bien protegido de todos los vientos, excepto de los que pudieran venir del S-SE. Lo más peligroso es la entrada a puerto. Lee la información al respecto.

Destaca por sus servicios de agua y electricidad en amarre, duchas, wc, lavadora y secadora, venta de hielo, rampa de botadura, varadero, travel-lift de 25 Tn, marina seca, taller de reparaciones, tienda náutica, un bar y teléfono en el propio puerto, etc. Existen otros 2 restaurantes, bares, alquiler de coche sin conductor y un supermercado a unos 5 minutos (subiendo la cuesta hacia la urbanización). Lo que más me gusta de amarrar aquí es que la colonia veraniega que lo rodea tiene mucho encanto. Es tranquilo y apacible. Muy cómodo y bonito. Atienden por el 9 VHF. Tel.: 971 358 649, www.puertoaddaya.com.

Cómo entrar a puerto

La entrada a puerto no sigue un rumbo directo y está jalonada por islotes, lajas y demás peligros. Aunque está balizada con boyas verdes y rojas no te recomiendo entrar de noche o con mar formada sino lo conoces muy bien. Además, la canal existente, aunque es hondable, tan solo tiene unos 50 m de anchura practicable entre la punta de s'Estret y la de Ponent, la parte más angosta. La menos hondable (de unos 5 m

de calado) está justo frente a la Punta de Sa Torre. Por poco que nos salgamos de la canal, en especial al E de la Torre d'Addaia, nos encontraremos con fondos de menos de 2 m repletos de algas. Pon toda tu atención a las cartas antes de entrar.

Rampas de botadura

Port d'Addaia (40°0'25.82"N 4°11'51.94"E): En el puerto deportivo tienen una rampa de botadura en muy buen estado. Es pública, pero hay que pagar 6,30 € por cada uso, es decir, 6,30 € por meter la embarcación y otro tanto por sacarla. Para dejar el coche y el remolque hay que pagar unos 2 € al día, aunque depende de la ocupación. Tel.: 971 358 649, www.puertoaddaya.com.

Cala Molí (40°0'37.84"N 4°11'43.92"E): Al fondo de esta cala del Port d'Addaia hay una rampa de botadura de uso libre y gratuito. Tiene 4 m de anchura y es fácil de usar. Puedes dejar el coche y el remolque en las calles de la urbanización, poco antes de la rampa. Se llega tomando la primera salida dirección Cala Molí desde la rotonda que hay poco antes del Arenal d'en Castell.

Sigue la carretera recto 450 m, gira 100 grados a la izquierda y toma la primera salida a la derecha, la de prohibido circular excepto vehículos con remolque.

Dónde alquilar*

Nautica Puig: Alquila llaüts de 6 a 7,5 m eslora, barcos a motor de 5 a 6,5 m y semirrígidas (sin patrón). Tel.: 971 358 106 / 669 440 723. www.nauticapuig.es

Rafa's Boats: Alquila barcos a motor de 4 a 8 m eslora, un menorquín de 8,5 m de eslora, llaüts de 7,5 m y lanchas motoras de 4 a 8 m con y sin patrón. También realizan excursiones en barco (salidas de 4 horas). Tel.: 608 121 210, www.rafasboats.com.

Menorca Sailing: Alquila varios veleros, semirrígidas, etc. con o sin patrón. Tel.: 609 851 186, www.menorcasailing.co.uk.

*EMPRESAS Si tú también te dedicas a hacer felices a nuestros lectores alquilando tus embarcaciones, haciendo excursiones en barco, kayak, submarinismo, etc. y no apareces en estos listados, comunícanoslo (info@laluzenpapel.com) y te incluiremos en las próximas ediciones. ¡ES GRATIS!

Los mejores fondeaderos

¡Ojo! No te salgas nunca de la canal de entrada, procura no entrar con demasiado viento y no lo intentes de noche y con mala mar sino conoces bien la zona.

Port d'Addaia

Después del puerto, al fondo de la cala, hay un excelente fondeadero muy protegido de todos los vientos. Es perfecto para pasar largas temporadas. Se sondan de 6 a 4 m.

Mapa p. 184

Playas de piedras
de PUNTA GROSSA a ADDAIA

40°1'13.44"N 4°12'4.08"E

M24 Punta d'en Siulet

En el extremo norte de Na Macaret hay una punta que llaman d'en Siulet a cuyos pies se forma una pequeña calita de grava y piedras perfecta para los buceadores de superficie. Es difícil pero desde tierra también se puede acceder.

40°0'27.68"N 4°12'37.86"E

M25 Macar Reial

En esta pequeña península rocosa se juntan varios macares (playas de piedras redondeadas por el oleaje) que viven ajenos a todo. Cuesta trabajo llegar desde tierra, pero a cambio tendrás toda la soledad para ti.

40°0'22.91"N 4°12'38.59"E

M26 Macar de Na Joana

Salpicando la costa, una junto a otra, así es como verás estas playitas salvajes que casi nadie conoce. Cuando vengas caminando fíjate en los restos de la *caseta de Ciment*, una casa de labranza que aún conserva el pozo, cocina, etc.

40°0'20.09"N 4°12'35.74"E

M27 Macar des Coloms

Esta playita de grava y piedras se encuentra a escasos metros de las anteriores. Debe su nombre a una cueva en la que se guardaban las palomas. Pero ya no queda ni una. ¡Se las comieron todas!

M28 Macar de Cales des Ponts

Es la última playa de piedras redondeadas (o la primera, según se mire) de este grupo de cuatro. Esta cuenta con un islote cercano a la orilla y suele estar recubierta por los restos de posidonia que arrastra el mar.

40°19'32.94"E 40°19'19.04"N

M29 Cala Morena

Según vengas caminando desde la playa des Sivinar de Mongofre hacia Cala en Brut esta es la primer playa que te vas a encontrar. Es de grandes rocas e innumerables fragmentos de ramas arrastradas por el oleaje.

4°12'44.95"E 40°06'06.42"N

Puntos de interés en la costa de PUNTA GROSSA a ADDAIA

PDI 23 Illes d'Addaia

Si puedes hacerte con un kayak o una barca acércate hasta esta islitas. Merece la pena desembarcar y explorarlas, ya que están tal cual desde hace siglos y la mayor esconde una perla salvaje y preciosa: una calita deliciosa.

4°12'35.76"E 40°59'59.89"N

PDI 24 Salinas de Mongofre

Junto con las salinas de la Concepció, en Fornells, las de Mongofre son las únicas que siguen operativas en la isla. El conservante de antaño fue sustituido por los frigoríficos y ahora no son más que nostalgia en la memoria.

4°12'27.06"E 39°59'37.43"N

NA MACARET

057

Esta deliciosa playita es la que eligen las familias que veranean en el Port d'Addaia para disfrutar del Mediterráneo con sus pequeños, pues no hay nada que altere la paz de sus aguas, ni siquiera la tramontana. Nada excepto el gigante de Addaia...

Protegida de los vientos, perfecta para los niños, céntrica, cómoda...

Adoro pasear por Macaret y caminar frente a las casitas de pescadores reconvertidas en pequeños apartamentos de veraneo. Según la hora del día en que vayas verás las contraventanas cerradas, y las puertas también, o a los vecinos sentados en el quicio, viendo la vida pasar. En el momento sagrado de la siesta –cuando más aprieta el sol– solo se oye el soniquete de los noticiarios televisivos entre el murmullo de la mar lamiendo los pilares del muelle. Es la calma infinita de la isla blanca. Pero todo cambió el día en que apareció el gigante de Addaia: una ballena enorme que amaneció varada a finales de marzo del 2012 en la Illa Gran. Las autoridades marítimas trasladaron el cadáver hasta estos muelles para ser agujereado con el fin de explosionarlo y hundirlo en alta mar. Imagínate la expectación de los vecinos... y el hedor que desprendía semejante animal en descomposición.

Descripción: Esta preciosa playita de arena fina y unos 45 m de largo por 20 m de ancho está rodeada de las casitas de la urbanización Na Macaret. Por un lado aún conserva los almacenes de pescadores y sus quehaceres originales, con embarcaderos de madera donde amarran sus barquitas los vecinos y veraneantes, y por el otro está el resto de casitas, el muelle y un par de rampas de botadura.

Accesos: Yendo por la carretera de Maó a Fornells (Me-7) salte hacia Addaia y sigue los carteles indicadores hacia Na Macaret por la Me-9. Cuando llegues a una rotonda toma la 2ª salida y sigue hasta llegar a la próxima rotonda, donde puedes girar hacia la izquierda (primero) y hacia la derecha (poco después) y buscar aparcamiento en el parking más próximo a la playa; o hacia la derecha, en el otro parking gratuito, más alejado pero más amplio.

Servicios: Bares y restaurantes cercanos.

COSTA NORTE

- Bares
- Restaurantes
- Parada de autobús
- Aparcamiento
- Acceso rodado
- Orientada al S
- Ocupación alta
- Entorno urbano
- L: 45 m An: 20 m

PUNTA DE SA TORRE Y SON PIT

El Port d'Addaia siempre me ha parecido uno de los rincones más agradables y atractivos de la costa norte de Menorca, ya no solo para los navegantes sino para los viajeros de a pie más curiosos. Prueba a pasear por la Punta de Sa Torre y Cala Molins

058

Son calitas muy humildes, solo para entrar al agua.

a esa hora en la que el sol se retira cansado de cumplir con los deseos de los turistas. Descubrirás todos esos pequeños embarcaderos y las barquitas de los veraneantes, y alguna que otra playita como la de Son Pit y la de la Torre de Addaia, que aunque no son de las mejores para tumbarse al sol (todo hay que decirlo) sí que permiten adentrarse en el agua cómodamente y disfrutar del mar en estas tranquilas aguas. El pequeño puerto atesora restos romanos hundidos que corroboran su pasado histórico. La torre que preside la entrada data del año 1800 y fue construida por los ingleses para proteger la bahía. Te recomiendo que te acerques al mirador de Sa Torre (al final de la punta que se ve en la foto) y que disfrutes de las vistas, con las islas Gran y Petita que protegen la entrada del puerto de la mar de tramontana, al principio de esta bahía natural con forma de brazo.

Descripción: Estas dos playitas pasan desapercibidas frente a los ojos de la mayoría de los bañistas, ya que apenas tienen superficie emergida. La primera, la de la punta de Sa Torre, es la que se encuentra junto al primero de los pantalanes que se ven hacia la izquierda de la citada punta. Es de arena y tan solo tiene unos 4 m de largo. La de Son Pit está en Cala Molins, hacia el otro lado de la punta, en la orilla S de la citada cala, que es ese brazo de mar que penetra tierra adentro. Esta es aún más pequeña y suele estar repleta de barquitas y kayaks varados en ella.

Acceso: Yendo por la carretera de Maó a Fornells (Me-7) sigue los carteles indicadores hacia el Port d'Addaia. Al llegar sigue de frente por la Avinguda Port d'Addaia hasta el final, donde verás una plazoleta con un parque infantil y un mirador. Aparca y ve por el sendero junto a la casa de la derecha.

Servicios: Ninguno.

COSTA NORTE

Acceso rodado
Orientadas al (1) E y (2) N
Ocupación baja
Entorno residencial
(2) L: 10 m An: 2 m
(1) L: 4 m An: 2 m

CALA ROJA

059

SI TE SOY SINCERO NO MERECE LA PENA VENIR HASTA AQUÍ NI NAVEGANDO NI CAMINANDO, PORQUE LA PLAYA NI ES APETECIBLE PARA NADAR NI PARA TOMAR EL SOL; Y, ADEMÁS, EL CAMÍ DE CAVALLS ESTÁ DEMASIADO LEJOS. ¿VES ESA PEQUEÑA CALA ROJA…? AHORA YA SABES POR QUÉ LA LLAMAN ASÍ.

Recomendables solo para los excursionistas más duros.

Fíjate en la foto: es la entrada al Port d'Addaia. Ante imágenes como estas, donde la mar se muestra plácida y complaciente, a quién no se le hace imposible el pensar que estas aguas hayan sido escenario del horror por el hundimiento de varios mercantes, buques pesqueros y embarcaciones deportivas… Permanecerá gravado para siempre en la mente de las gentes de estas tierras maltratadas por el viento aquella fatídica mañana del 10 de enero de 1942, cuando el vapor de línea francés Lamoricière se hundió frente a estas costas con 277 de sus pasajeros (entre ellos 16 niños). Como testigo mudo de esta catástrofe aparecen prendidos en redes y aparejos, muy de vez en cuando, cinturones y zapatos, restos de vestimentas y demás complementos que no hacen más que recordar que el mar siempre cobra su tributo; tan solo espera al más mínimo descuido.

Descripción: Si vas a venir navegando te recomiendo que leas a conciencia las páginas del rincón del navegante… Y ahora déjame que te cuente que el nombre de esta cala es debido al tono de los sedimentos arcillosos que le dan forma. Si vas a venir que sea para verla de paso y disfrutar de la excursión, porque los fondos son fangosos, están repletos de algas y tienen poco calado; y las orillas son desagradables y poco apetecibles para extender la toalla. Así de claro.

Accesos: Sigue el Camí de Cavalls desde el Port d'Addaia hacia Favàritx hasta que llegues a las salinas y cruces hacia el predio de Mongofre Nou, bien visible sobre la colina. Sigue el camino hacia allí y poco antes de llegar desvíate hacia la izquierda y ve por una pista hacia el N. Síguela y llegarás hasta la siguiente playa, desde la cual se llega por una pista hasta Cala Roja. Son 10 km i/v.

Servicios: Ninguno.

COSTA NORTE

- 5.000 m a pie
- Orientada al N
- Ocupación baja
- Entorno natural
- L: 30 m
- An: 5 m

SA BASSA Y S'ESTANY DE MONGOFRE

SI VAS A VENIR HASTA AQUÍ QUE SEA SIN TOALLA NI BAÑADOR... LAS PLAYAS DE MONGOFRE SON RINCONES TAN OLVIDADOS POR EL GRAN PÚBLICO —POR LO ALEJADOS QUE ESTÁN DEL MUNDO Y EL ESCASO ATRACTIVO QUE TIENEN— QUE SOLO VERÁS A LAS VACAS VERMELLAS "COMIENDO NADA".

060

Las playas de las vacas menorquinas.

Yo que vengo de una familia ganadera asturiana, acostumbrado a las verdes praderías de la *tierrina*, no dejo de asombrarme cada vez que veo estos sufridos bóvidos pastando "nada" en terrenos tan yermos como estos. La *vermella* es la raza autóctona menorquina, que se caracteriza ya no solo por el color de su pelaje, sino por la capacidad de aguante frente al calor y la falta de pastos, condicionantes habituales en la Menorca estival. Si traemos aquí a una de nuestras gordas vacas frisonas (la de pintas blancas y negras) la leche se le haría queso en las ubres. Prepárate, porque lo mismo estás tú también apacentando bajo el sol y de repente tienes que compartir espacio con alguna vaca puñona que quiera remojarse contigo en la playa. Estas cornudas son auténticos todo terreno que gastan menos que un utilitario diesel, al tiempo en que dan carne, leche y cuero para hacer las abarcas.

Descripción: Playa poca, y la que hay de grava y fango. Hay dos, la que ves en la imagen y otra aún peor más abajo. Las orillas son arenosas, pero con muy poco fondo y repletas de algas y pequeños arrecifes que impiden el acceso de embarcaciones con cierto calado. A pesar de ello, cada año se queda aquí embarrancado más de un yate (yo ya tuve que remolcar alguno). Lo curioso está en tierra firme: verás los restos de un cortijo (caseta d'en Beltram o de Ciment) y de un pozo, e incluso unos bancos para que los propietarios del predio comieran a la sombra. Solo hay eso y las vacas. El resto es soledad.

Accesos: Sigue el Camí de Cavalls desde Addaia hacia Favàritx hasta llegar a las salinas y cruzar hacia el predio de Mongofre Nou. Sigue el camino hacia allí y poco antes de llegar desvíate hacia la izquierda y ve por una pista hacia el N. Síguela y llegarás hasta las playas.

Servicios: Útiles solo para las vacas.

COSTA NORTE

5.000 m a pie
Orientada al NW
Ocupación baja
Entorno natural
(2) L: 80 m An: 4 m
(1) L: 100 m An: 8 m

Posición: 40°0'26.00"N 4°12'32.13"E Población próxima: Addaia 5,5 km Puerto próximo: Port d'Addaia 0,6 M

ILLES D'ADDAIA ⚓ 🚣

061

Solo medio kilómetro las separa del mundo, pero cuando desembarques y hagas tuya estas paradisíacas porciones de tierra emergida te parecerá que estás en la cara más oculta de la luna. Ya lo verás: estas islitas son un regalo para los exploradores.

Podría ser tu primera aventura náutica. ¡Alquila y estrénate!

Especialmente para los que puedan desembarcar cual descubridor indiano, e hincar la bandera para declarar estas perlas república independiente. Si ya te has decidido y quieres alquilar ni que sea una lanchita con capacidad para cuatro o cinco aventureros, que sea en el Port d'Addaia, donde podrás encontrar varias empresas de alquiler con barcos de todas las esloras (para esta exploración náutica, cuanto más pequeña sea la nave, mejor; tienes más información al respecto en las páginas del rincón del navegante). Anímate y lánzate a la aventura, que estas islitas (la Gran y la Petita) cuentan al menos con cuatro playitas, a cada cual más sorprendente. La más impactante y curiosa puede que sea la de S'Olleta, que como su propia nombre indica, tal parece una olla donde se cocinan los mejores ingredientes del Mediterráneo: harmonía y belleza sin conservantes ni colorantes.

Descripción: Si te fijas en la foto aérea verás en primer término ese mordisco en la roca que ha formado un curioso entrante circular cuya boca apenas abre 3 o 4 m. Esa es la playita de S'Olleta, de gravas y algo de arena, muy cambiante en función de la dureza de los temporales. En la calita se puede entrar navegando con una lancha de no más de 5 o 6 m de eslora y desembarcar cual pirata en busca del tesoro. Pero la isla tiene más. Más playitas, como la que hay en la orilla W de la Illa Gran, la del estrecho paso que media entre la Gran y la Petita, y la de la propia Illa Petita d'Addaia. Merece la pena recorrer todo el perímetro de las islas navegando (en kayak o barca) e ir descubriendo cada porción arenosa emergida.

Accesos: Solo por mar, pues está a 130 m de tierra firme (500 m de Addaia) y a unos 1.300 m del puerto.

Servicios: Ninguno.

COSTA NORTE

Acceso por mar

Orientadas al (1) E, (2 y 3) W

Ocupación baja

Entorno natural

(3) L: 4 m An: 2 m

(2) L: 30 m An: 4 m

(1) L: 3-4 m An: 5 m

⚓ ✳ CALA EN BRUT

No hay rincón en esta isla que destile mayor abandono que En Brut, donde la mar es la única que impera con mandato divino, despojándose de todo lo que le sobra por alumbrar una cala de turquesa líquida y polvo dorado. Es la marina del náufrago.

062

Cielo del marino, infierno de camino. El hogar de Robinson.

El paraíso de los eremitas. El lugar perfecto para levantar un templo en honor a Poseidón, custodiado por sirenas y otras ninfas de la mar. Si vas a venir por tierra prepárate, porque el camino es largo y tedioso, tan duro para los pies como enriquecedor para el alma, porque cuando llegues y veas brillar las turquesas en el agua te entregarás al mar de inmediato, como hipnotizado por los cantos de sirena y los destellos del agua. Admito que resulta mucho más fácil conquistarla desde el mar... pues la distancia no esta tanta y la nave se muestra tan ingrávida –y tan transparente el agua– que se adivinan todos los secretos del fondo iluminado por los reflejos de la arena. Detente y larga cadena. Agárrate al fondo y déjate mecer en uno de esos días en que no gobierna la tramontana. Verás como te enamora la brutalidad de estos parajes, de los que nadie se acuerda. Ni hoy, ni antes, ni mañana.

Descripción: La última vez que vine caminando me topé con tal cantidad de posidonia acumulada, tantos troncos erosionados y plásticos regurgitados sobre la arena que poco espacio quedaba para el orden y el concierto; relativamente poco sitio para una toalla y un cuerpo bien estirados. Ten cuidado al venir caminando, porque las rocas están tan erosionadas y repletas de perforaciones que resulta difícil levantar la vista sin perder los pies. Pero lo mejor está en el agua, en la orilla, donde la arena dorada y el agua cristalina te lo regalan todo. Como fondeadero es verdad que no tiene precio, pero como playa...

Accesos: Caminando 1.000 m hacia el W por la orilla desde la playa del Sivinar de Mongofre (la siguiente). Primero se llega al *codolar* (guijarral) de Cala Morena y, magullados los pies, se alcanza la pequeña cala de En Brut.

Servicios: ¡A años luz!

COSTA NORTE

5.500 m a pie
Orientada al NE
Ocupación baja
Entorno natural
L: 14 m
An: 20 m

De Addaia al Cap de Favàritx

s'Albufera
des Grau

es Grau

Camí de Cavalls (GR-223)

Parc Natural

Illa d'en Colom

de s'Albufera

des Grau

Bassa de
Morella

Cala Presili
71

Racó de s'Alga Morta
M34

Etapa 3

68

70
es Portitxol

69

Punta des
Timons

P

PDI 25
Faro de
Favàritx

Cap de Favàritx

Esculls des
Portitxol

l'Argentina   Me-1   Alaior

Me-9

Me-7   A es Mercadal →

Salines de Mongofre

Camí de Cavalls (GR-223)

Mongofre Nou

Cf-1

Ponça Llarga

66   65

64   63

67
M31
M30

Cala Caldés

Cala de s'Enclusa

Punta de s'Enclusa

M32

Punta de sa Font

M33

PLAYAS DE PIEDRAS
M30 Codolar d'en Caldés
M31 Macar d'en Caldés
M32 Macar d'Avall
M33 Macar d'Enmig - Sa Roba

PUNTO DE INTERÉS
PDI 25 Cap de Favàritx

PLAYAS DE ARENA
063 Sivinar de Mongofre
064 Cales del Sivinar de Mongofre
065 S'Enclusa
066 Arenalet de s'Enclusa
067 Cala en Caldés
068 Es Portitxol des Barranc Gros
069 Es Barranc Gros
070 S'Escala - Es Portitxol
071 Cala Presili - Capifort

*Ni siquiera el Camí de Cavalls pasa por el Sivinar de Mongofre,
así que pocos son los que saben de su existencia. Todos menos los que
llegan cómodamente navegando, que justifican el esfuerzo económico
de tener un barco a cambio de disfrutar de lugares como este.*

El rincón del navegante
DE ADDAIA AL CAP DE FAVÀRITX

Esta isla es como cantos de sirena para el navegante desprevenido. Y todo por culpa de los escollos y la Tramuntana, el Gregal y el Mestral, los vientos que la sacuden sin avisar. Por su disposición y por su situación, al S de la embocadura del golfo de León, sufre los continuos azotes de unos vientos que pueden llegar a superar los 120 km/h sostenidos. Es la costa norte de Menorca, que no perdona los despistes.

LUCES:
Cabo Favàritx
GpD(1+2)B
15s 47m 16M

BIBLIOGRA-FÍA: Consulta el "Atlas Náutico de Menorca" de Alfonso Buenaventura en http://buenaventura-menorca.com, o mejor llévatelo contigo. Pero estúdialo primero, antes de que sea demasiado tarde.

Foto: Mongofre.

Escollos y vientos traicioneros

Ante imágenes como esta, donde la mar se muestra plácida y complaciente, a quién no se le hace imposible el pensar que estas aguas hayan sido escenario del horror por el hundimiento de varios mercantes, buques pesqueros y embarcaciones deportivas… Permanecerá gravado para siempre en la mente de las gentes de estas tierras maltratadas por el viento aquella fatídica mañana del 10 de enero de 1942, cuando el vapor de línea francés Lamoricière se hundió frente a estas costas con 277 de sus pasajeros (entre ellos 16 niños). Como testigo mudo de esta catástrofe aparecen prendidos en redes y aparejos, muy de vez en cuando, cinturones y zapatos, restos de vestimentas y demás complementos que no hacen más que recordar que la mar siempre cobra su tributo; tan solo espera al más mínimo descuido. Por eso insisto tanto en que estés pendiente de las cartas de navegación y de los partes meteorológicos (también en pleno verano), porque cuando menos te lo esperas llega el viento de sopetón o te das contra una roca que jamás pensaste que pudiera estar ahí. Antes de salir a navegar revisa bien las cartas, sobre todo si tienes pensado acercarte a las calas o ir recortando la costa. La sonda no sirve de nada: cuando detecta esa fatídica roca ya es demasiado tarde. Y cuando vayas a pasar la noche fondeado en la costa norte que sea uno de esos días de calma total y absoluta, cuando el parte meteorológico sea del todo positivo. Cuando no se tiene suficiente experiencia solo te salva la precaución desmedida, y aún así no es suficiente. Aún conociendo estas costas como la palma de mi mano –estas y las gallegas de la Costa da Morte, las cantábricas, las atlánticas, etc.– sigo pensando en no quitarme la "L" de novato. Cuanto más la conozco más la temo.

Los mejores fondeaderos

¡Ojo! No pases entre las islas d'Addaia y tierra si no las conoces. Acércate despacio a las calas con alguien vigilando en la proa y no recortes la costa al navegar de cala en cala.

061 Illes d'Addaia

Si navegas con poca eslora y tu barco cala poco podrás acercarte, fondear y explorar las playitas que emergen al S-SW de la isla mayor y entre ambas. La mejor: S'Olleta.

Página 196

062 Cala en Brut

Una cala de la que nadie se acuerda y que tiene unos fondos de arena blanca espectaculares. La playa tal parece sacada de una novela de náufragos. Se sondan de 10 m a 3 m.

Página 197

063 - 065 Mongofre y S'Enclusa

Son los fondeaderos más populares de este tramo. Arena blanca y buen fondo. Cuidado por babor al entrar en Mongofre. En esta se está más protegido del N, pero no te fíes...

Páginas 206-207

067 Cala en Caldés

No tiene los fondos de arena blanca y fina de las otras y no es tan popular, por eso está más tranquila. Entra rumbo S y ten cuidado con las rocas que velan al E a la entrada de la cala.

Página 210

069 Es Barranc Gros

Mal tenedero y con posibilidad de enrocar, pero a cambio estarás en una cala salvaje y espectacular bien protegida del levante. Ojo al entrar con las losas que hay por estribor.

Página 212

Playas de piedras del
CAP GROS al
CAP DE FAVÀRITX

39°59'46.36"N 4°13'49.25"E

M30 Codolar d'en Caldés

Apenas hay 300 m de camino desde cala Caldés –subiendo ladera arriba y bajando por el barranco después– para llegar hasta esta calita de piedras y restos de madera arrastrados por el mar. Es lo más salvaje de la zona.

39°59'48.86"N 4°13'49.64"E

M31 Macar d'en Caldés

En la orilla oriental de Cala en Caldés, superadas unas peñas, verás estas otras dos calitas de piedras. Estando tan cerca la playa (con sedimento y proporciones más apetecibles) no merece la pena el esfuerzo de venir aquí.

39°59'53.33"N 4°14'2.46"E

M32 Macar d'Avall

Lástima que solo se pueda acceder desde el mar, porque esta playa de piedras defendida por infinidad de escollos (y por los cañones que hubo en la batería) toma unas proporciones (200 m de largo) nada desdeñables.

39°59'57.86"N 4°14'24.94"E

M33 Macar d'Enmig - Sa Roba

Otra vez vuelven a ser los cantiles quienes defiendan el desembarco en estas playas. Los cantiles y las rocas que emergen frente a la orilla. Desde tierra es imposible llegar, y desde el mar casi lo mismo. Pero son preciosas.

PDI 25 Cap de Favàritx

SIVINAR DE MONGOFRE ⚓ ✳

063

Admito que llegar caminando hasta aquí tiene mucho mérito... pero no puedo negar que merece la pena el esfuerzo. Este arenal virgen es uno de los más apetecibles de cuantos hay a este lado de Favàritx. Esas dunas, esa soledad, la pureza de sus aguas...

Cuando llegues y la veas... me darás la razón.

COSTA NORTE

Todo compensa el esfuerzo. Por eso, si estás buscando el lugar más retirado del mundo por el que merezca la pena luchar, puede que esta sea tu mejor elección. Pero ya te aviso que no serás tú el único que lo disfrute: por mar no es tan duro, más bien todo lo contrario: es una excursión agradable que gozan todos los barcos que amarran en Addaia, pues aquí uno se puede pasar horas enteras ingrávido sobre las turquesas y el polvo dorado que configuran este precioso fondeadero. Además, la entrada de la cala tiene la ventaja de estar orientada hacia el este y muy bien protegida de la tramontana gracias a los cantiles, formados por dunas fósiles sobre los que sigue trepando la arena conformando unas formidables *climbing dunes* (dunas remontantes). La única construcción es la encalada caseta des senyor de Mongofre, que, todo hay que decirlo, no riñe con el paisaje.

Descripción: La vegetación es desbordante, con un bosquete de pinos y savinas (de donde le viene el nombre de sivinar) perfectamente conservado en la parte trasera de la playa, junto con todo el repertorio botánico propio del ecosistema dunar, como el barrón (ammophila arenaria) que se ve en la foto en primer término. Dos torrentes vierten sus aguas aquí cuando hay crecidas. La playa es de sedimento muy fino, con forma de tómbolo por las rocas que emergen junto a la orilla, y de fondos de arena infinitos.

Accesos: Sigue el Camí de Cavalls desde Addaia hacia Favàritx hasta llegar a las salinas y cruzar hacia el predio de Mongofre Nou. Desde Mongofre a la playa tan solo hay 800 m, pero el camino es privado. La otra opción es siguiendo el Camí de Cavalls (4,5 km) desde la carretera de Favàritx... En la página siguiente te lo detallo.

Servicios: ¡No te olvides del agua!

🚶 4.500 m a pie

🧭 Orientada al E

🚶 Ocupación baja

🌲🌲 Entorno natural

↕ L: 100 m
An: 10 m

Posición: 40°0'0.91"N 4°12'59.65"E | Población próxima: Addaia 22,1 km | Puerto próximo: Port d'Addaia 1,9 M

AYUNTAMIENTO DE MAÓ

CALES DEL SIVINAR DE MONGOFRE

DESDE TIERRA PASAN DESAPERCIBIDAS, PUES NO HAY FORMA DE VERLAS SINO ES ASOMÁNDOSE AL VACÍO, PERO CUANDO VENGAS NAVEGANDO LAS VERÁS POR BABOR. SON TRES DELICIOSAS PLAYITAS DE ARENA APOSTADAS A LOS PIES DEL ACANTILADO: LA CARA "B" DEL SIVINAR DE MONGOFRE.

064

Con ese acceso por tierra tan difícil y duro mejor venir en barca.

Si vienes cualquier día de verano en que no sople la tramontana y te encuentras la playa de Mongofre repleta de barcos fondeados y lanchitas varadas en la orilla (la tónica habitual), puede ser que te guste la idea de estos otros rincones, mucho más tranquilos y menos frecuentados. Tienes la opción de fondear sobre arena muy cerca de la orilla, aunque debes tener cuidado con los escollos que velan frente a la punta rocosa de Ses Llongues, la que separa estas playas de las de S'Enclusa. Fíjate bien en la fotografía aérea de la página siguiente... y los verás perfectamente. Y ahora déjame darte un consejo: aunque esta cala esté bien protegida de la tramontana evita navegar por estas costas si la previsión meteorológica no es favorable. El puerto más cercano es el de Addaia, pero la entrada, si no se conoce bien, es muy peligrosa. ¡La costa norte es muy traicionera!

Descripción: Estas tres playitas de arena apenas alcanzan los 40 m de longitud en total, estando separadas entre sí por pequeños escollos. Se encuentran al pie mismo del acantilado y según el año pueden tener más o menos superficie emergida. Los fondos más cercanos tienen piedras.

Accesos: Se puede llegar hasta Mongofre desde el predio que lleva su nombre, aunque el camino es privado y estamos supeditados a que nos den permiso. La otra opción es seguir el Camí de Cavalls que comienza en la carretera del Cap de Favàritx (se ven bien los carteles rojos del Camí 2,7 km antes de llegar al faro). Síguelo y pasarás por cala en Caldés (1,3 km). Toma el sendero desdibujado que sube al lado de la casa blanca y llegarás hasta cala S'Enclusa (3 km), y de allí, por las dunas y el pinar, hasta Mongofre (3,7 km en total).

Servicios: Ninguno.

COSTA NORTE

3.700 m a pie difícil

Orientada al E

Ocupación baja

Entorno natural

L: 10 m
An: 5 m

S'ENCLUSA ⚓ 🏊

065

Admito que siempre que camino hacia las playas de Mongofre llega un momento en que me falta el aliento, y entonces es cuando me asalta la misma duda: ¿y si nos quedamos aquí? La de S'Enclusa es una magnífica playa que no tiene nada que envidiar.

Caminando se hace duro, pero navegando... ¡es un placer de dioses!

Nada que no tenga la de Mongofre. Y además se encuentra a medio camino. Así que siempre acabo por rendirme: tiro la toalla y nos dejamos caer al suelo –mi mochila y yo– para darle un respiro al fuelle antes de lanzarnos al agua como posesos. Pero, caray, con tanto barco a mi alrededor –la de S'Enclusa puede que sea una de las playas y fondeadero más solicitados de este tramo de la costa norte– acabo saliendo del agua escocido y siguiendo la ruta hacia Mongofre, tal cual la tenía previamente establecida. Al llegar nada cambia: sigue habiendo muchos barcos (a veces demasiados); pero la cala –con su pinar, la caseta de veraneo, etc.– se me antoja que tiene un aspecto más amable, más acogedor, por lo que la prefiero. La de S'Enclusa es cierto que tiene unas dunas bien conservadas y muchos endemismos vegetales, pero tanta roca pelada y fosca me inquieta.

Descripción: El arenal de S'Enclusa se caracteriza por su extensión (150 m), la calidad de su arena (relativamente fina y de tonos tostados) y, sobre todo, por su cordón dunar, que se encuentra en excelente estado de conservación, con una colonia de barrón y otras especies vegetales propias de estos singulares ecosistemas muy bien desarrolladas. También es buen fondeadero (sobre arena y 5 a 7 m de agua), aunque está más desprotegido que Mongofre. A diferencia de la playa de Mongofre, en esta otra no hay absolutamente nada construido. Todo virgen.

Accesos: La mejor de las opciones es seguir el Camí de Cavalls desde muy cerca del faro de Favàritx. Tienes la descripción de cómo llegar en la página anterior. Ya te advierto que con calor y a medio día los 3 km de ruta (solo ida) se vuelven eternos. Ve bien avituallado, especialmente de agua.

Servicios: Ninguno.

🚶 3.000 m a pie

🧭 Orientada al E

🚶 Ocupación baja

🌲 Entorno natural

📏 L: 150 m
An: 20 m

❉ ARENALET DE S'ENCLUSA

066

APENAS HAY OCHENTA METROS ENTRE LA UNA Y LA OTRA, PERO LAS PE-
ÑAS QUE LAS SEPARAN EQUIVALEN A UNA FRONTERA INSALVABLE, EL LÍMI-
TE ENTRE EL ABANDONO ABSOLUTO Y LA VERDADERA ESENCIA DEL NOR-
TE DE MENORCA. TRONCOS ARRASTRADOS, PLÁSTICOS REGURGITADOS...

Una bonita cala de arena para los robinsones.

Todo empujado tierra adentro con violencia inusitada, alejados de la orilla por la fuerza descomunal del oleaje de tramontana, que muchas veces llega casi de improviso, como si de un tsunami se trata. Ante tal imagen, bien tendríamos que percatarnos de la fuerza y destrucción que puede provocar esta fuerza de la naturaleza. Tenlo en cuenta antes de zarpar sin haber consultado el parte meteorológico, que la costa norte de Menorca no perdona. Y hablando de abandono y de S'Enclusa, sabed que hay otra S'Enclusa tanto o más famosa. Se trata de una antigua base americana abandonada que se pretende reacondicionar como centro de interpretación. El proyecto está presupuestado en siete millones de euros, pero ahora el dinero no aparece... Merece la pena subir y ver lo que resta. Está en la primera salida a la derecha desde la carretera de Ferreries a Ciutadella.

Descripción: Aunque hay un torrente que desemboca en la playa, la capacidad de arrastre de las olas es muy superior y empuja toda esa cantidad de restos vegetales varios metros tierra adentro. Aunque la playa está totalmente expuesta a la tramontana aún logra conservar algo de sedimento arenoso (fino y de color ocre) sobre el que extender la toalla, aunque prevalecen los cantos y las rocas. Sus dimensiones son de unos 40 m de longitud por 15 m de anchura media. Toda la zona está descarnada, siendo los arbustos espinosos como el *socarrell* los que predominan.

Accesos: Sigue los descritos en la página anterior y poco antes de llegar a S'Enclusa (cuando llegues a un punto en el que el camino se desdobla y ensancha junto a un pozo de agua en desuso) prosigue hacia abajo, por la torrentera que llega hasta la playa.

Servicios: ¡Imprescindible llevar agua!

COSTA NORTE

2.400 m a pie
Orientada al N
Ocupación baja
Entorno natural
L: 40 m
An: 15 m

Posición: 39°59'46.62"N 4°13'17.78"E   Población próxima: Maó 20 km   Puerto próximo: Port d'Addaia 2,1 M

CALA EN CALDÉS ⚓ 🏊

067

DEL TRAMO DE COSTA VIRGEN Y DESPOBLADA QUE SE EXTIENDE ENTRE EL PORT D'ADDAIA Y EL CAP DE FAVÀRITX ESTA ES LA CALA DE MÁS FÁCIL ACCESO, AUNQUE NO POR ELLO SEA LA MÁS CONOCIDA. SE LLEGA SIGUIENDO EL CAMÍ DE CAVALLS DESPUÉS DE 1,3 KM DE RECORRIDO LIVIANO...

Una playa auténtica para los aventureros menos entrenados.

Pero solo resulta cómodo para quienes estén acostumbrados a caminar y, sobre todo, aguantar las temperaturas propias del verano, porque los blandos de piel que vengan con la única intención de pasarse el día tumbados bajo la sombrilla estoy seguro que no les merecerá la pena. Hay arenales igual de vírgenes al otro lado de Favàritx que son más del gusto del gran público, con arena mucho más fina y aguas más turquesas por las que merece la pena sudar... pero solo sino te importa tener que compartirlas con decenas de turistas. La playa de En Caldés es una de esas rarezas naturales propias del norte de Menorca, donde el paisaje sigue siendo fosco, cortante, agresivo, tétrico y desolado como la superficie lunar. Poco amables son estas rocas cenizas sobre las que apenas crece nada... y todo por culpa del soplido impenitente de la tramontana, que lame las rocas con lengua helada.

Descripción: El bosquecillo de tamarindos que la tramontana mantiene a ras de tierra junto al torrente es lo más característico de esta playa, de guijarros más que de arena. Todo el entorno es rico en flora endémica. La humedad del subsuelo se aprovechó desde antaño, y muestra de ello es el antiguo pozo que verás muy cerca de una casita de veraneo construida en una parcela mínima entre muretes de piedra. Estos muros, el pozo y la casita llevan ahí desde antes de 1956, como así lo atestiguan las fotos aéreas del famoso vuelo americano.

Accesos: Por el Camí de Cavalls que comienza en la carretera de Favàritx (se ven bien los carteles rojos del Camí a mano izquierda, 2,7 km antes de llegar al faro). Puedes aparcar en la cuneta un poco más adelante, en la entrada de la antigua base militar de la que te hablo en la página siguiente.

Servicios: ¡Agua de pozo no potable!

COSTA NORTE

🏃 1.300 m a pie

🧭 Orientada al N

🚶 Ocupación baja

🌳 Entorno natural

↕ L: 100 m
An: 12 m

ES PORTITXOL DES BARRANC GROS

YA QUE EL ACCESO POR TIERRA HASTA ESTAS PLAYAS DE GUIJARROS ES MUY COMPLICADO PREFERÍ MOSTRARTE ESTA IMAGEN AÉREA DONDE, ADEMÁS DE VER EL ENTORNO QUE LAS RODEA, PODRÁS OBSERVAR EL EMPLAZAMIENTO DE LA BATERÍA DE FAVÀRITX, LA DE LOS CAÑONES DE NAVARONE.

068

Llegar a pie es muy dificultoso y duro. Mejor venir navegando.

Así, cuando vengas hasta el famoso cabo tendrás algo más que visitar y conocerás un poquito más de su historia, ya que ninguna de estas dos playas es para tirar cohetes... Cerca de la Punta des Timons, unos 2,6 km antes de llegar al faro, verás la entrada medio comida por la vegetación hacia la batería de Favàritx, donde estuvieron operativos 6 cañones, 2 de los cuales fueron los terribles Vickers de 381 mm, los mayores cañones de la historia bélica de España, capaces de alcanzar los 42 km de distancia. Usaban proyectiles de acero perforante que pesaban 885 kg, armados con una carga de 18 kg de TNT. A pesar de tener un tamaño impresionante, estaban ocultos bajo tierra en grandes salas, operados por 15 a 20 personas. En 1926 se instalaron dos en Favàritx de un total de 18 repartidos por España durante la dictadura de Primo de Rivera. En 1942 fueron trasladados a Gibraltar.

Descripción: Al E de la Punta des Timons se han ido formando dos playas de grava y guijarros. La situada más hacia arriba en la imagen es la única accesible por tierra. Se encuentra al final de un barranco sobre el que pasa la carretera del faro. La otra, aunque es la más larga, también es la más estrecha y la de sedimento más tosco. Cualquiera de ellas es fantástica para el buceo, aunque el esfuerzo de llegar caminando puede que no lo compense.
Accesos: Ve hacia el Cap de Favàritx desde la carretera de Maó a Fornells (Me-7). Llegará un momento en que la carretera se estrecha y cruza sobre un paso canadiense (el ramal de la izquierda es el que va a la batería). A 300 m del paso canadiense para y busca la forma de llegar caminando hasta la playa. Aunque ya te aviso que no hay sendero y los 700 m a pie son duros.
Servicios: Ninguno. ¡Llévate agua!

COSTA NORTE

700 m a pie muy duros

Orientada al E

Ocupación baja

Entorno natural

(2) L: 40 m An: 8 m

(1) L: 55 m An: 4 m

ES BARRANC GROS ⚓ ☸

069

TODO VIAJERO QUE VISITE MENORCA NO DEBERÍA MARCHARSE SIN HABER SENTIDO LA MAGIA QUE ENVUELVE AL MÍTICO CAP DE FAVÀRITX. MERECE LA PENA VENIR TANTO SI ES CON BUEN TIEMPO COMO EN PLENO TEMPORAL DE TRAMONTANA, PORQUE FAVÀRITX NUNCA DECEPCIONA.

Es de fácil acceso y un poco incómoda. Pero eso sí: no se te pegará la arena.

Tras la visita histórica bueno es darse un baño en esos radiantes días de verano en que la tramontana respeta al venerable. La playa del Barranc Gros y la siguiente, la de S'Escala, son las menos visitadas por el gran público, ya que son de grava y están orientadas al norte, aunque regalan tardes de snorkeling inolvidables. Mejor ven un día con fuerte tramontana... verás como te sientes el ente más pequeño del mundo. Los temporales marítimos en la costa norte de Menorca se cobraron demasiadas vidas y hundieron demasiados barcos, algunos de gran porte, que escribieron las páginas más amargas de la historia naval reciente. Alfonso Buenaventura relata en su libro *Naufragios y siniestros* la historia del Lamoricière, que fue uno de los más sonados. Se hundió a 4 M al NE del Cap de Favàritx en 1942. Fallecieron 301 personas. 16 eran niños. Descansen en paz.

Descripción: Es Barranc Gros es el nombre que recibe la pequeña bahía que se forma al E de la Punta des Timons, sobre la que estuvieron ubicados los famosos cañones de la Batería de Favàritx. Esta rada de fondos y orillas rocosas está expuesta de pleno a la tramontana; cuenta con tres playas de grava, dos son las de la página anterior y la otra es esta, la más accesible de las tres. Esta alcanza los 50 m de longitud y casi 20 m de anchura y está formada por gravas y piedras de color gris.

Accesos: Ve hacia el Cap de Favàritx tomando la desviación desde la carretera de Maó a Fornells (Me-7). Llegará un momento en que la carretera se estrecha y cruza sobre un paso canadiense (cartel de Son Camamil·la). Sigue hasta que aparques en la explanada que se ve a la izquierda de la foto. Como ves, ya tienes la playa a tus pies.

Servicios: Ninguno.

COSTA NORTE

🚗 Acceso rodado
🧭 Orientada al N
🚶 Ocupación baja
🌲 Entorno natural
📏 L: 50 m
An: 20 m

✖ S'ESCALA - ES PORTITXOL

Esta es la playa de más fácil acceso del Cap de Favàritx, aunque no por ello la más visitada. Aunque tenga bastante arena dominan las piedras, así que la mayoría de los bañistas prefieren caminar hasta Presili, una playa de sedimento mucho más fino.

070

Con buen acceso y muy atractiva para el buceo.

Pero si lo de caminar al sol no es lo tuyo –y menos aún cargado con los cachivaches propios del típico bañista– esta podría ser una buena opción siempre y cuando no sople la brisa fresca del norte que llaman *tramuntana*, la que acorta los veranos y acrecienta la sensación de frío cada vez que te lame el cuerpo con lengua helada. De ser así, busca un lugar más protegido como Presili o el arenal de Morella. Ese viento frío que viene del Golfo de León corre sobre el mar sin tropiezo alguno superando los 140 km/h. Levanta olas montañosas frente a una costa repleta de escollos que rasga el casco de los barcos como si fuera de papel. Por eso nació el faro. Aunque nació tarde (en 1922, el más joven de los 7 existentes en la isla) sigue abocinando su presencia para evitar trágicos desenlaces. Solo dejó de alumbrar durante la Guerra Civil. Para hacer aún más negra la noche.

Descripción: En esa cala con aspecto de piscina natural, casi cerrada por los escollos, se ha ido formando una pequeña playa rocosa que aún regala porciones de arena sobre las que tumbarse con suficiente comodidad. Lo mejor son sus fondos rocosos y de muy poca profundidad (apenas alcanzan los 2 m), pues resultan excelentes para el buceo de superficie. La playa en sí se encuentra en la parte inferior izquierda de la imagen, junto a la carretera. Tiene unos 60 m de longitud y hasta 30 m de anchura. Las pizarras grises que la rodean le trasmiten un aspecto frío, fosco y muy poco amable. Acogedora no es.
Accesos: Sigue los descritos en la página anterior y aparca en la explanada que se ve en la parte superior izquierda de la imagen, o mejor aún un poco más abajo, justo junto a la playa. La zona suele estar abarrotada de coches.
Servicios: Ninguno.

COSTA NORTE

Acceso rodado
Orientada al N
Ocupación baja
Entorno natural
L: 60 m
An: 30 m

Del Cap de Favàritx a Sa Torreta

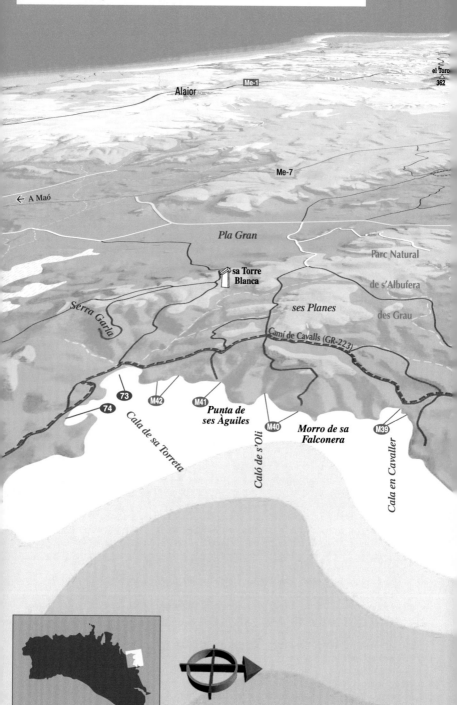

es Mercadal

Sálines de Mongofre

Addaia

Illa Gran d'Addaia

Cf-1

Ponça Llarga

Bassa de Morella

Cala Presili

71

Etapa 3

es Portitxol

72

M35

M34

M36

Arenal de Morella

Racó de s'Alga Morta

M38

M37

Cap de ses Piques

Cala Morella Nou

P

PDI 25

Faro de Favàritx

Cap de Monsenyor Vives

Cap de Favàritx

PLAYAS DE PIEDRAS
M34 Racó de s'Alga Morta
M35 Playa de Punta Presili
M36 Playas d'en Tortuga
M37 Macar Cap de ses Piques
M38 Cala Morella Nou
M39 Cala en Cavaller
M40 Caló de s'Oli
M41 S'Algaret
M42 Caló de Morellet

PLAYAS DE ARENA
071 Cala Presili - Capifort
072 Cala Morella - Cala en Tortuga
073 Sa Torreta- Cala Rambla
074 Ses Mamaes Primes

PUNTO DE INTERÉS
PDI 25 Cap de Favàritx

De Sa Torreta a Es Grau

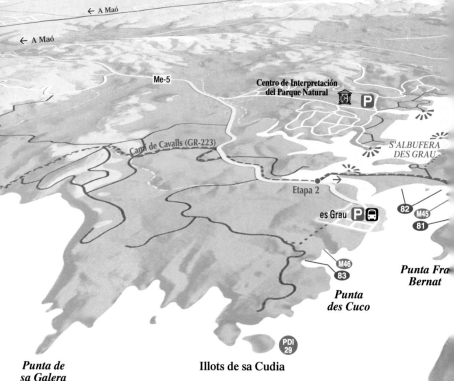

← A Maó

← A Maó

Me-5

Camí de Cavalls (GR-223)

Centro de Interpretación
del Parque Natural

S'ALBUFERA
DES GRAU

Etapa 2

es Grau

82

M45

81

M46

83

Punta Fra
Bernat

Punta
des Cuco

PDI
29

Punta de
sa Galera

Illots de sa Cudia

Punta
Negra

PLAYAS DE ARENA
074 Ses Mamaes Primes
075 Tamarells des Nord
076 Tamarrells des Sud I
077 Tamarrells des Sud II
078 Arenal d'en Moro
079 Cala Tamarells
080 Cales de la Solitària
081 Cala en Vidrier
082 Es Grau y Bol Llarg
083 Cala Avellana

PLAYAS DE PIEDRAS
M43 Tamarells del Nord
M44 Tamarells del Sud y Font de s'Oli
M45 Cala Espardenyot
M46 Cala Avellanó

PUNTOS DE INTERÉS
PDI 26 Torre de la Rambla
PDI 27 Illa d'en Colom
PDI 28 S'Albufera des Grau
PDI 29 Illots de sa Cudia

*Ese afilado entrante que penetra hacia el gran azul es el Cap de
Favàritx, que extiende su brazo protector sobre esas playas de ensueño,
comparables con las de paraísos lejanos. Es famoso por el paisaje que lo
envuelve, y tanto más bello cuanto más dura sea la tramontana.*

El rincón del navegante
DEL CAP DE FAVÀRITX A ES GRAU

EL LITORAL QUE RODEA EL CAP DE FAVÀRITX, TANTO POR EL NORTE COMO POR EL SUR, ESTÁ REPLETO DE BAJOS QUE HACEN LA NAVEGACIÓN MUY COMPLICADA SI SE PRETENDE NAVEGAR RECORTANDO LA COSTA. YENDO HACIA ES GRAU HAY VARIAS PLAYAS CON FONDOS DE ARENA Y AGUAS TURQUESAS MUY APETECIBLES, PERO ALGUNAS ESTÁN CUSTODIADAS POR ROCAS AHOGADAS MUY PELIGROSAS. NO OBSTANTE, HAY FONDEADEROS MUY SEGUROS, COMO LOS DE LA ILLA D'EN COLOM.

LUCES:
Cabo Favàritx
GpD(1+2)B
15s 47m 16M

BIBLIOGRAFÍA: Consulta el "Atlas Náutico de Menorca" de Alfonso Buenaventura en http://buenaventura-menorca.com, o mejor llévatelo contigo. Pero estúdialo primero, antes de que sea demasiado tarde.

CUIDADO: Estate siempre atento al parte meteorológico, incluso en verano. Con la mar en calma es cuando son más peligrosas las rocas ahogadas, ya que no rompe la mar y no se forman las olas de espuma blanca que las delatan. Se prudente y así disfrutarás más de Menorca. Pero no te olvides de sonreír... ¡que estás de vacaciones!

Dónde amarrar

Es Grau (39°57'31.46"N 4°16'20.31"E): Frente a Es Grau hay un campo de boyas muy solicitado, gestionado por la Associació d'Usuaris de Fondejos i Amarraments d'es Grau, que mantiene unas 10 boyas para embarcaciones en tránsito. Hay un barquero que ayuda a desembarcar a las tripulaciones. Es un fondeadero más cómodo para bajar al pueblo que el de la Illa d'en Colom, por la cercanía. No les gusta que se fondee en la zona de boyas. Suelen atender al teléfono: 696 890 854.

Boyas Proyecto Balears Life Posidonia en la Illa d'en Colom (39°57'31.46"N 4°16'20.31"E): Hay unas 30 boyas para esloras de hasta 16 m al W de la Illa d'en Colom. Están operativas entre el 1 de junio y el 30 de septiembre. Fueron gratuitas, pero en el 2015 cobraban 13,34 € al día para esloras de hasta 8 m, 29,10 € hasta 12 m y 48,50 € hasta 16 m. Cada boya lleva anotado el número, la eslora máxima permitida y el viento máximo de seguridad. Puedes reservar tu boya en la web www.balearslifeposidonia.eu. Infórmate en el tel.: 971 439 779 o in situ por el canal 77 V.H.F..

Rampas de botadura

Es Grau (39°57'2.93"N 004°16'11.21"E): En esta pequeña colonia veraniega hay varias rampas de botadura, y todas ellas son gratuitas y de uso público. Entre todas la que más me gusta es la que hay al final del Carrer Illa, porque es la más ancha, tiene unas plataformas desde las que meter la barca sin mojarse los pies y tiene mucho espacio para maniobrar. E incluso para aparcar cerca el coche y el remolque.

Excursiones en barca

Barca Illa d'en Colom: Organiza paseos en barca hasta la Illa d'en Colom y la zona marítima del Parc Natural de s'Albufera des Grau. Salen desde los muelles de Es Grau. Tel.: 609 592 150.

Las piedras más peligrosas

Aunque se llame **Es Pas** no pases entre la Illa d'en Colom y tierra si no es con una barca pequeña. Ojo con el **Llosar de Rambla**, que son unas rocas ahogadas a 700 m al 040º del centro de la playa de Sa Torreta (Cala Rambla). Y deja 400 m de respeto para evitar el **Baix des Ferros** frente al Cap de Monsenyor Vives.

Los mejores fondeaderos

¡Ojo! Atento también a las piedras ahogadas del Arenal de Morella y la de Cala Presili. Navega con rumbos abiertos, sin recortar la costa, y más aún con el mar en calma.

071 Cala Presili

Fondos de arena blanca, aguas turquesas y además protegida de la tramontana, pero con unos bajos al norte muy peligrosos y estando muy expuestos al viento de levante.

Página 226

072 Arenal de Morella

Las losas de cala Morella aún están más en medio, así que acércate por uno u otro lado. El fondo es de arena, con 2 a 3 m de agua. Muy expuesta al E y bien protegida del N.

Página 227

073 Cala Rambla

Entra siguiendo el rumbo 235° y evita los bajos que hay por el N de la cala, sobre todo al salir en dirección a Favàritx. Los fondos son de arena y alga con sondas de 5 a 2 m.

Página 228

078 y 079 Illa d'en Colom

Escoge: o amarrarte a las boyas de Life Posidonia o fondear por libre tanto en el Arenal des Moro como en Tamarells. Protegidos del N-E pero no para aguantar un temporal.

Páginas 233-234

082 Es Grau

Alejado de las boyas no tendrás problema para fondear, sobre arena y 5 m de agua. Ten cuidado al entrar en Es Grau con los bajos que hay a 200 m al N de cala Avellana.

Página 237

Playas de piedras del
CAP DE FAVÀRITX a
SA TORRETA

39°59'42.17"N 4°15'25.21"E

M34 Racó de s'Alga Morta

El nombre ya lo dice todo: un rincón de algas muertas. Ese "alga" que llaman los isleños es la posidonia oceánica, que en esta cala de piedras se acumula en montones considerables. Resulta imposible acceder desde el mar.

39°59'26.92"N 4°15'17.81"E

M35 Playa de Punta Presili

En la orilla sur de Punta Presili se encuentra una calita de gravas y piedras lo suficientemente cómoda y hermosa para pasar la tarde al sol disfrutando del mar casi en completa soledad. Accede caminando desde cala Presili.

39°59'13.26"N 4°15'27.20"E

M36 Playas d'en Tortuga

Son dos playas, una junto a la otra, y ambas de grava y piedras sobre las cuales se amontona la posidonia. No son las más bonitas pero sí que son las más tranquilas. Las verás desde el Camí de Cavalls, que pasa al lado.

39°59'5.75"N 4°15'33.95"E

M37 Macar Cap de ses Piques

La verás escondida tras el pinar, lejos de las miradas, y a tan solo unos metros de la cala de Morella Nou. Si aún persigues más tranquilidad este es tu sitio. Aunque tendrás que renunciar a las comodidades...

M38 Cala Morella Nou

Esta cala con forma de corazón y dos playas en cada ventrículo merece la pena. La de arriba se caracteriza por tener una casita con un pequeño muelle y la de abajo por ser aún más rocosa. Por la primera pasa el Camí de Cavalls.

39°58'48.07"N 4°15'47.76"E

M39 Cala en Cavaller

Aquí también hay otra interesante playa de piedras con otra casita encalada parecida a la anterior. Son rincones perfectos para disfrutar del sol de la forma más humilde y apacible. Tesoros de auténtica calma que merecen la pena.

39°58'45.19"N 4°15'34.61"E

M40 Caló de s'Oli

Esta pequeña playita de piedras se encuentra lo suficientemente alejada de la ruta que siguen los senderistas para que nadie la frecuente. Es una playa poco cómoda, recubierta de alga y de acceso complicado.

39°58'19.22"N 4°15'26.34"E

M41 S'Algaret

Esta cala de difícil acceso desde tierra debe su nombre a las acumulaciones de posidonia oceánica que presenta en casi toda su superficie. Es una playa salvaje poco cómoda y con escaso interés para el gran público.

39°58'9.83"N 4°15'21.24"E

M42 Caló de Morellet

A pesar de estar apartada del Camí de Cavalls tiene un acceso relativamente cómodo siguiendo una pista agrícola que parte del famoso camino senderista y que llega hasta la playa. Hay mejores opciones más cerca.

39°58'1.19"N 4°15'18.50"E

Playas de piedras de
SA TORRETA a ES GRAU

M43 Tamarells del Nord

Esta es una de las playas más curiosas de la zona, ya que el sedimento cambia mucho y a veces prevalecen las piedras y otras la arena tosca. Merece la pena verla por su atractivo geológico y porque la tienes de paso hacia la torre.

39°57'43.89"N 4°15'49.49"E

M44 Tamarells del Sud y
Font de s'Oli

Son dos playas de grava y guijarros muy próximas entre sí y muy poco apetecibles. El transitado Camí de Cavalls pasa justo a su lado.

39°57'28.17"N 4°15'54.20"E

M45 Cala Espardenyot

Es la playa de piedras de Es Grau. Se encuentra al pie del Camí de Cavalls, yendo hacia Sa Torreta. Teniendo la preciosa playita de arena de En Vidrier y el hermoso arenal de Es Grau tan cerca de esta no se acuerda nadie.

39°57'11.35"N 4°15'55.61"E

M46 Cala Avellanó

Es la primera cala que se ve yendo de camino hacia cala Avellana. Apenas tiene sedimento y el que hay es muy incómodo. Es más agradecida la siguiente, con su plataforma que hace las veces de solárium.

39°56'58.82"N 4°16'22.23"E

Puntos de interés en la costa de SA TORRETA a ES GRAU

PDI 26 Torre de la Rambla

A pesar de estar en mal estado de conservación es una de las torres de vigilancia que más apetece explorar. Tiene dos plantas (se puede trepar hasta la segunda) y sus paredes están erosionadas por el viento y la desidia.

39°57'46.07"N 4°15'54.93"E

PDI 27 Illa d'en Colom

Si puedes hazte con un kayak (los alquilan en Es Grau) y acércate hasta las playas que atesora esta isla tan histórica. Fue lazareto, refugio de los piratas, tierra sagrada, campo de labranza y pastoreo... Lo fue todo.

39°57'35.95"N 4°16'38.38"E

PDI 28 S'Albufera des Grau

Es el humedal más extenso de Menorca, un Parque Natural que merece como ningún otro tal apelativo. Ya verás lo agradables que son los paseos a última hora del día; y esos miradores desde los que espiar la vida de las aves.

39°56'59.64"N 4°15'40.17"E

PDI 29 Illots de sa Cudia

Toda excursión en kayak que comience en Es Grau ha de pasar por la Illa d'en Colom (primero) y acabar navegando entre estos islotes (después), que dejan un canalillo con tierra firme delicioso para los exploradores.

39°57'2.87"N 4°16'47.69"E

CALA PRESILI - CAPIFORT ⚓ ✂

071

Si alguien tuviese la amabilidad de preguntarme sobre cuál es la playa con las mejores vistas del norte de Menorca le diría, sin pensarlo, que esta. Y sobre si merece la pena caminar esos 800 m hasta aquí... ¡pues claro! Es una de las joyas de la corona.

Uno de los clásicos, una perla de obligada visita.

Una de esas perlas de visita obligada, seas nudista o no, porque aquí hay espacio para todos, y todos disfrutamos del espacio, como el que nos separa de cualquier aditamento humano, de cualquier desatino urbanístico. De no ser por esa torreta vestida de presidiario que llaman far de Favàritx tal parecería que estuviéramos en una isla desierta, virginal y amable. Con esas aguas vestidas de turquesa y oro que reflejan los rayos de sol infinitos, y la arena que tanto se goza al caminar descalzo. Estás en una de las porciones litorales más hermosas de Menorca (y yo diría que del mundo), de litología atormentada y vegetación extrañísima: algunas son flores digestivas (como la *camamil·la*, la manzanilla isleña) y otras rarísimos endemismos adaptados al medio, tan bello como duro. Aquí la tramontana maneja con tesón un cincel que lo mismo talla piedras que peina hojas.

Descripción: Esta playa de arena fina se encuentra al amparo de la tramontana gracias a su orientación y al Cap de Favàritx, lo cual ha permitido que alcance los 150 m de longitud por 6 a 8 m de anchura media. Al otro lado de la punta Presili (en la parte derecha) se encuentra otra pequeña playa de guijarros de unos 50 m de longitud, mucho más tranquila, perfecta para disfrutar del buceo de superficie y el sol en estado puro. Es el rincón nudista por excelencia, el más desconocido.

Accesos: Ve hacia Favàritx desde la carretera de Maó a Fornells (Me-7). Cuando la carretera se estreche y cruces el paso canadiense sigue adelante, hasta aparcar antes del faro, hacia la derecha, junto al cartel del Camí de Cavalls, donde comienza el camino a la playa. Hay 600 m hasta tomar el primer ramal ancho que baja a la playa por un camino sinuoso.

Servicios: ¡No te olvides del agua!

COSTA NORTE

🚶 600 m a pie

⊚ Orientada al E

👪 Ocupación alta

🌲 Entorno natural

↕ L: 150 m
An: 6-8 m

⚓ ✄ CALA MORELLA - CALA EN TORTUGA

¡FELICIDADES! HAS DADO CON OTRA DE ESAS PLAYAS INOLVIDABLES. MO-
RELLA TIENE TODO LO QUE BUSCAS: ARENA BLANCA Y FINA COMO LAS DEL
SUR, NADA CONSTRUIDO Y UN PAISAJE QUE ENAMORA POR ESA CARITA TAN
PURA Y BELLA. SI TE GUSTA Y LA QUIERES, TENDRÁS QUE CORTEJARLA.

072

¡Sí que merece la pena el esfuerzo...!

Empieza por caminar 1.600 m –que vea que harías lo que fuese por ella–, pues no hay otra forma de conquistarla viniendo por tierra. El Camí de Cavalls la cruza de lado a lado y prosigue hacia Es Grau dejando atrás el Cap de Favàritx, esa afilada punta rocosa que penetra hacia el gran azul. Discurre por estas tierras serpenteando por uno de los territorios más salvajes, cuya geología vuelve a ser excepcional. En este caso se trata de las pizarras del carbonífero que los menorquines llaman *llosella*. Pero tiene otros elementos geomorfológicos aún más interesantes, como las dunas remontantes orientadas a los dos vientos dominantes, los del N y los del E. La primera crece hacia la izquierda cuando sopla el *llevant* y la otra hacia la derecha, con la *tramuntana*. Y la laguna... ¿te has fijado? Es el hogar de las aves y las tortugas, de las que recibe el nombre esta playa.

Descripción: Parece mentira que a pesar de estar en una de las zonas de la isla donde menos llueve pueda existir esta laguna prelitoral, con 2,5 ha de superficie anegada. Es la Bassa de Morella, y existe gracias a la impermeabilidad del terreno y las aguas de escorrentía. Pero lo que más vas a disfrutar es esa playa de arena fina y poca pendiente, perfecta para el baño, a la que solo afecta el oleaje del E.

Accesos: Dirígete a Favàritx desde la carretera de Maó a Fornells (Me-7). Cuando la carretera se estreche y cruces sobre el paso canadiense sigue adelante, hasta aparcar antes del faro, hacia la derecha, junto al cartel del Camí de Cavalls, donde comienza el camino a la playa. A unos 600 m te encontrarás con una desviación hacia la izquierda que va hasta la playa anterior. Déjala y sigue adelante 1 km más, siguiendo el Camí de Cavalls.

Servicios: No te olvides del agua, etc.

COSTA NORTE

1.600 m a pie 🚶
Orientada al E 🧭
Ocupación media 👥
Entorno natural 🌲
L: 150 m
An: 12 m

SA TORRETA - CALA RAMBLA ⚓ 🏊

073

LA PLAYA DE SA TORRETA ES UNO DE LOS ARENALES MÁS AUTÉNTICOS Y MEJOR CONSERVADOS DE MENORCA, PUES AÚN MUESTRA SU ASPECTO MÁS NATURAL. MERECE LA PENA VENIR CAMINANDO SOLO POR EXPLORAR EL ENTORNO Y SUS RESTOS ARQUEOLÓGICOS. PERO AÚN HAY MÁS.

Perfecta para explorar y para gozar del baño.

Puedes comenzar desde el Parc Natural de l'Albufera des Grau –que también tiene mucho para ver y explorar– y llegar hasta esta playa después de haber pasado junto a la cala des Tamarrells y su torre de vigilancia (aunque está en ruinas, se puede entrar con cuidado y trepar al primer piso). Cuando llegues a esta otra playa podrás ver tanto las ruinas de una trinchera de la Guerra Civil (en el pinar) como un magnífico ejemplo de lo que aquí llaman *caseta de vorera* (en el altozano, poco antes de llegar), una de esas humildes cabañas encaladas que fueron construidas hace muchos años por los propietarios de las fincas colindantes para disfrutar del verano. También hay otra caseta en la orilla opuesta: es el "garaje" de una barca de pescadores. Pero lo mejor está en el cercano poblado talayótico de Sa Torreta y su interesante taula, la segunda más alta de Menorca (4,3m).

Descripción: El yacimiento está a 1.300 m hacia el W, siguiendo el camino principal que sale hacia el interior desde el Camí de Cavalls. Para visitarlo hay que tener un permiso expedido por la dirección del Parc Natural y de los propietarios de la finca. Pero para gozar esta playa de arena no hace falta permiso. Lástima que haya tanta posidonia acumulada... lo que es bueno para el medio ambiente y la salud de la playa y sus habitantes a veces no es del agrado del gran público. En la página siguiente te explico todo lo que le debemos a la posidonia, esa planta subacuática tan importante para la salud del medio ambiente y de la playa.

Accesos: Solo se llega a pie siguiendo el Camí de Cavalls desde Es Grau, que dista 2,7 km. El recorrido está perfectamente indicado y suele estar muy transitado. No te perderás.

Servicios: Ninguno. ¡Llévate agua!

COSTA NORTE

🚶 2.700 m a pie

🧭 Orientada al E

🧍 Ocupación baja

🌲 Entorno natural

↕ L: 200 m
An: 10 m

SES MAMAES PRIMES

074

CALA RAMBLA ESTÁ CONSTITUIDA POR DOS PLAYAS: LA DE SA TORRETA Y ESTA, LA DE MAMAES PRIMES, UNA DE LAS MÁS CURIOSAS DE MENORCA. SI ES PARA DARSE UN BAÑO PREFIERO LA PRIMERA, PORQUE EN ESTA CUBRE DEMASIADO POCO... ¡Y PORQUE ES EL TERRITORIO DE LOS BÓVIDOS!

Una de las playas más incómodas (al menos para los humanos).

Siempre que vengo veo las vacas –que viven en régimen de semilibertad– paseando por la playa como si fueran un bañista más. Aprovechan que apenas cubre un palmo y algunas veces hasta se revuelcan en el agua (¡no solo nosotros padecemos los rigores del verano!). También adoran pasar la noche tumbadas en los mullidos cúmulos de posidonia de la playa contigua, la de Sa Torreta. La posidonia oceánica es una planta que solo vive en mares muy limpios y luminosos. Durante su ciclo vital extiende sus raíces sobre el sustrato fijando la arena y evitando el efecto erosivo del oleaje, y cuando concluye, desprende sus hojas acintadas, que se acumulan sobre la arena de la playa como si fueran un muro protector. Estos restos vegetales (y los excrementos de las vacas) nutren los terrenos adyacentes y permite que sobrevivan rarísimas especies vegetales propias de este singular ecosistema.

Descripción: Se trata de una de las playas más curiosas de Menorca porque es la única donde apenas cubre un palmo. Caminas mar adentro y el agua solo te llega a los tobillos, hasta que rebasas el pequeño arrecife que cierra la entrada. Hay años que el fondo emerge y salen rocas y lenguas de arena en mitad de la lámina de agua, lo que cambia su forma y las proporciones (en 2011 era de casi 200 m de largo y unos 4 m de anchura media). Las orillas son de arena fina y restos de posidonia, con pequeñas dunas y su vegetación característica. A su alrededor todo está virgen. O casi... (lee la página anterior).

Accesos: Sigue el Camí de Cavalls desde Es Grau en dirección a Favàritx y pasarás junto a la playa. En total son 2.100 m de recorrido bien señalizado y muy transitado, aunque de la playa nadie se acuerda más que las vacas.

Servicios: ¡No te olvides del agua!

COSTA NORTE

2.100 m a pie
Orientada al N
Ocupación baja
Entorno natural
L: 225 m
An: 6 m

TAMARELLS DES NORD ✂

075

Tanto la playa de Tamarells des Nord como las del Sud constituyen un magnífico ejemplo de arenales totalmente vírgenes y en excelente estado de conservación. Mantienen el mismo aspecto desde que los guardianes custodiaban la torre, y de eso...

Para darse un baño de sol, olas y naturaleza pura.

COSTA NORTE

👤 1.600 m a pie

⊕ Orientada al E

👤 Ocupación baja

🌲 Entorno natural

↕ L: 95 m An: 12 m

hace ya más de doscientos años. La cala de Tamarells alberga tres pequeños arenales y otros tres codolares protegidos del oleaje por la cercanía de la Illa d'en Colom. Se trata de un magnífico lugar para desembarcar las tropas que tuviesen por objetivo atacar desde tierra el castillo de Sant Felip, la fortaleza de mayor importancia estratégica de la isla, ya que cerraba el acceso al puerto de Maó con gran efectividad. Por ello resultaba de vital importancia establecer una red de torres de defensa (15 en total) alrededor de puntos tan estratégicos como este, para evitar un posible desembarco. En la Punta des Colomar se haya la torre de Rambla, construida por los ingleses en 1800. La desidia y la erosión del viento en comunión con el salitre han hecho mella en su cara. Aunque es privada se puede visitar (más bien explorar) y sentirse como un auténtico torrero. Pero ten cuidado, que se cae...

Descripción: Esta deliciosa playita conserva zonas donde aflora la arena blanca y fina dejando espacio para la toalla entre los cúmulos de posidonia. Admito haber disfrutado de la virginidad del paraje mediante innumerables baños de sol, ola y soledad. La orilla también tiene zonas de arena blanca y pura con aguas turquesas para nadar y bucear. Hay pequeñas dunas donde se desarrolla la vegetación, que muestra la sucesión completa de sus comunidades biológicas. Este paraíso ecológico pervive gracias a la baja frecuentación humana y a que no se retira la posidonia de la playa, lo que proporciona los nutrientes necesarios.

Accesos: Sigue el Camí de Cavalls desde Es Grau en dirección a Favàritx y pasarás primero junto a las dos playas siguientes. Luego el camino se interna, pasa junto al abrevadero y desemboca en esta playa. Son 1,6 km.

Servicios: No camines sin llevar agua.

Posición: 39°57'40.12"N 4°15'45.12"E | Población próxima: Maó 11,8 km | Puerto próximo: Port d'Addaia 6,3 M

AYUNTAMIENTO DE MAÓ

✄ TAMARELLS DES SUD I

EN ESTA PEQUEÑA BAHÍA PROTEGIDA DE LOS TEMPORALES POR LA ILLA D'EN COLOM HAY TRES HERMOSAS PLAYITAS COMO ESTA, DONDE SIGUEN ESTANDO PRESENTES LOS INGREDIENTES MÁS GENUINOS DE LA COSTA NATURAL DE MENORCA: POSIDONIA, ARENA BLANCA Y MUCHA SOLEDAD.

076

Conserva la misma cara de antaño, es la Menorca en estado puro.

Esas hojas largas y acintadas de color pardo que verás entre la arena provienen de la *posidonia oceánica*, que cumplido su ciclo vital las desprende cuando son arrancadas del fondo por los temporales. Esta planta fanerógama marina vive exclusivamente en las porciones de costa mediterránea de aguas más limpias y cristalinas. Al menor indicio de contaminación o enturbiamiento del agua se muere, por eso constituye un excepcional bioindicador: donde hay posidonia es que hay vida. Crece en forma de praderas submarinas que constituyen un auténtico vergel para la fauna, ya que sirve de refugio a multitud de organismos. Antiguamente se usaban sus hojas secas para proteger objetos delicados (la llamaban alga de vidrieros), para abonar la tierra e incluso como cama para el sufrido ganado insular. Si no se retira de las playas las protege frente a la erosión.

Descripción: Pero al gran público lo único que le interesa es que la playa esté "limpia", sin pensar en el futuro. Y todo esto viene a cuento por la gran cantidad de posidonia que verás, afortunadamente, entre la arena, la que garantiza su continuidad. Las dimensiones de las playas no son una mesura del todo exacta, pues dependen de la dinámica costera influenciada por las corrientes. Tanto es así que habrá años que no haya playa, o que sea aún más grande, más arenosa o con menos posidonia. Todo depende de los temporales. Pero lo que siempre te quedará (eso esperamos todos) es el paisaje inalterado y la belleza de esta costa, perteneciente al Parc Natural de l'Albufera des Grau.

Accesos: Sigue el Camí de Cavalls desde Es Grau en dirección a Favàritx y a unos 1.250 m, poco después de cruzar un muro, pasarás junto a ella.

Servicios: Ninguno.

COSTA NORTE

1.250 m a pie
Orientada al E
Ocupación baja
Entorno natural
L: 45 m
An: 8 m

TAMARELLS DES SUD II ✳

077

CUALQUIERA DE ESTAS PLAYAS REPRESENTA UN AUTÉNTICO REGALO PARA LOS NATURISTAS. LOS BAÑOS DE SOL, OLA Y SOLEDAD SE DISFRUTAN AQUÍ MÁS QUE NUNCA TENDIDOS SOBRE LA ARENA COMO DIOS NOS TRAJO AL MUNDO. YA TOCABA... ¿VERDAD? PUES DISFRUTA, QUE TE LO MERECES.

No sabría con cual quedarme... ¿Y si probamos las tres?

Ya que has venido caminando hasta aquí con el único propósito de gozar de la naturaleza es de ley recompensarte el esfuerzo. No hacen falta mayores riquezas que esta. Fíjate en todo lo que tienes a tu alrededor... eres un afortunado. Esto es vida y no la que tuvieron los soldados que defendieron la torre, esa que te observa desde la distancia. La llaman Torre de Rambla o de Tamarells. La construyeron los ingleses en el año 1.800 para defender la costa de un posible desembarco. Si la curiosidad no te abandona y sientes que te pica todo acércate a explorarla. Verás como te sorprende. Sobre todo el ver las paredes erosionadas por la tramontana. Aunque ahora se entra por abajo, la puerta original estaba un piso más arriba. Una escalera de madera servía para subir, pero ya no existe. Puedes hacerlo trepando, y entonces verás cómo vivían los soldados... Compara.

Descripción: Y luego nos quejamos... Pero ahora quédate conmigo en la playa y disfruta de la arena blanca y sus aguas cristalinas. Que no te importe la posidonia, que ni pica ni mancha. Goza de esas porciones luminosas del fondo donde el sol se refleja convertido en turquesas. Hay zonas (las más oscuras) donde predomina la famosa (y muy necesaria) posidonia, pero otras son todo un placer para los sentidos. Si no fuera porque el famoso Camí de Cavalls transita al borde mismo de la playa estoy seguro que pasaría una eternidad antes de ver indicio humano. Aún y así, disfrutarás de la soledad estando acompañado.

Accesos: Sigue el Camí de Cavalls desde la playa de Es Grau en dirección a Favàritx (está perfectamente indicado) y después de haber caminado unos 1.100 m esta será la primera gran playa de arena que veas. Salud.

Servicios: Vete con agua abundante.

COSTA NORTE

🚶 1.100 m a pie

🧭 Orientada al E

🧍 Ocupación baja

👫 Entorno natural

↔ L: 70 m
An: 15 m

Posición: 39°57'28.84"N 4°15'46.73"E   Población próxima: Maó 11,3 km   Puerto próximo: Port d'Addaia 6,4 M

⚓ ✄ ARENAL D'EN MORO

078

SI PUEDES, HAZLO: VEN NAVEGANDO, NADANDO O COMO BUENAMENTE PUEDAS, PERO VEN Y HAZLA TUYA. PLANTA LA BANDERA Y DECLÁRALA TU REPÚBLICA INDEPENDIENTE. RECONQUÍSTALA Y QUE NO SEA D'EN MORO, QUE SEA DE TODOS, QUE ESTA ISLA AÚN GUARDA MUCHOS TESOROS.

La más bonita de la Illa d'en Colom, declarada reserva natural.

Este pedazo de tierra que emerge frente a la costa norte de Menorca la llaman Illa d'en Colom (traducido literalmente como isla de las palomas), que con sus 59 Ha pasa por ser la hija de Menorca de mayores proporciones. Debido a su cercanía a la costa (apenas 280 m) y a que el freo que la separa tiene tan poca profundidad (hay ocasiones en que se puede pasar caminando) ha tenido gran presencia humana a lo largo de su historia. Aunque hoy día pertenece a la familia Roca, que la adquirió en subasta pública en el año 1904, lo cierto es que su historia se remonta varios siglos atrás, cuando sirvió como lazareto provisional para los esclavos españoles liberados de Argelia en 1785. La isla de la Cuarentena (lazareto oficial de Menorca) no tenía suficiente capacidad, así que la de Colom sirvió para tal fin. Pero aún atesora muchas más historias... Como la de la basílica paleocristiana

descubierta en 1967, cuyos orígenes se remontan al siglo IV d.C (y de la que apenas queda nada), o el monumento funerario con una inscripción dedicada a la muerte de tres de los afectados por la peste, que fue mandado reconstruir por los propietarios de la isla. Pero hay más... mucho más.

Descripción: La isla cuenta con dos playas de arena principales (esta y la de Tamarells) y varias playas de guijarros (el macaret de Sa Punteta des Corb Marí, de Ses Llanes, de Dins, etc.). Esta playa de arena (de unos 75 m de longitud por 20 m de anchura) es la más famosa, sobre todo entre los navegantes, ya que es la más alejada de todas. Está encajada entre acantilados y cuenta con dunas remontantes en perfecto estado.

Accesos: Navegando en kayak de alquiler desde Es Grau, a 1,5 km.

Servicios: Ninguno.

COSTA NORTE

Acceso por mar
Orientada al W
Ocupación baja
Entorno natural
L: 75 m
An: 20 m

CALA TAMARELLS ⚓ 🏊

079

ESTA ES LA PLAYA DE LA ILLA D'EN COLOM QUE MEJOR SE DEJA VER DESDE TIERRA. LA MUY PÍCARA MUESTRA SUS ENCANTOS A SABIENDAS DE QUE SOLO UNOS POCOS LA PODRÁN POSEER... PERO YA TE DIGO YO COMO HACERLA TUYA: ALQUILA UN KAYAK EN ES GRAU Y PALEA... ¡QUE LO VALE!

Prepárate a gozar cuando vengas en kayak.

Solo son 1.000 m de recorrido (unos 15 minutos) que podrás hacer con frescura aunque hayas perdido la forma. Ya verás cuando navegues sobre las aguas diáfanas del Pas, tal te parecerá estar levitando sobre polvo dorado y turquesa líquida. Y cuando llegues y desembarques cual descubridor tendrás ante ti su arena blanca y pura, su carita virginal y cuantos tesoros oculta tras sus centenarios tamarindos. Solo la custodian las gaviotas, los cuervos marinos y la sargantana balear, la lagartija endémica de las islas de las que ya quedan pocas. Menos queda aún de aquellos erizos y conejos que tanto gustaba cazar. De las vacas lecheras, las cabras y las ovejas tampoco queda nada. No así de los abrevaderos y el pozo con el que regaban los huertos y los campos de cultivo donde crecieron los cereales. Pero este pedacito de tierra emergida dio también otros frutos: de sus entrañas se extrajo hierro, cinc,

blenda... pero fue una empresa que no cuajó. Hoy día sigue siendo una isla de propiedad privada (en venta) declarada reserva natural, con una casita de veraneo que disfrutan los Roca. De no tener permiso no es legal visitarla, pero no así las playas (tanto esta como las otras).
Descripción: La de Tamarells es una playa de arena con forma de sable colonizada por los tamarindos (de los que recibe el nombre) que alcanza los 130 m de longitud y unos 8 m de anchura media. Muy cerca de la playa se encuentra la primigenia casa de los propietarios, así como varios abrevaderos del ganado (ya en desuso), corrales y un pozo. La playa es un fondeadero muy popular, ya que por su orientación hacia el W se encuentra muy protegida de los vientos.
Accesos: Navegando o en kayak desde Es Grau (1.000 m), donde las alquilan.
Servicios: Ninguno.

COSTA NORTE

🏊 Acceso por mar
🧭 Orientada al W
🧍 Ocupación baja
🌲 Entorno natural
↕ L: 130 m An: 8 m

✳ CALETES DE LA SOLITÀRIA

No existe mejor nombre para estos puñaditos de arena que posan justo ahí, frente a la isla de las palomas, con toda la gracia del mundo y por obra de la madre naturaleza. Pocos saben de ellas... porque van y vienen. ¡Hay veces que hasta desaparecen!

080

Un nombre que le viene al pelo.

Y todo por el efecto erosivo de la mar y sus corrientes. Porque en función de la dureza de los temporales del invierno hay playas que adelgazan tanto que no se las ve, mientras que otras crecen y se desarrollan de manera notable. Tanto es así que hay años que se produce un nuevo alumbramiento, y donde nunca hubo una playa ahora emerge un puñadito de arena. Cuando las playas están en regresión el sedimento es arrastrado mar adentro y apenas emerge, en espera de que se vuelvan a dar nuevas condiciones de calma. Esto es lo que les pasa a las playitas de la Solitaria, que a veces son una, otras veces dos y otras ninguna; como la del Patró Llorenç, que debería estar un poquito más hacia el sur de esta, pero que hace años que ya no existe. Quién sabe... ¡lo mismo cuando vayas tienes una agradable sorpresa! Y si no es así no me culpes, que no fue por el Photoshop.

Descripción: Esta es la más grande de las playitas de la Solitària. En el verano del 2011 tenía unos 20 m de longitud y 9 m de anchura, con su característica roca redondeada en mitad de la arena, aunque suelen emerger otras playas más pequeñas y, sobre todo, estrechas, un poco más hacia el norte. Yo prefiero esta última, ya que las otras son de peor acceso y como son tan diminutas hay veces que se te mojan hasta los pies. En fin... que tienes para escoger. Pero eso sí, todas están totalmente vírgenes y apartadas de las rutas del gran público. Son todo calma.
Accesos: Sigue el Camí de Cavalls desde Es Grau hacia Favàritx hasta salirte y llegar a las cercanías de cala En Vidrier (la playa siguiente). Desde ella asciende por un sendero que sube por la ladera 230 m hasta llegar a un pequeño cruce. Sigue hacia la izquierda y asómate a la costa para poderla ver.
Servicios: Ninguno. ¡Llévate agua!

COSTA NORTE

1.230 m a pie

Orientada al E

Ocupación baja

Entorno natural

L: 20 m
An: 9 m

Posición: 39°57'24.30"N 4°16'22.30"E · Población próxima: Maó 11,4 km · Puerto próximo: Port d'Addaia 6,5 M

CALA EN VIDRIER ✄

081

CUANDO LLEGA EL MES DE LAS MASAS Y LA PLAYA DE ES GRAU SE VUELVE UN GUIRIGAY DE BAÑISTAS Y BARCOS FONDEADOS ES CUANDO MÁS ME GUSTA VENIR HASTA ESTE PEQUEÑO REDUCTO, DESDE EL QUE PUEDES OBSERVARLO TODO A DISTANCIA, PARA QUE NADA NI NADIE TE ALTERE.

Es el rincón nudista de Es Grau.

No serás tú el único que venga –eso dalo por seguro–, aunque los principales socios de este pequeño club de bañistas en estado puro solemos ser gente muy discreta y poco ruidosa. Siempre que vengo me gusta imaginar cómo tendría que ser el pasar una noche aquí, acunados por el arrullo del mar y el silencio de la naturaleza, en esa humilde casita construida a pie de playa en aquellos tiempos en que nada se sabía de la controvertida Ley de Costas. Sus propietarios tienen la suerte de gozar del mejor de los palcos de Es Grau, desde donde se ve el revuelo, pero ni se siente ni se padece. Aún conserva un abrevadero para el ganado y toda la gracia de la típica hechura insular: paredes encaladas, un porchecito para comer a la sombra y el espacio suficiente para les *anades a fora*, la tradicional forma de disfrutar de la vida mediterránea según la cultura isleña.

Descripción: Ya lo verás: la playita es una gozada. De arena dorada y con las dimensiones perfectas: ni grande ni pequeña. El entorno que la rodea está perfectamente conservado, aunque lo mejor no es eso, sino que está totalmente protegida del viento del norte y del oleaje. Te puedes pasar el día aquí tumbado sin padecer la brisa fría, pues a pesar de estar en la costa norte está orientada de pleno al sur. A su alrededor los fondos son de arena, alguna roca y posidonia, así que gozarás también con las gafas de buceo. Y ahora déjame que te cuente un secreto: cuando no están los propietarios yo también disfruto del porche... ¡bendita sombra!
Accesos: Sigue el Camí de Cavalls de Es Grau hacia Favàritx. Pasa la playa de Es Grau, el codolar de Espardenyot y cuando estés arriba baja por el torrente hacia la casa. Es 1 km en total.
Servicios: Ninguno.

COSTA NORTE

🚶 1.000 m a pie

🧭 Orientada al S

👥 Ocupación media

🌲 Entorno natural

📏 L: 45 m
An: 8 m

Posición: 39°57'14.43"N 4°16'2.94"E   Población próxima: Maó 11,2 km   Puerto próximo: Port d'Addaia 6,6 M

⚓ � ES GRAU Y BOL LLARG

A Es Grau hay que venir no solo por la playa —que es perfecta para los peques— si no por todo lo que tiene para ver y gozar: buenos restaurantes, ambiente marinero, actividades deportivas y, sobre todo, poder estar en el corazón del parque natural.

082

Las playas perfectas para pasar un maravilloso día en familia.

Desde aquí podrás comenzar a caminar por alguna de las rutas más interesantes del Camí de Cavalls, como la que llega hasta el Cap de Favàritx (unos 8,6 km de recorrido) pasando por alguna de las playas más hermosas de la isla; pero, a parte del famoso Camí, tienes tres itinerarios trazados (el de Llimpa, Santa Madrona y sa Gola) alrededor de la albufera de Es Grau, que pasa por ser el mayor humedal de Menorca y uno de los más importantes de las Islas Baleares. Es una auténtica delicia pasear por sus pasarelas de madera y asomarse a los miradores a última hora de la tarde, cuando mejor se ve a todas esas aves acuáticas felices viendo las nubes del ciclo reflejarse en el agua. Tal parece que estés en otro mundo, en un mundo donde nada se sabe del hormigón y el desarrollismo salvaje. No me extraña que Menorca haya sido declarada Reserva de la Biosfera...

Descripción: Y la playa... ¡ya verás qué arenal tan hermoso! Con sus dunas, las encinas, el pinar, la arena fina, el poco fondo, el oleaje escaso (perfecta para el baño de los más pequeños) y todas esas barquitas fondeadas aprovechando la protección que brinda la Illa d'en Colom. Fíjate bien en la foto aérea... ¿no te apetece? Podrás aparcar gratis a dos pasos y tendrás la tranquilidad del pueblo de pescadores bien cerca. Aquí nada huele a turismo barato (ni tiendas de souvenirs ni cold drinks). ¡Esto es Menorca!

Accesos: Toma la carretera de Es Grau (Me-5) desde la carretera que va de Maó a Fornells (Me-7) y párate antes en el centro de interpretación del Parque (desviación hacia la izquierda en el km 3,5). Infórmate, que merece la pena, y sigue hasta la playa. Podrás aparcar cerca y gratis. Hay bus.

Servicios: Bares, restaurantes, kayaks, pedalos, hobie cats, wc y socorristas.

Bares	🍷
Restaurantes	🍴
WC	WC
Deportes náuticos	🎯
Parada de autobús	🚌
Aparcamiento gratuito	P
Acceso rodado	🚗
Orientadas al E	🧭
Ocupación alta	👫
Entorno residencial	🏠
L: 510 m An: 8 m	↕

COSTA NORTE

De Es Grau a Sa Mesquida

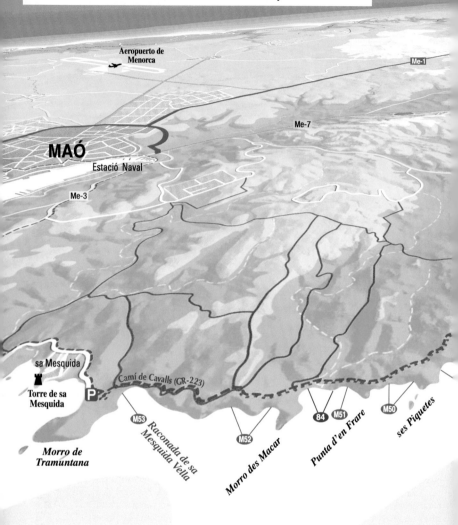

PLAYAS DE PIEDRAS
M47 S'Algar de Binillautí
M48 Caletes de Binillautí
M49 Macar de ses Piquetes
M50 Macar Punta d'en Frare
M51 Racó d'en Suro
M52 Morro des Macar
M53 Sa Mesquida Vella

PLAYA DE ARENA
084 Macar de Binillautí

PUNTO DE INTERÉS
PDI 30 Punta de Sa Galera

De Sa Mesquida a Maó

Punta Prima

Me-8

s'Algar

Camí de Cavalls (GR-223)

90

Sant Lluís

Campo de Aviació
de Sant Lluís

ses Barraques

Me-8

Trebalúger

Me-6

Son Vilar

Etapa 20

Fuerte de
Marlborough

Castillo de
Sant Felip

Sol de l'Est

Me-2

Es Castell

PDI
35

M61

Cala de Sant Esteve

*Cales
Fonts*

M60

Cala Llonga

PDI
34

Llatzeret

88

es Clot

*Cala
Teulera*

89

Cala Llonga

la Mola

PDI
33

es Freus

Fortaleza de
la Mola

**Punta na
Fanera**

Faro de
la Mola

M59

es Escullots

ses Àligues

Punta ses Bancades

**Punta de
s'Esperó**

es Canutells

Cala en Porter

Aeropuerto de Menorca ✈

Sant Climent

Algendar

l'Argentina

A Alaior →

Me-14

Me-12

Llucmaçanes

Me-14

Me-1

A Fornells →

Me-12

Me-7

Serra Morena

RM

MAÓ 🚌

Parc Eòlic de Milà

Estació Naval

Etapa 1

Port de Maó

Me-3

Illa del Rei ⚓

M64

Camí de Cavalls (GR-223)

Torrent de Biniseramanya

M63

M62

Tanca Nova des Mallorquí

Me-3

es Murtar

PDI 31

sa Mesquida

🗼 Torre de sa Mesquida

M58

M57

87

PDI 32

86

M56

M55

M54

85

Punta de na Plana

Cala des Murtar

Punta Negra

Punta de sa Bateria Amagada

Cap Roig

Cala Mesquida

Morro de Tramuntana

Cap Negre

Es Grau no sería nada sin la Illa d'en Colom, que fue lazareto, campo sagrado, de asedio y de labranza. Aquí vivieron los apestados, los piratas, los mineros y los granjeros, y hoy sigue siendo un lugar al que todos deberíamos ir. Ni que sea por una vez en la vida.

El rincón del navegante de ES GRAU a MAÓ

Entre Es Grau y Maó la costa apenas da un respiro al navegante. la mayoría son acantilados verticales expuestos a los duros vientos del primer cuadrante con ninguna opción para resguardarse. En general es un tramo de costa con mucho tráfico, pero solo de los barcos que van hacia los fondeaderos de Es Grau, etc. o que se dirigen hacia el puerto natural de Maó, uno de los más seguros y hermosos del Mediterráneo.

GASOLINERA
Está según se entra a babor, en cala Figuera. De enero a mayo abre de 8 a 14 h de lunes a sábado. En junio también de 16 a 19 h. En julio y agosto de 8 a 20 h todos los días. En septiembre abren de lunes a sábado de 8 a 14 h y de 16 a 19h. Domingos de 8 a 14 h. De octubre a diciembre solo de 9 a 14 h, de lunes a sábado. Tel.: 971 354 116 y 620 801 859.
Foto: Port de Maó.

Dónde amarrar en Maó
En la ribera norte del puerto, en isletas, en la Isla del Rey y en Cala Llonga:
Marina Menorca (39°53'37.78"N 4°15'33.40"E): Dispone de amarres para esloras de hasta 16 m en los pantalanes situados en la Colàrsega del Puerto de Maó (en el fondo del saco), además de amarres en Cala Llonga, en pantalanes flotantes frente a la Isla del Rey y en otras isletas flotantes. Con servicio de electricidad, agua y duchas, además de conexión WiFi, lavandería, parking, etc. Marina seca, tienda náutica, etc. Canal 9 VHF. Tel.: 971 365 889, www.marinamenorca.com

En la ribera sur del puerto:
Marina Mahon (39°50,3′N 004º 16,7'E): Está especializada en grandes esloras y cuenta con amarres para yates de hasta 50 m de eslora entre Punta cala Figuera y Punta del Rellotge. Está muy bien situada (aunque más íntima que los amarres del Moll de Llevant), dispone de agua y electricidad en el amarre, así como duchas, WiFi y recogida de residuos sólidos y líquidos. Canal 9 VHF. Tel: 971 366 787. www.marinamahon.es.
Club Marítimo de Mahón (39°53'28.86"N 4°16'20.31"E): Son los amarres mejor situados de Mahón, a lo largo del Moll de Llevant, y los mejores para ser vistos (intimidad, poca). También tienen amarres en la explanada de cala Figuera para esloras de hasta 30 m, y también gestionan la gasolinera. Cuenta con dos grúas para varada de 2 tn y 12 tn. Tel.: 971 365 022, 616 953 217 www.clubmaritimomahon.com.
C.N. Villacarlos Es Castell (39°52'41.72"N 4°17'47.03"E): En Cales Fonts, los primeros pantalanes que se ven por babor al entrar en el puerto de Maó, solo amarran

propietarios, aunque pretenden poner pantalanes para transeúntes en verano. Tel.: 971 365 884 (oficina abierta solo martes y jueves de 20:30 a 22 h).

Rampas de Botadura

En el puerto de Maó hay varias rampas de botadura con características muy diferentes entre sí. Una está al fondo del puerto, en el **varadero Port de Maó (39°53'45.44"N 004°15'28.17"E)**, otras dos junto al Moll de Llevant, en **cala Figuera (39°53'9.99"N 004°16'29.64"E y 39°53'6.84"N 004°16'33.00"E)**, otra al final del Moll de Llevant (en **cala Fonduco, 39°53'7.39"N 004°16'50.41"E)**, otra en **cala Corb (39°52'51.81"N 004°17'21.48"E)** y otra en **Cales Fonts (39°52'42.83"N 004°17'34.83"E)**. A mi la que más me gusta es la de El Fonduco, porque es tranquila, ancha, con poca pendiente, en buen estado, de fácil maniobra (pero solo si sueltas el remolque y lo giras 180º a mano) y además puedes dejar el coche y el remolque cerca y gratis. Sigue el paseo marítimo del muelle de levante hacia el E hasta que muera. La rampa es lo último que hay, junto a unas casas medio en ruinas. Es una zona relativamente tranquila y además está casi a la salida del puerto, para que no tengas que navegar tantas millas a 3 nudos, lo cual se agradece.

Excursiones en barco*

Rutas Marítimas de la Cruz: Ofrecen recorridos de una hora por el puerto de Maó con interesantes explicaciones históricas (de lunes a sábados todo el año). También ofrecen excursiones para grupos de medio día por la costa este de Menorca. Tel.: 971 350 778 / 606 452 676, www.rutasmaritimasdelacruz.com.

Yellow Catamarans: Ofrece una completa vuelta al Puerto de Maó con comentarios históricos y visión submarina, de una hora de duración, todos los días desde el 1 de mayo al 31 de octubre. También alquilan las embarcaciones para fiestas privadas y excursiones personalizadas por grupos. Tel.: 639 676 351, www.yellowcatamarans.com.

Antiga Meloussa: Organizan excursiones desde Mahón en un Dufour de 12 m de eslora, travesías y rutas marítimas alrededor de Menorca, de un día (con todo incluido) o de una semana alrededor de toda la isla, . Tel.: 629 930 406, www.menorcaenvelero.com.

Kai Expeditions: Realizan expediciones muy singulares en un barco pesquero de origen noruego con actividades científicas, etc. Salida desde el puerto de Maó, etc. Tel.: 619 108 797, www.kaiexpeditions.com

Barbarossa Náutica: Alquilan veleros de entre 12 y 14 m, con o sin patrón, por días o semanas. Tel.: 669 863 486. www.barbarossanautica.com

Marta Yates: Organiza salidas de un día en un velero de 32 pies o de una semana desde el puerto de Maó. Tel.: 608 992 625 / 971 359 130, www.martayates.com.

Navega Menorca: Excursiones de una hora o tres horas en lancha rápida semirrígida por el puerto de Mahón, costa norte o sur. Tel.: 677 517 726. www.navegamenorca.com

LUCES (solo de la entrada): **Punta S'Esperó (faro de La Mola)** GpD(1+2)B 15s 51 m 8M **Puerto de Maó.** Punta de Sant Carles GpOc(2) B 6s 22m 12M

METEO Instituto Nacional de Meteorología Tel.: 971 354 854

MÁS INFO Autoritat Portuària de Balears Tel: 971 363 066

Capitanía Marítima de Maó. Tel.:971 364 107

IMPORTANTE: Desde la entrada del puerto hasta el fondo del saco hay más de 3 millas y solo se puede navegar a 3 nudos.

*EMPRESAS Si tú también te dedicas a hacer felices a nuestros lectores alquilando tus embarcaciones, haciendo excursiones en barco, kayak, submarinismo, etc. y no apareces en estos listados, comunícanoslo (info@laluzenpapel.com) y te incluiremos en las próximas ediciones. ¡ES GRATIS!

Foto: Estación marítima del Puerto de Maó.

Dónde alquilar

Menorca Barcos: Alquila dos veleros y un catamarán de unos 11 m de eslora con o sin patrón. También ofrecen excursiones de un día. Tel: 669 863 486 / 615 111 439 / 670 953 755, www.menorcabarcos.com.

Menorca Nautic: Alquila embarcaciones con o sin patrón. A vela con esloras entre 10 y 14 m (también un catamarán) y a motor barcos menorquines tipo llaüt de 7 a 16 m y lanchas motoras de 6 a 9 m. También realizan salidas de un día, semanas y días alternos, flotillas, talleres de navegación práctica, fines de semana de navegación con actividades, etc. Tel.: 971 354 543, 682 605 244, www.menorcanautic.com.

Fairline Menorca: Chartea embarcaciones a motor de 12 a 18 m de eslora, con o sin patrón, (orientados más bien al público británico). Tel.: 971 355 101, www.fairlinemenorca.com.

Nautic Fun Menorca: Alquila menorquines de 6 a 18 m de eslora, barcos a motor de 5 a 15 m de eslora, lanchas semirrígidas (algunas de 4 m de eslora, sin necesidad de titulación) y veleros de 6 a 16 m de eslora. También organizan salidas de pesca y prácticas de navegación. Tel.: 971 364 250 / 670 396 396, www.nauticfunmenorca.com.

Quay Sport Menorca: Chartea una Sealine S38 a motor con o sin patrón desde Cala Llonga (ribera norte de Maó). Orientados más bien al público británico. Tel.: 639 678 670, www.quaysportmenorca.com

Bubbi Charter Menorca: Alquilan llaüts de 6 a 15 m de eslora, veleros de 9 a 11 m y motoras de 4 a 17 m, con y sin patrón (y algunas sin falta de titulación).Tel.: 608 232 367 / 971 353 997 www.bubbicharter.com.

Escuelas de vela, etc.

Club Marítimo de Mahón: Organiza cursos de vela, kayak y actividades subacuáticas, además de regatas, etc. Tel.: 971 365 022, www.clubmaritimomahon.com.

Club Náutico Villacarlos: Organiza cursos de vela ligera y piragüismo en Cales Fonts. Tel.: 971 365 884 (atienden martes y jueves de 20:30 a 22 h).

Los mejores fondeaderos

¡Ojo! La autoridad portuaria y las empresas que ofrecen amarres en Mahón se han puesto de acuerdo para prohibirnos fondear si no es pasando por caja. Así de injusto.

084 Macar de Binillautí

El Illot En Bombarda despide una restinga peligrosa hasta 400 m al 050º de la punta que cierra la cala por el S. Hay fondos de roca y arena. Solo buena para barcas de poco calado.

Página 255

085 Sa Mesquida

Aquí sí que se puede fondear sobre arena, sondas de 6 m y con seguridad. Preciosa cala algo resguardada del N, pero no te fíes. Ojo con los Illots de Sa Mesquida al entrar.

Página 256

087 Es Murtar

Solo para barcas pequeñas. Se fondea sobre piedra con 2 a 4 m de agua solo con buen tiempo. Muy expuesta al E y con escollos por la orilla N y S. No llegues recortando la costa.

Página 258

M60 y M61 Cala Llonga

Las boyas de pago ocupan las zonas donde se podía fondear libremente si no fuera porque lo han privatizado todo, hasta el mar. Nos han vendido el puerto natural más seguro de las Baleares.

Página 240

088 y 089 Cala Teulera

Es el fondeadero más seguro de Maó, sobre arena y sin molestar el tránsito, pero nos limitan el uso... Prevalecen los intereses de las empresas concesionarias antes que el bien común.

Página 259-260

Playas de piedras de
ES GRAU a SA MESQUIDA

M47 S'Algar de Binillautí

Poca gente verás por aquí. Ni sende-ristas ni navegantes. Ya que el acceso por tierra es imposible y desde el mar no merece la pena. El nombre ya lo dice todo: montones de posidonia sobre una pequeña playa de piedras.

39°56'9.69"N 4°16'24.90"E

M48 Caletes de Binillautí

A uno y otro lado de la pequeña punta rocosa tras la que se resguarda esa caseta encalada hay dos playitas de piedras poco cómodas para el baño. La guinda del pastel es la caseta, junto a la que pasa el Camí de Cavalls.

39°563.60"N 4°1627.64"E

M49 Macar de ses Piquetes

Si no fuera por esos islotes que emer-gen frente a la costa, de los que recibe el nombre esta caleta inaccesible de piedras y montones de posidonia, estoy seguro que no la reconocerías. El Camí de Cavalls ya pasa lejos.

39°55'56.87"N 4°16'29.45"E

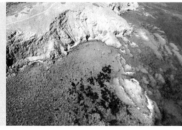

M50 Macar Punta d'en Frare

El Camí de Cavalls pasa cerca (fíjate en la línea clara que se ve sobre el terreno yermo), pero de nada sirve. Esta playa es inaccesible desde tierra y poco recomendable desde el mar, aunque la proteja la Punta d'en Frare.

39°55'44.28"N 4°16'48.77"E

M51 Racó d'en Suro

A unos metros hacia el W de la playa de Binillautí se encuentran estas otras dos playas de piedras, mucho más agrestes y abandonadas. Estando tan cerca la hermana mayor (más grande, bonita y accesible) estas desmerecen.

39°55'34.65"N 4°16'53.84"E

M52 Morro des Macar

Al sur de ese afilado entrante que llaman Morro des Macar se forman dos playitas de piedra y posidonia de las que nadie se acuerda. La razón es muy sencilla: desde tierra son inaccesibles y desde el mar no se les tiene aprecio.

39°55'26.20"N 4°17'2.92"E

M53 Sa Mesquida Vella

Esta playa de grandes *macs* (piedras redondeadas por el efecto erosivo del oleaje) es un buen ejemplo y una visita recomendable. Se accede fácilmente desde el Arenal Gran de Sa Mesquida siguiendo el Camí de Cavalls.

39°55'3.32"N 4°17'8.09"E

PDI

Puntos de interés en la costa de ES GRAU a SA MESQUIDA

PDI 30 Punta de Sa Galera

Esta peña que se adentra hacia el gran azul recibe tal apodo por la forma de casco invertido que adopta. Sa Galera (la galera) es un topónimo muy empleado en las costas del Mediterráneo.

39°56'40.79"N 4°16'57.82"E

Playas de piedras
de SA MESQUIDA a LA MOLA

M54 Macar des Cap Roig

Esta playa –inaccesible desde tierra– está situada a los pies del acantilado del cabo que da nombre a la playa y al reputado restaurante sobre el que se asienta. Desde el mar son las peñas y los escollos los que la custodian.

M55 Macar de s'Illot d'en Variada

Esta otra playa de alga y piedras redondeadas por el oleaje inaccesible desde tierra se encuentra unos metros al SE de la Esquena de s'Ase.

M56 Na Gromant Gran

Cuando vengas al pueblecito de pescadores de Es Murtar sube la empinada rampa que hay hacia la izquierda y asómate al mar. ¿Ves esa playita de piedras de ahí abajo..? Esa es Na Gromant Gran. Baja, que se puede.

M57 Macarets de ses Esponges

Desde Es Murtar se puede caminar hacia el SE subiendo entre las casas por un sendero que va recorriendo la costa hasta llegar a estas otras playas. Al final el camino se desdibuja y se hace más complicado.

39°54'34.26"N 4°17'32.20"E

39°54'29.07"N 4°17'35.85"E

39°54'29.07"N 4°17'35.85"E

39°54'8.09"N 4°17'41.94"E

M58 Na Foguera - Clot d'en Mora

A uno y otro lado del Cau d'en Netto
se han formado estas dos playas de
piedras azotadas por la tramontana e
inaccesibles desde tierra. Por tierra son
los acantilados y por el mar los bajos y
piedras ahogadas los que la custodian.

39°53'59.95"N 4°17'51.54"E

M59 Playas de Ses Àligues

Águila hay que ser para llegar hasta
estas playas tan aisladas del mundo,
de la tierra firme y del mar, pues
cuando no son los escollos y el oleaje
de tramontana es la verticalidad de los
cantiles. No hay manera, no se dejan.

39°53'16.54"N 4°18'36.83"E

Puntos de interés en la costa de SA MESQUIDA a LA MOLA

PDI 31 Torre de sa Mesquida

Fue construida por los ingleses en
1798 y es la única que tiene un re-
fuerzo con un muro más elevado en la
cara que da a tierra. Se diseñó así para
evitar un fortuito ataque por la espalda. Está en bastante buen estado.

40°0'59.89"N 4°1'235.76"E

PDI 32 Sa Mesquida

Aparte de por la torre, a Sa Mesquida
merece la pena venir para ver su hermosa playa de arena y esas humildes
casitas reacondicionadas. Sigue siendo
el barrio con sabor marinero de los
veraneantes de Maó.

39°59'37.43"N 4°1'227.06"E

Playas de piedras
de LA MOLA a MAÓ

39°53'15.77"N 4°17'48.41"E

M60 Playa d'en Cavallo

Playas como esta hay varias dentro del puerto natural de Maó, pero ninguna satisface las expectativas de la mayoría de los bañistas. Son playas muy estrechas, descuidadas y poco atractivas para el gran público.

39°53'19.51"N4°17'33.18"E

M61 Es Bol Nou y Sa Punteta

Son playas de grava muy estrechas situadas al pie de las casitas de veraneo de la ribera norte de Maó. Están repletas de embarcaderos y se usan más como varadero que como playa al uso. Pocos bañistas verás por aquí.

39°53'21.13"N 4°17'22.94"E

M62 Es Porquer

La playa de Es Porquer es también la playa del cementerio de los ingleses, cuyos muros encalados se construyeron con los cimientos bajo el agua, al ras de la playa. Si vas a venir que sea por ver este peculiar cementerio.

39°53'26.14"N 4°17'16.12"E

M63 Sa Bassa y Sa Basseta

Estas dos playitas de grava están separadas entre sí por una de las casas más fotografiadas (y seguro que envidiadas) de Maó. Se trata de esa casita encalada con sus cimientos construidos en el agua. Es como una isla en la bahía.

M64 Cala Rata y Cala Ratolí

Estas calas se usan más como fondeadero y atraque que como playa al uso. Frente a ellas se encuentran las bateas donde se cultivan los famosos mejillones de Maó, ofertados en las cartas de los mejores restaurantes.

39°53'38.21"N 4°16'44.91"E

PDI

Puntos de interés en la costa de LA MOLA a MAÓ

PDI 33 Fortaleza de la Mola

Venir a Maó y no visitar la fortaleza de la Mola es como ir a París y no subirse a la torre Eiffel. Es el monumento militar más importante de la isla, de esta y de las demás Islas Baleares. Merece la pena pagar para verlo.

39°52'28.19"N 4°18'36.59"E

PDI 34 Illa de Llatzaret

La que se usó como lazareto (rincón apartado del mundo donde permanecían en cuarentena los recién llegados de ultramar) sigue siendo un hospital con un peculiar museo que merece la pena visitar. Se llega en golondrina.

39°52'38.18"N 4°18'13.41"E

PDI 35 Illa del Rei

Este islote dentro del puerto natural de Maó fue el elegido por Alfonso III para desembarcar en 1287, cuando llegó para conquistar la isla de manos de los musulmanes. También tiene un hospital que merece la pena visitar.

39°53'11.49"N 4°17'13.89"E

CALA AVELLANA

083

Arena tiene poca (más bien nada), pero le sobra tranquilidad. Y esa esencia mediterránea... Ya te aviso: es pura humildad. Tan solo una plataforma que lo mismo hace de muelle que de solárium y los infinitos recovecos de la cala para bucear. Un regalo.

Humildad en estado puro. Solo para dos.

Una auténtica ofrenda que para muchos es nada, pero que para mí (y para tantos otros como yo) lo tiene todo, todo por pasar la tarde sumergido en esa deliciosa indolencia propia del carácter insular. Porque no siempre es necesario un gran yate ni una playa enorme y repleta de servicios para disfrutar del mar mediterráneamente. A veces me basta con un lugar como este. Por eso he querido retratártelo, para que lo tengas en cuenta en esos días con demasiada gente. Cuando te sobre todo y prefieras nada. Entonces es cuando más se goza eso de venir paseando junto al mar –asomándose en cada uno de sus miradores y escudriñando el horizonte– hasta dar con este meandro mineral que subsiste pese a estar plantando cara a la temida *tramuntana*. Es la Illa d'en Colom, que la protege tanto del oleaje más duro como del gran público: habiendo otras para qué venir a esta.

Descripción: Al fondo de este pequeño entrante se suele formar una calita de grava que a veces también está repleta de los restos que ya no quiere el mar. La playa no merece la pena, pero el muelle me tiene enamorado. Podrás extender la toalla (mejor sobre una esterilla acolchada) y pasar el día protegido del viento y orientado al sol. Hay espacio para ti y para quien tú más quieras, pero poco más. Así que madruga. Y si no tienes suerte igual te vale con el *codolar* de Avellanó. Fíjate bien, que lo tienes poco antes de llegar... y también en estas mismas páginas.
Accesos: Ven hasta Es Grau y cuando estés entrando en el pueblo sube por la primera calle hacia la derecha. Llegarás al Carrer de Sa Cudia, que está en el límite entre lo urbanizado y la zona virgen. Aparca cerca de la señal de la calle y fíjate que hay un sendero oculto tras el muro. Síguelo. Son 450 m.
Servicios: Lo que tú te puedas llevar.

COSTA NORTE

- 450 m a pie
- Orientada al N
- Ocupación baja
- Entorno natural
- L: 6 m An: 2 m

Posición: 39°56'57.00"N 4°16'28.10"E   Población próxima: Maó 10,7 km   Puerto próximo: Port d'Addaia 6,7 M

AYUNTAMIENTO DE MAÓ

⚓ MACAR DE BINILLAUTÍ

Quien la descubre lo hace de pasada, al seguir el Camí de Cavalls de Maó a Es Grau, porque no vale la pena venir hasta aquí con la única intención de darse un baño. Aunque el paraje —eso sí— destila un encanto especial. Será por esa *CASETA DE VORERA*.

084

Más al gusto de los pescadores que de los bañistas.

Una de las 180 construidas a lo largo del perfil litoral. Estas humildes casitas donde guardaban sus aperos los pescadores llevan construidas junto al mar desde principios del siglo pasado. Ni entienden ni sufren la controvertida Ley de Costas, pues el tiempo les ha dado la razón, y con ella las garantías de subsistencia. Aunque fueron diseñadas para otros fines, al final la mayoría han sido reconvertidas en casitas de veraneo que disfrutan, generalmente, los propietarios de la finca colindante. Parece mentira cómo han cambiado los tiempos: aquellas tierras demasiado próximas al mar, las que nadie quería (tanto por su escasa productividad como por su exposición al viento, al spray salino y a los piratas) ahora son el bien más preciado, mucho más valoradas que los fértiles campos de cultivo del interior. Poder alimentarse ya no es la primer necesidad. ¡Cómo hemos cambiado!

Descripción: Cuando vengas caminando por la colinas que se asoman al mar desde Maó hacia Es Grau la verás. Es el primer gran macar que hay después del de Sa Mesquida. Destaca desde lejos por la caseta *emblanquinada* de chillonas puertas azules, pero también hay un abrevadero y un pozo abandonado. *Macar* es como llaman los isleños a las playas de grava y grandes cantos redondeados por el efecto erosivo del oleaje, que son propias de la costa norte. Tienes muchos más en las páginas anteriores, aunque no tienen ni la gracia ni el interés que este otro. Por eso les dedicamos menos espacio.

Accesos: Siguiendo el Camí de Cavalls desde la playa siguiente, la de Sa Mesquida. Si te asomas a los acantilados irás viendo los macares que te presentamos en las susodichas páginas. El camino discurre bien indicado durante 1,7 km por las colinas. No hay pérdida.

Servicios: Ninguno.

COSTA NORTE

1.700 m a pie

Orientada al NE

Ocupación baja

Entorno natural

L: 40 m
An: 5 m

ARENAL GRAN DE SA MESQUIDA ⚓

085

EN SA MESQUIDA SE PALPA LA AUTÉNTICA MENORCA, LA QUE VIVE AJENA AL TURISMO DE MASAS. HUELE AL VERANO MENORQUÍN QUE DISFRUTAN LAS FAMILIAS DE AQUÍ... DE TODA LA VIDA. LA DE LOS BAÑOS INFINITOS CON LOS NIÑOS AL SOCAIRE DEL PA GROS, VIGILADOS POR LA TORRE.

De ambiente familiar e isleño. Una gozada con vientos del S.

La de las *casetes de vorera*, de antaño y de siempre. Porque aún soplando algo de tramontana aquí se está bien. Muy bien. Es por culpa de –y gracias a– ese pedazo de tierra emergida, esa tremenda roca carbonífera de sesenta metros de altura que llaman el Pa Gros, que para los isleños es como el *Pão de Açúcar* brasileiro. Esa misma protección, la que brinda el montículo, y la docilidad del arenal, con sus orillas fácilmente abordables, fue la que aprovecharon las tropas francoespañolas comandadas por el Duque de Crillón para reconquistar Menorca de manos de los ingleses. Corría el año 1781 y aún no estaban construidas todas esas atalayas de vigilancia y defensa alrededor de la costa, así que lo tuvieron fácil. Como fácil fue para los ingleses volver a reconquistarla en 1798, tras lo cual mandaron levantar esa imponente torre de defensa que vigila a los bañistas.

Descripción: Hasta no hace mucho los coches aparcaban justo tras la playa, destrozando las dunas y su vegetación, pero hace poco que se construyó un parking poco antes de bajar y desde entonces –y gracias a otras actuaciones– se están recuperando. Las dunas son las reservas de arena de este precioso arenal de tonos grises. Otra de sus peculiaridades es el humedal que se forma en época de lluvias detrás de la playa. Y fíjate bien, porque justo a los pies de la torre hay otra porción de playa escondida, perfecta para los más tímidos. Es la Cala Petita de Sa Mesquida, accesible desde el mar o destrepando las rocas del cantil (es más fácil llegar nadando).

Accesos: Vete siguiendo los carteles indicadores desde la rotonda que hay al fondo del puerto de Maó y llegarás hasta el parking de Sa Mesquida. De ahí a la playa hay que caminar 200 m.

Servicios: Socorristas y wc.

COSTA NORTE

 WC

P Aparcamiento gratuito

⚥ 200 m a pie

◉ Orientada al E

⚇ Ocupación alta

⌂ Entorno residencial

↕ L: 240 m An: 25 m

Posición: 39°54'57.33"N 4°17'9.12"E   Población próxima: Maó 7,4 km   Puerto próximo: Port de Maó 6,8 M

ARENAL PETIT DE SA MESQUIDA

ESTANDO TAN CERCA EL FANTÁSTICO ARENAL GRAN PARA QUÉ IR AL PE-
TIT, CUYAS ORILLAS ROCOSAS —Y A VECES FANGOSAS— RESULTAN TAN POCO
APETECIBLES. ES POR CULPA DEL TORRENTE POR LO QUE LA PLAYA ES TE-
RRITORIO DE LOS PESCADORES Y SUS BARQUITAS, FONDEADAS AL ABRIGO.

086

Para verla ni que sea de pasada...

En Sa Raconada confluyen las aguas del
Torrent de Binissermanya y esta humilde y olvidada playita, de la que dicen
"no tener interés turístico". Pero lo que
si atrae a propios y extraños es la Torre de
Sa Mesquida, construida por los ingleses
en 1799. Si te fijas bien verás la fecha de
su construcción gravada en la piedra, y,
lo más llamativo, ese muro ampliado y
reforzado para impedir un ataque por
tierra desde el oeste (es la única de las
15 torres de Menorca que lo presenta).
Sus otros flancos ya están bien protegidos por la verticalidad de los cantiles sobre los que se haya encaramada. Y ahora
déjame que te invite a dar un paseo por
este humilde núcleo "urbano", cuyas casitas fueron edificadas "a mano" siguiendo un curioso "orden" de crecimiento.
Son *casetes de vorera*, embarcaderos,
terrazas... todo con ese sabor a veranos
difuntos y aroma marinero. Es el barrio
veraniego de los mahoneses.

Descripción: Cuando llegan las aguas
del torrente desbocadas arrastran la
poca arena que la playa hubiera depo-
sitado. Por eso cambia tanto su fisiono-
mía. Hay años con muy poca playa y
mucha roca en la orilla, otros hay más
arena y resulta más apetecible, pero, en
general, para qué venir aquí que no sea
para tirar unas cuantas fotos de la torre
y las casitas de pescadores a sus pies.
Como palco no tiene precio, pero para
darse un chapuzón... "na de na".
Accesos: Al fondo del puerto de Maó
hay una gran rotonda desde la cual podrás seguir los carteles indicadores hasta
Sa Mesquida. Cuando llegues al pueblo
sigue la calle principal y toma la calle que
sale hacia la derecha, justo antes del mirador con los dos bancos (la de la señal
de calzada sin salida). Al final hay una
explanada para aparcar junto al campo
de futbol, un pequeño parque y la playa.
Servicios: Solo en el pueblo.

COSTA NORTE

Parada de autobús

Acceso rodado

Orientada al N

Ocupación baja

Entorno residencial

L: 80 m
An: 4 m

Posición: 39°54'43.35"N 4°17'11.57"E   Población próxima: Maó 7,6 km   Puerto próximo: **Port de Maó** 6,7 M

ES MURTAR ⚓

087

Venir hasta este pequeña colonia por la playa no tiene sentido. Aquí se viene a ver esa alegre composición de barquitas de pesca varadas frente a sus humildes *CASES DE VORERA*, en las que sus vecinos siguen viviendo el verano ajenos a los caprichos turísticos.

Familiar, pero poco cómodas para el baño de los niños.

COSTA NORTE

Es Murtar es, junto con Sa Mesquida, el otro barrio de pescadores de Maó. Empezó siendo un puñado de casitas dispersas, construidas de cualquier manera siguiendo un "orden" que solo ellas mismos entienden, hasta que al final se convirtió en una pequeña colonia veraniega. Durante el invierno la tramontana hace aún más fríos los días y más dura la estancia, así que la mayoría de los vecinos cierran sus ventanas y tancan las puertas para trasladarse a Maó, donde la vida prosigue un tanto ajena a los esquizofrénicos silbidos del diabólico viento de esta fosca porción litoral. Porque las piedras de aquí son aún más frías, y más negra la punta rocosa tras la que se cobijan. Mientras la tramontana levanta crestas de espuma que arroja contra las rocas, las barquitas siguen esperando recostadas sobre la mullida posidonia. Es buen lugar para ver y admirar, pero no tanto para gozar.

Descripción: Si a pesar de todo vienes con el bañador y la toalla (lo del nudismo aquí no está muy bien visto) prefiero recomendarte otras calas cercanas que aún siendo de grava son más agradables que los montones de posidonia acumulados en la orilla de la playa principal de Es Murtar. Fíjate en la foto y verás un pequeño *macar* en la parte inferior izquierda. Cuesta trabajo bajar y no es gran cosa, pero sin tramontana es agradable. Yendo de Es Murtar hacia el sur hay otra calita de grava, a unos 150 m, y otra más grande (Clot d'en Mora) más allá, a 400 m. Igual prefieres los muelles y soláriums de roca de Es Murtar, con escaleras de baño muy cómodas desde los que zambullirse...

Accesos: Los mismos que Sa Mesquida, aunque poco antes de llegar se gira hacia la derecha siguiendo el cartel.

Servicios: Ninguno, pero yendo a Sa Mesquida está el restaurante Cap Roig.

🚗 Acceso rodado
🧭 Orientada al SE
🚶 Ocupación baja
🏠 Entorno residencial
↔ L: 75 m
An: 5 m

⚓ 🛶 EN MIOU

088

DOS PLAYAS HAY DENTRO DE LA BAHÍA DE MAÓ QUE MEREZCAN LA PENA: UNA ES ESTA Y LA OTRA SA PLATJOLA, QUE APENAS DISTA 50 METROS. EN CUALQUIERA PODRÁS NADAR Y TUMBARTE AL SOL SIN SENTIR QUE ESTÁS EN UN LODAZAL... ¡Y ESTARÁS MÁS SEGURO QUE EN NINGUNA!

La playa mejor defendida de Menorca.

Cuando vengas lo verás: tanto al frente como al lado tienes dos de las construcciones militares más importantes de Menorca (y casi que de Europa entera). Se trata del Lazareto de Maó (delante) y la Fortaleza de la Mola (al lado izquierdo). Ya sé que esta es una guía de playas, pero tengo que recomendarte la visita de cualquiera de estos monumentos militares antes incluso que pasar aquí la tarde tumbado al sol, vuelta y vuelta. El de Maó puede que sea el puerto natural más importante del Mediterráneo y, por tanto, de gran interés estratégico. Su historia es fascinante, tanto como la visita a uno y otro monumento. La fortaleza de La Mola (o de Isabel II) es la construcción militar de mayor valor histórico y arquitectónico de Menorca. La construyeron los españoles en 1850 y nunca fue atacada (con su sola presencia ya intimidaba). Merece la pena gastarse esos 8 € de la entrada.

Descripción: Cuando vengas de camino a la Mola será la única playa "apetecible" que veas. En la orilla sur del puerto de Maó todo está construido y no hay ninguna playa, mientras que en la norte hay varias calas, la mayoría con playas de orillas y fondos fangosos muy poco apetecibles. Esta es una de las pocas que se salva. Es de arena, de unos 20 m de largo, con muy poca pendiente, bien protegida de los vientos y con aguas relativamente limpias. De hecho es un fondeadero muy popular. Lo malo es que suele tener mucha posidonia en los fondos más próximos a la playa, lo cual es un tanto desagradable al tacto cuando te bañas.

Accesos: Sigue la carretera hacia La Mola desde el fondo del puerto de Maó y verás la playa poco después de pasar junto a la garita, y un poco antes de llegar a la fortaleza.

Servicios: Ninguno.

COSTA NORTE

Acceso rodado 🚗
Orientada al SW 🧭
Ocupación media 👫
Entorno residencial 🏠
L: 20 m
An: 8 m

SA PLATJOLA ⚓ 🚣

089

EN CALA TEULERA HAY DOS PLAYAS: ESTA Y LA DE EN MIOU. CUALQUIE-RA ES BUENA PARA DARSE UN BAÑO Y TUMBARSE EN LA ARENA, PERO A MI LA QUE MÁS ME GUSTA ES ESTA. ESTÁ VIRGEN, TIENE BUENAS VISTAS Y ES MUY APACIBLE. ES LA MEJOR OPCIÓN DENTRO DEL PUERTO DE MAÓ.

Muy tranquila y ajena al bullicio. Aunque un poco fangosa...

Si ya en la página anterior te contaba la interesante historia de esta ciudad portuaria, en esta tengo pensado seguir vendiéndote la moto... Dedica un día (uno ni que sea) para venir hasta Maó. Hay golondrinas turísticas que navegan por el puerto explicando mucho mejor que yo las vicisitudes de esta estrecha bahía. Una de las excursiones que más me gusta es la del Lazareto, que es esa isla amurallada que ves justo frente a la playa. Entró en servicio en 1817 con el fin de mantener en cuarentena a las tripulaciones de los barcos que llegaban a puerto. En principio fue una península, pero se excavó un canal (el Canal de Alfonso XIII) para separarla de tierra firme y garantizar el tráfico de barcazas desde la fortaleza de La Mola en caso de temporal. En la isla hay un museo de medicina que conserva uno de los primeros cardiógrafos que existieron. Pero hay mucho más que ver...

Descripción: Es una playita deliciosa frente a la que fondean decenas de barcos, ya que se trata del mejor fondeadero dentro del puerto de Maó. Es de arena y tiene muy poca pendiente, por lo que resulta una excelente piscina natural, ya que, además, no le afecta ningún viento ni oleajes. El "pero" está en la cantidad de alga que se acumula en el fondo, justo sobre el que tenemos que caminar. Como tiene muy poca pendiente tendrás que avanzar sobre ella hacia el mar durante varios metros antes de poder zambullirte con comodidad.

Accesos: Sigue la carretera que va hacia La Mola desde la rotonda que hay al fondo del puerto de Maó y cuando llegues a la garita fíjate en el poste eléctrico que tienes a la derecha. A su lado hay un sendero que baja fácilmente hasta la playa. Tienes una explanada para aparcar a 20 m.

Servicios: Ninguno.

COSTA NORTE

🅿 Aparcamiento

🚗 Acceso rodado

🧭 Orientada al SE

👤 Ocupación baja

🏠 Entorno residencial

↕ L: 25 m
An: 6 m

Posición: 39°52'47.22"N 4°18'30.91"E | Población próxima: Maó 9,8 km | Puerto próximo: Port de Maó 1,6 M

AYUNTAMIENTO DE MAÓ

⚓ 🏊 CALÓ DE RAFALET

EL CALÓ DE RAFALET ES UNA EXTRAÑA RAREZA NATURAL RECOMENDABLE MÁS COMO SANA EXCURSIÓN QUE COMO PLAYA A LA QUE VENIR A TOMAR EL SOL. SUS ACANTILADOS CALCÁREOS COBIJAN UN ENCINAR SOMBRÍO Y ESAS AGUAS CRISTALINAS EN LAS QUE PODRÁS ZAMBULLIRTE Y BUCEAR.

090

Los baños más salvajes y alternativos de la costa sur.

Adoro venir en pleno verano, cuando el calor aprieta, y pasearme bajo la sombra del encinar de este virginal paraje mientras sigo con impaciencia el refrescante canalillo que llaman barranco de Rafalet. Al final del paseo tal parece que no vayas a encontrarte nada y, de repente, se abre ante ti una calita minúscula en cuya orilla la superficie arenosa apenas alcanza los 2 m de anchura. Es tan solo un puñado de arena al que llega el mar como si fuera aceite, contagiado del tedio y la calma más absolutas. Impresiona la verticalidad de los cantiles, que alcanzan los 25 m de altura repletos de oquedades donde habitan las palomas bravías. Todo invita a la calma y, sobre todo, a las acampadas veranicgas. El único vestigio humano son las paredes secas que jalonan el barranco, y la caseta del Rafalet, que fue construida con las piedras que fue apañando el buen hombre por los alrededores.

Descripción: Si vienes con idea de tumbarte al sol sobre la arena te llevarás un chasco, pues la mayor parte de la arena de la playa se encuentra bajo los árboles, desde donde no se ve ni el sol ni el agua. Así que lo mejor es que busques un sitio entre las rocas y declararlo república independiente. Para bucear y zambullirse es perfecta.

Accesos: Desde Sant Lluís tienes que dirigirte hacia Alcalfar por la carretera Me-8, hasta desviarte hacia la izquierda por la carretera de S'Algar. Síguela y fíjate bien, porque a 750 m del cruce verás un cartel del Camí de Cavalls hacia la izquierda. Síguelo por la carreterilla hasta que no puedas continuar más con el coche. Aparca y sigue el camino andando hasta que se curve y veas una estrecha apertura en el muro de piedra, junto a un poste del Camí de Cavalls. Pasa y sigue el sendero hasta la playa. Son 750 m.

Servicios: Ninguno.

750 m a pie
Orientada al E
Ocupación media
Entorno natural
L: 2 m
An: 2 m

COSTA SUR

De Maó a la Illa del Aire

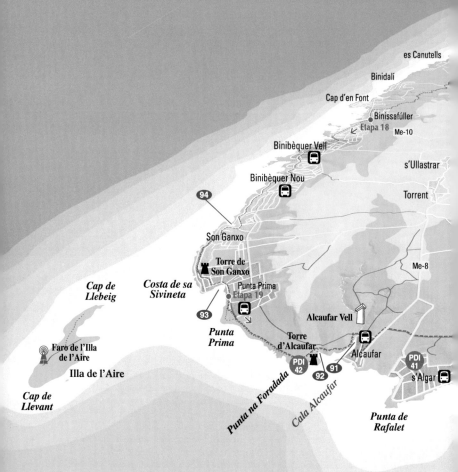

es Canutells

Binidalí

Cap d'en Font

Binissafúller
← Etapa 18   Me-10

Binibèquer Vell

s'Ullastrar

Binibèquer Nou

Torrent

94

Son Ganxo

Torre de
Son Ganxo

Me-8

Punta Prima
● Etapa 19

Cap de
Llebeig

Costa de sa
Sivineta

Alcaufar Vell

93

Punta
Prima

Torre
d'Alcaufar

Alcaufar

Faro de l'Illa
de l'Aire

Illa de l'Aire

PDI
42

92 91

PDI
41
s'Algar

Cap de
Llevant

Punta na Foradada

Cala Alcaufar

Punta de
Rafalet

PUNTOS DE INTERÉS
PDI 36 Maó
PDI 37 Cales Fonts
PDI 38 Castillo de Sant Felip
PDI 39 Cala Sant Esteve
PDI 40 Fuerte de Marlborough
PDI 41 Zona de baño S'Algar
PDI 42 Torre d'Alcaufar

PLAYAS DE ARENA
090 Caló de Rafalet
091 Alcaufar
092 Caló Roig
093 Aire
094 Biniancolla

PLAYAS DE PIEDRAS
M65 Cala de Sant Esteve

*No hay lugar en esta isla donde el agua esté más próxima al cielo...
Cuando te veas levitando entre la isla y la playa de l'Aire no sabrás
si estás en la tierra o en el cielo. Es la lucha de los elementos, de la
razón y del subconsciente. Ríndete, déjate llevar y flota.*

El rincón del navegante
de MAÓ a LA ILLA DE L'AIRE

Estas 4 millas de costa acantilada apenas ofrecen lugares protegidos donde fondear y pasar la tarde al resguardo. Cuando no sopla del SE-E se sigue notando el desagradable viento del NE, así que hasta que no doblas la Illa de l'Aire no cruzas al otro mundo, al de la costa amable y tranquila del sur. Por eso digo que el litoral que va de Maó a la Illa de l'Aire sigue siendo una zona de tránsito para los que van y vienen.

LUCES:
Punta S'Esperó
GpD(1+2)B
15s 51 m 8M
Puerto de Maó.
Punta de Sant
Carles GpOc(2)
B 6s 22m 12M
Isla del Aire
DB 5s 53m
18M

SUGERENCIA
Amarra y visita
el Castillo de
Sant Felip, La
Mola, etc. nave-
gando en www.
museomilitar-
menorca.com.

Foto: Cala Sant
Esteve.

Una porción de costa menorquina poco conocida (al menos de cerca) y poco valorada. Pero hay que saberla disfrutar. A mí, por ejemplo, me sigue fascinando hacer una paradita en la pintoresca cala Sant Esteve, ese estrecho entrante (con 90 m de boca aproximadamente) que se abre entre los históricos castillos de San Felipe y el Fuerte de Marlborough. Durante el siglo XVIII fueron de vital importancia en la defensa del puerto de Maó y hoy siguen siendo una visita muy interesante que puedes hacer a pie después de haber dejado tu barco fondeado en la cala. ¿Probaste la sensación de caminar a oscuras por las galerías subterráneas del castillo de San Felipe?

Rampas de Botadura
Cala Sant Esteve (39°51'46.49"N 4°17'58.06"E): En esta tranquila cala donde amarran decenas de barquitas hay tres rampas de botadura juntas, y una de ellas cómoda y fácil de usar. La verás en el varadero que hay en la orilla sur. Se ve bien cuando bajes por la carretera y rodees la cala. Cerca tienes sitio para dejar el coche y el remolque.
S'Algar (39°49'58.36"N 004°18' 3.20"E): En S'Algar hay un pequeño club náutico con un varadero, una rampa para vela ligera, otra para barcas y una pequeña grúa. La rampa, aunque está bastante inclinada, tiene la comodidad de unas escaleras talladas en el hormigón que hace la tarea más fácil. Tras botar la lancha puedes dejarla amarrada en el muelle que hay justo al lado mientras buscas sitio para dejar el coche y el remolque, que es la tarea más complicada.

Centros de Submarinismo
S'Algar Diving. S'Algar. Tel.: 971 15 06 01, www.salgardiving.com.
Triton Diving Center. Cala Torret. Tel.: 971 18 85 28 / 617 685 193, www.tritondivingcenter.com.

Los mejores fondeaderos

¡Ojo! En el paso entre la Illa de l'Aire y Menorca se forman rompientes y fuertes corrientes cuando hay temporales del N, S o SW. Evítalo con cualquier viento fuerte.

M65 Cala Sant Esteve

El ambiente es tranquilo y familiar, ideal para pasar la noche siempre y cuando no sople viento fresco de levante. Se sondan entre 4 y 5 m sobre fondo de piedra y cascajo.

39°51'46.49"N 4°1'758.06"E

090 Caló de Rafalet

El rincón para los más aventureros... ¡pero de poca eslora! Ni que sea para explorarlo merece la pena fondear aquí con una pequeña barca. Sondas de 4 a 6 m sobre arena y roca.

Página 261

091 Cala Alcaufar

Fondear a la entrada, junto al islote de Es Torn, sobre arena y alga y protegido de todos los vientos menos los del SE, es una gozada. Prueba en la piscina natural del Caló Roig...

Página 270

093 Playa del Aire

Puede que no haya otro lugar en la isla donde las aguas sean tan diáfanas y de color turquesa tan encendido. Los fondos son de arena y todo es perfecto menos con vientos del E-SE.

Página 272

PDI 43 Illa de l'Aire

Aunque se note el viento no se sufre el oleaje, por eso me gusta tanto pasar el día en este fondeadero tan apartado del mundo. Las sondas son de 5 a 3 m sobre arena y alga.

Página 272

Playas de piedras
de MAÓ a la ILLA de L'AIRE

M65 Cala de Sant Esteve

Al fondo del estrecho entrante con forma de "S" que caracteriza a Cala Sant Esteve se forma una pequeña playa de piedras poco atractiva para el baño. Aunque no haya playas, hay mejores opciones para el baño dentro de esta cala.

PDI

Puntos de interés en la costa
de MAÓ a la ILLA de L'AIRE

PDI 36 Maó

Esta ciudad tan vinculada al mar, con un puerto natural considerado entre los mejores del Mediterráneo, sigue ofreciendo paseos interminables por los muelles y sus luminosas calles. No te olvides de visitarla, que merece la pena.

PDI 37 Cales Fonts

Aquí están las terrazas junto al mar donde más me gusta venir a cenar. Hay de todo: tanto para ir de tapas como platos más serios. Y también para venir de cañas, al final de la tarde. Pero busca y compara, que la cosa cambia...

PDI 38 Castillo de Sant Felip

Aunque al pobre ya no le queda mucho en pie aún sigue dando guerra bajo tierra. Ven a visitarlo y recorre sus misteriosas galerías subterráneas, las que tantas historias esconden. Fue la mayor fortificación de Europa...

39°52'2.69"N 4°18'10.36"E

PDI 39 Cala Sant Esteve

No merece la pena venir por la playa, pero sí por el ambiente marinero que se respira. Aún sigue acogiendo las barquitas de los aficionados a la pesca, porque de los profesionales ya nada queda. Regala estampas de otros tiempos.

39°51'50.34"N 4°17'54.98"E

PDI 40 Fuerte de Marlborough

Otra de las visitas castrenses más recomendables, con un interesante montaje expositivo. Está al pie de la cala de Sant Esteve, muy cerca también del castillo de Sant Felip. Tienen un precio especial al visitarlo junto con La Mola.

39°51'46.71"N 4°18'5.24"E

PDI 41 Zona de baño S'Algar

A falta de playa buenas son las rocas, y si además están perfectamente acondicionadas como solárium y piscina natural, aún mejor. Eso debieron pensar los vecinos de S'Algar. Vete a darte un chapuzón y verás como no te defrauda.

39°49'59.71"N 4°18'0.07"E

PDI 42 Torre d'Alcaufar

Esta es una de las 15 torres de defensa construidas a lo largo de la costa hace más de 200 años, pero no es una cualquiera. Está restaurada y tiene un matacán por el que contraatacaban con piedras, aceite hirviendo, etc.

39°49'30.08"N 4°17'45.60"E

ALCAUFAR ⚓ ✂

091

ALCAUFAR SE ENCUENTRA ENTRE LOS RINCONES MÁS FAMILIARES DE LA ISLA, CON ESA CALITA DE ARENA BLANCA Y FINA Y SUS BARQUITAS AMARRADAS EN LA ORILLA. ES UNA COLONIA VERANIEGA CON VOCACIÓN MARINERA HECHA A MEDIDA PARA UNAS TRANQUILAS VACACIONES CON LOS NIÑOS.

Las vacaciones en familia que estabas soñando.

Ya lo verás: la playa tal parece una piscina natural donde nunca llegan las olas. Apenas tiene pendiente y podrás caminar por la orilla con tu bebé de la mano disfrutando de sus primeros baños y de sus primeros pasos. Al final de este brazo mineral el agua tal parece estar aún más cálida, como cálida es la postal que te acompañará en todo momento, con todas esas casitas emblanquinadas, los llaüts amarrados en la orilla, los tradicionales embarcaderos y los "garajes" para las barquitas; los pequeños corretean con sus redecillas de pesca cuando no están saltando al agua… es el escenario soñado para unas vacaciones con niños. Y para cuando quieras llevarlos de excursión tienes el Camí de Cavalls en la orilla salvaje, que llega hasta la minúscula calita de la página siguiente y su torre de defensa, donde la imaginación de los más pequeños les hará vivir grandes aventuras.

Descripción: La cala d'Alcaufar es un estrecho entrante con dos brazos. En el primero y más pequeño se encuentra el diminuto Caló Roig, a los pies de la torre de Alcaufar, frente a la cual se encuentra el pequeño islote de Es Torn, justo a la entrada. Después la cala avanza en forma de brazo entre dos orillas bien diferenciadas, una urbanizada y la otra totalmente virgen, hasta que se forma la playa de Alcaufar, de arena muy fina e ínfima pendiente.

Accesos: Desde Sant Lluís tienes que dirigirte hacia Alcaufar por la carretera Me-8. Cuando estés llegando a la colonia toma la primer calle a la derecha (Carrer de la Tramuntana) y síguela hasta el final, para girar de nuevo hacia la derecha. Al fondo de esta otra calle (Carrer Ample) está la playa. Si encuentras sitio podrás aparcar gratis en las calles.

Servicios: Bar, restaurante, el hotel Xuroy Alcaufar y fútbol en la playa.

COSTA SUR

- 🍺 Bar
- 🍴 Restaurante
- 🎿 Deportes
- 🚏 Parada de autobús
- 🚗 Acceso rodado
- 🧭 Orientada al SE
- 👪 Ocupación alta
- 🏠 Entorno residencial
- 📏 L: 30 m An: 45 m

✖ CALÓ ROIG

¡Enhorabuena! Acabas de descubrir una de mis perlas favoritas, una calita de arena blanca y fina hecha a la medida para dos cuya sola contemplación te seducirá como cantos de sirena. Es por esas aguas de turquesa líquida... ¡Es la piscina de las ninfas!

092

Es la piscina de las ninfas y de los soldados. Huidiza y caprichosa.

El acuario tropical que estabas buscando para sumergirte de la mano de quien tú más quieras... Pero eso sí, ya te aviso que no estarás solo, que siempre te sentirás observado. Es por culpa de la atalaya, la de Alcaufar, una de las 15 torres de defensa construidas en aquellos puntos de la costa más vulnerables frente a un posible desembarco. La torre fue construida por los españoles (esta sí) en 1786, para que no se volviera a producir otro desembarco enemigo como el que protagonizó el general Stanhope, en 1708. Esta también tiene tres plantas. La primera sirvió como almacén de la artillería, la segunda como alojamiento de los soldados y la última, la "terraza", era la que albergaba los cañones. Fíjate en el *matacán* que ostenta en la cara de tierra, esa plataforma con orificios por los que tirar todo tipo de objetos a quienes se acercaran por tierra con malas intenciones.

Descripción: Cuando te acerques y la veas puede que te sorprenda... positiva o negativamente. Y me explico: hay años en que las corrientes se llevan la arena y apenas emerge la playa, mientras que otros, como el del verano del 2011, lucía una calita de unos 6 m de anchura por 12 m de fondo. Así que... ¡sorpresa! Pero eso sí, te aseguro que si no hay playa lo que sí seguirá luciendo son esas aguas cristalinas de tonos turquesa, pues sus fondos suelen ser de arena blanca y fina. La única construcción visible a tu alrededor será la torre. Acércate, que está restaurada y merece la pena verla.

Accesos: Tienes que llegar hasta la playa anterior (la de Alcaufar) y, una vez allí, seguir el precioso tramo del Camí de Cavalls hacia el W durante 650 m. Empieza en la parte trasera de la playa, junto al muro. No es duro y además ofrece unas vistas fabulosas.

Servicios: Solo en Alcaufar.

650 m a pie
Orientada al E
Ocupación media
Entorno natural
L: 6 m
An: 12 m

COSTA SUR

AIRE - PUNTA PRIMA ⚓ ✖ 🏖

093

Si no fuera por la cantidad de turistas que la asedian la playa del Aire sería lo más cerca que se pueda estar del cielo sin dejar de pisar la tierra. Ven y deja que las olas te mezclan sobre ese mar ingrávido. Sé como una pluma en el aire... ¡Celebra la vida!

Las aguas turquesas más impresionantes de la costa este.

La playa del Aire también es la de punta Prima, el segundo apodo que recibe debido a la cercanía del saliente rocoso que la cierra por el este. El sol aquí brilla más que nunca porque se refleja en la arena del fondo creando una estampa sublime por partida doble. Estas aguas tan diáfanas y de colores imposibles se deben a los fondos de arena y escasa profundidad que median entre la playa y la Illa de l'Aire, ese islote (el segundo en tamaño después de la Illa d'en Colom) que emerge a 1.300 m de la orilla. Nadar aquí es como levitar sobre polvo dorado y turquesas... una experiencia inimaginable. Y ahora déjame que te diga lo que puedes visitar después del homenaje acuático: en punta Prima aún se ven los restos de unas antiguas salinas, y cuando las condiciones del mar sean propicias verás a los surfistas disfrutando frente a ella en uno de los mejores spots del surfing en Menorca.

Descripción: Este precioso arenal de 140 m de longitud por 85 m de anchura contó con un campo de dunas excepcional originado por los vientos de levante, pero la primera línea de costa fue urbanizándose tanto que acabó con lo poco que quedaba. Sigue habiendo arena blanca y fina, y sus fondos son de muy poca pendiente y sin apenas oleaje, perfectos para el baño de todos, hasta de los más pequeños. Hay una calita hacia la parte E de la playa menos frecuentada, separada por una estrecha franja rocosa frente a la cual aún quedan *casetes de vorera* de los pescadores.

Accesos: Saliendo de Sant Lluís por la Me-8 vete siguiendo los carteles indicadores hacia punta Prima y la carretera te llevará hasta la misma playa. Tienes 332 plazas de parking justo tras la playa, cerca de un parque para niños.

Servicios: Socorristas, alquiler de hamacas, sombrillas y pedalos, bares, etc.

COSTA SUR

- 🍽 Bares
- 🛎 Alquiler
- 🚤 Deportes náuticos
- 🚌 Parada de autobús
- 🅿 Aparcamiento
- 🚗 Acceso rodado
- 🧭 Orientada al SE
- 👪 Ocupación alta
- 🏠 Entorno residencial
- 📏 L: 140 m / An: 85 m

✄ BINIANCOLLA

094

LO DE MENOS SON LAS PLAYAS... BINIANCOLLA ES MÁS UNA ALEGRE COMPOSICIÓN DE CASITAS MARINERAS QUE UNA PLAYA AL USO. UN ESTRECHO BRAZO DE MAR PROTEGE LAS BARCAS DE LOS PESCADORES DEL OLEAJE REGALANDO ESTAMPAS DE OTRO TIEMPO. VEN, QUE MERECE LA PENA VERLO.

Una cala que se disfruta más con el caballete o la cámara de fotos.

Pero ven armado de caballete, paleta y pinceles, o con tu cámara y el trípode, que cuando el sol se precipita tras el horizonte cansado de cumplir con los deseos de los turistas ofrece postales sublimes por partida doble. Las sombras se estiran y el agua refleja los dramas cotidianos del cielo en cada atardecer; y al tiempo van llegando, una tras otra, las barquitas; algunas vienen de haber pasado el día junto a la Illa de l'Aire, que recibe tal topónimo por sufrir el azote de todos los vientos. Es tan baja que los marinos no la veían en su derrota y acababan estrellando las amuras de sus barcos contra ella, así que en 1860 construyeron el faro, el único en España con una óptica catadrióptica de horizonte como reserva. La linterna es, además, del tipo aeromarítimo, es decir, que sirve de guía tanto a los barcos como a los aviones, pues tiene acristalada toda su superficie, incluida la cúpula.

Descripción: Y las playas... ya las verás cuando vengas. Apenas son una pequeña porción de grava poco apetecible a un lado y otra aún más pequeña junto al que llaman Passeig Marítim; aunque para darse un baño igual te sirven las plataformas rocosas más cercanas, donde amarran las barquitas. Tengo que admitir que son aguas más al gusto de navegantes y pescadores que de bañistas. Hay otras playas cercanas mucho más apetecibles...
Accesos: Saliendo de Sant Lluís por la Me-8 vete siguiendo los carteles indicadores hacia punta Prima –primero– y hacia Biniancolla –después–. Síguelos y tras el nº 12 del Passeig de Sa Marina verás la principal de las playas. La otra playita está junto a la parada del autobús y el paso de peatones. Si puedes aparca gratis en esa misma calle.
Servicios: Hay varios restaurantes y colmados (tiendas) en los alrededores.

COSTA NORTE

Tiendas
Restaurante
Parada de autobús
Acceso rodado
Orientada al SW
Ocupación media
Entorno residencial
L: 12 m
An: 6 m

De la Illa de l'Aire al Cap d'en Font

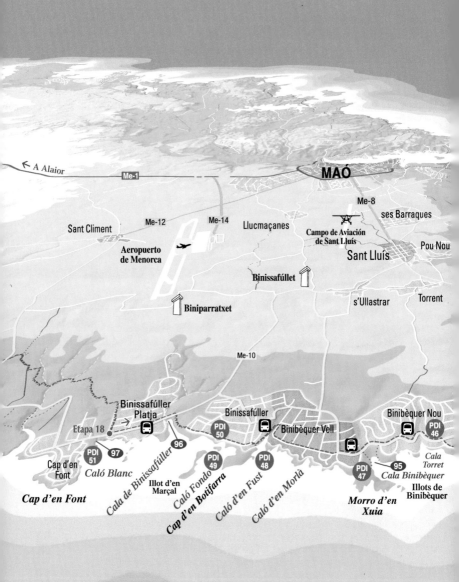

← A Alaior
Me-1
MAÓ
Me-8
ses Barraques
Sant Climent
Me-12
Me-14
Llucmaçanes
Campo de Aviación de Sant Lluís
Aeropuerto de Menorca
Sant Lluís
Pou Nou
Binissafúllet
s'Ullastrar
Torrent
Biniparratxet
Me-10
Binissafúller Platja
Binissafúller
Binibèquer Nou
PDI 46
Etapa 18
Binibèquer Vell
Cala Torret
PDI 51 — 97
96
PDI 50
PDI 49
PDI 48
95
Cala Binibèquer
Cap d'en Font
Caló Blanc
Cala de Binissafúller
Illot d'en Marçal
Caló Fondo
Cap d'en Botifarra
Caló d'en Fust
Caló d'en Morlà
PDI 47
Illots de Binibèquer
Cap d'en Font
Morro d'en Xuia

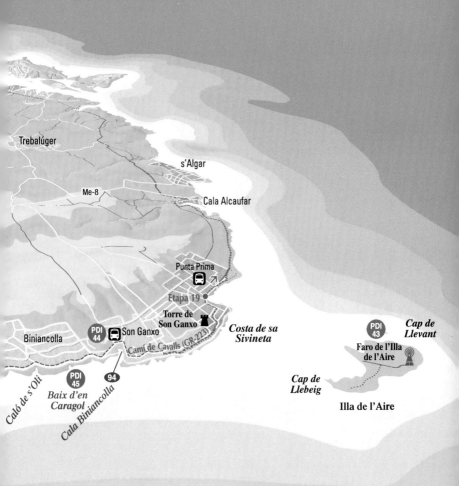

Trebalúger

s'Algar

Me-8

Cala Alcaufar

Punta Prima

Etapa 19

Torre de
Son Ganxo

**Costa de sa
Sivineta**

PDI
44 Son Ganxo

Biniancolla

Camí de Cavalls (GR-223)

Cap de
Llevant

PDI
43

Faro de l'Illa
de l'Aire

Caló de s'Oli

PDI
45

94

*Baix d'en
Caragol*

Cala Biniancolla

Cap de
Llebeig

Illa de l'Aire

PUNTOS DE INTERÉS
PDI 43 Illa de l'Aire
PDI 44 Biniancolla
PDI 45 Baix d'en Caragol
PDI 46 Cala Torret
PDI 47 Cova des Pont
PDI 48 Binibèquer Vell
PDI 49 Es Racó Fondu
PDI 50 Caló de Sa Barca
PDI 51 Caló Blanc

PLAYAS DE ARENA
094 Cala de Biniancolla
095 Binibèquer
096 Binissafúller
097 Caló Blanc

Del Cap d'en Font a Cala en Porter

el Toro
362

Alaior

← A es Mercadal

Me-1

Torralba
d'en Salort

l'Argentina

Algendar

Barranc

de

Cala

na

So na Caçana

Me-12

Binixiquer

Cales Coves

Son Vitamina

Barranc de Son Domingo

Camí de Cavalls (GR-223)

Penyes

ses

de

Barranc

Etapa 17

Porter

Cala en Porter

PDI 55

PDI 52

es Canutells

PDI 56

Necrópolis de
Cales Coves

PDI 54

PDI 53

Cova d'en Xoroi

101

PDI 102

na Blanca

100

Cala en Porter

Cales Coves

*Punta
des Pins*

*Morro
d'en Toni*

es Canutells

MAÓ

Me-1

Me-14

Me-12   Me-14   Llucmaçanes

Sant Climent

Me-8   ses Barraques

Campo de Aviación
de Sant Lluís

Aeropuerto
de Menorca

Sant Lluís

s'Ullastrar

Biniparratxet

Me-10

Caparrot de Forma

sa Falconera
na Forenita

Caparrot de Forma

Binidalí

Biniparratx

Etapa 18

99   **98**

Cala de Binidalí

Cala de Biniparratx

Cap d'en Font

Cap d'en Font

PUNTOS DE INTERÉS
PDI 52 Puerto de Es Canutells
PDI 53 Cova de ses Atxes
PDI 54 S'Enderrossall de Binicalaf
PDI 55 Cuevas de Cales Coves
PDI 56 Cova d'en Xoroi

PLAYAS DE ARENA
098 Biniparratx
099 Binidalí
100 Canutells
101 Cales Coves
102 Cala en Porter

Es el hogar del viento y las lagartijas, una especie endémica de reptil de color negro que subsiste aferrado a este pedazo de tierra como un náufrago a un madero a la deriva. Aunque viven solas –como el faro de la Illa de l'Aire– no les gusta la compañía.

El rincón del navegante de LA ILLA de L'AIRE a CALA EN PORTER

Entre la Illa de l'Aire y el Cap d'Artrutx se extiende la verdadera costa sur de Menorca, las 23 m de costa más hermosas, seguras y placenteras para la navegación. Salvo contados escollos, aquí navegarás tranquilo y al socaire de la tramontana, pudiendo hacer noche fondeado en multitud de calas donde el único inconveniente de los meses de verano es la masificación. Ven mejor en junio, septiembre u octubre.

LUCES:
Illa de l'Aire
DB 5s 53m 18M
Baix d'en Caragol Q(6) W+LFl 15s 10m 5M
No confundir con la **boya ODAS** Q(5)Y 20s 3M

Dónde amarrar

Tanto en Biniancolla como en Binibèquer, Binibèquer Vell, Binisafúller y Es Canutells hay varias boyas privadas donde amarran sus embarcaciones los veraneantes de la zona.

Rampas de Botadura

Rampas de Biniancolla: Hay tres, la del Passeig Marítim nº9 (en la orilla W, 39°48'43.96"N 4°15'47.03"E) y las otras dos junto al Passeig del Pescador (en la orilla E, 39°48' 39.75"N 4°15'47.13"E). Prefiero la primera porque es más ancha y está más protegida del oleaje, pero las otras dos (talladas en la roca) también te pueden valer si vas a botar una lancha con poca manga.

Foto: Biniancolla.

Rampas de Binibèquer (39°48' 59.75"N 4°14'34.28"E): 250 m al E de la cala de Binibèquer, al final del Carrer Port, hay un pequeño club náutico con una grúa, varadero y rampa de botadura, ancha (de 8 m) y con poca pendiente. Y al final del Passeig dels Porxos (39°48'57.83"N 4°14'42.41"E), muy cerca, hay otra.
Rampa del Caló d'en Fust Binibeca Vell (39°49'23.82"N 4°13'46.11"E) El pueblo más fotografiado de Menorca también tiene rampa gratuita.
Rampa del Caló de sa Barca (39°49'28.46"N 4°13'27.51"E). Se encuentra ubicada en el Passeig de la Mar de Binissafúller, en un varadero.
Rampa de Canutells (39°51' 4.78"N 4°10'7.02"E). Aunque es muy pendiente, es ancha y cuenta con un murete al final sobre el que caminar y embarcar fácilmente.
Rampa de Cala en Porter (39°52' 14.84"N 4°7'57.91"E): Es una rampa muy ancha, con poca pendiente y con el mar casi siempre en calma. El canal está balizado.

Centros de Submarinismo

Triton Diving Center. Cala Torret. Tel.: 971 18 85 28 / 617 685 193, www.tritondivingcenter.com.

Los mejores fondeaderos

¡Ojo! entre el Escull d'en Marçal y el Illot de Binissafúller. El Baix d'en Caragol (balizado de noche y de día) vela a 330 m de la costa entre Biniancolla y Binibèquer.

095 Cala de Binibèquer

Con agua turquesa, fondo de arena, sondas de 6 a 9 m y muy protegida de todos los vientos menos los del SE. Es una auténtica delicia. No se le puede pedir más.

Página 286

097 Es Caló Blanc

Otro excelente lugar para pasar largas temporadas protegido de todos los vientos menos los del S. Se sondan 7 m sobre arena. ¡Ojo con las piedras que hay al E, entre los islotes!

Página 288

098 Cala de Biniparratx

Una cala virgen (estrecha y protegida de los vientos) para pasar el día o la noche. Se sondan 6 m sobre arena y alga. Procura tender un cabo a tierra. Cuanto más adentro mejor.

Página 289

101 Cales Coves

Una cala mítica y muy popular, para pasar el día o la semana alejado del mundo. Lo mejor es fondear sobre arena con sondas de 5 m y tender un cabo por popa a tierra.

Página 292

102 Cala en Porter

Es buena para pasar el día y la noche, con cualquier eslora. Se sondan de 12 a 4 m sobre arena. Con vientos del S-SW es muy incómoda. Todo está escaleras arriba...

Página 293

Puntos de interés en la costa de la ILLA DE L'AIRE al CAP D'EN FONT

39º482.97'N 4º1729.02'E

PDI 43 Illa de l'Aire

Esta isla sin relieve sufre el embate de todos los vientos como una tabla en el mar, a la que se aferran para sobrevivir los sufridos conejos, las lagartijas endémicas de color negro y la melancolía del faro, que vive solo desde 1976.

39º4845.90'N 4º1549.62'E

PDI 44 Biniancolla

Hace años Biniancolla solo eran cuatro casetas *d'anar a vega,* otros tantos *escars* y una docena de *llaüts* que esperaban pacientes amarrados en la orilla. Aunque los tiempos cambian supo conservar el tipo y seguir la receta original.

39º4834.86'N 4º1511.42'E

PDI 45 Baix d'en Caragol

Esa mancha luminosa en el azul ultramar -coronada por crestas de espuma blanca y un poste que brilla en la oscuridad- es el Caragol, el culpable de muchos naufragios. Hoy día, y gracias al ingenio del hombre, ya no se esconde.

39º490.76'N 4º1'45.23'E

PDI 46 Cala Torret

Siempre me ha gustado darme un paseo por el que llaman Passeig dels Porxos, en cala Torret, viendo los portones de colores, las barquitas mecerse en el agua, las esmeraldas del mar y las casitas encaladas. Todo huele a Menorca.

PDI 47 Cova des Pont

Tanto si puedes hacerte con una barca, con un kayak o incluso con una lancha de pedales, merece la pena acercarse a ver la Cova des Pont. Si vienes caminando también se ve, pero ten cuidado al asomarte, ¡que da vértigo!

39°48'52.87"N 4°14'17.71"E

PDI 48 Binibèquer Vell

No hay postal de Menorca más repetida -ni más curiosa- que estas casitas de nieve apiñadas entre sí. Aunque parezca lo contrario, nunca fue un pueblo de pescadores. Si recorres las callejas, con suerte, escucharás el silencio.

39°49'23.80"N 4°13'49.13"E

PDI 49 Es Racó Fondu

Cuando la arena blanca de la playa ya no es suficiente lo que se estila es venir al Racó Fondu, la piscina natural entre rocas y fondos de colores. Lo llaman zona de baño, y tiene escalera, solárium y trampolines naturales.

39°49'22.71"N 4°13'32.74"E

PDI 50 Caló de Sa Barca

En el Caló de sa Barca -situado en mitad del Passeig de la Mar, frente al Illot d'en Marçal y otros pequeños escollos que lo protegen- hay un pequeño varadero con decenas de barquitas que regala estampas muy marineras.

39°49'28.46"N 4°13'27.51"E

PDI 51 Caló Blanc

Otra de esas zonas de baño donde darse el lujo de nadar entre turquesas líquidas. Hay escaleras, embarcadero y solárium, para que no te falte de nada. Sigue la Baixada des Moll desde el Passeig del Cap d'en Font, en Binissafúller.

39°49'43.25"N 4°12'33.51"E

Puntos de interés en la costa del CAP D'EN FONT a CALA EN PORTER

39°51'7.39"N 4°1'06.83"E

PDI 52 Puerto de Es Canutells

Es Canutells tiene unos simpáticos muelles donde los veraneantes amarran las barquitas, pero lo más curioso de todo son esas cuevas en la roca que hacen de garaje y almacén para los pescadores. ¡Acércate a verlo!

39°50'58.70"N 4°9'55.57"E

PDI 53 Cova de ses Atxes

Tan pronto se sale navegando de Es Canutells hacia Cala en Porter los acantilados aparecen horadados como un queso gruyer. Algunas cuevas son tan altas como esta y tienen peligrosas aberturas en la superficie. Es impresionante.

Acantilados de la costa sur

Cales Coves

PDI 54 S'Enderrossall de Binicalaf

Aún no me explico quién pudo haber construido esas escaleras hasta el mar. Tanto la estratificación del acantilado como el paraje en sí son excepcionales.

39°51'17.40"N 4°9'29.31"E

PDI 55 Cuevas de Cales Coves

Cuando vengas a esta cala tienes que explorar sus cuevas. Entra y siéntate. Piensa e imagina cómo fueron aquellos enterramientos... y cómo tuvo que haber sido la vida de los hippies aquí. También fue la guarida de los piratas.

39°51'49.04"N 4°8'48.55"E

PDI 56 Cova d'en Xoroi

No te puedes marchar de Menorca sin haberte tomado una copa viendo el sol ponerse desde la cueva del moro. Es el bar y discoteca más famoso de la isla, tan de moda de día como al caer la noche. ¿Te gusta el chill out?

39°51'49.02"N 4°8'21.00"E

BINIBÈQUER ✂ ⚓

095

A PESAR DE ESTAR EN UNA ZONA URBANIZADA, LA CALA DE BINIBÈQUER CONSERVA SU ENTORNO MÁS PRÓXIMO EN ESTADO VIRGEN. POR ESO AFIRMO SIN TEMOR A EQUIVOCARME QUE ES LA PERLA QUE BUSCAMOS TODOS: LA DE ARENA COMO HARINA, AGUA COMO EL AIRE Y FONDOS DE TURQUESA.

Para venir con los niños, en pareja, con amigos...

Los ingredientes esenciales del paraíso soñado, de la tierra prometida... el lugar donde si mi economía lo permitiera, me trasladaría de por vida. Es el retiro que anhelamos todos: el que nos aleja del mundanal ruido y las prisas sin sentido. Eso debió soñar Antonio Sintes aquel buen día en que dio luz al pueblo blanco de Binibèquer Vell, diseñado a imagen y semejanza del poblado de pescadores que soñamos todos. Nada que ver con las conejeras de hormigón a las que nos tenían acostumbrados... Este núcleo veraniego sigue siendo igual de fotogénico. En sus calles se prohíbe el griterío... para hacerlas aún más silenciosas, porque se trazaron solo para transeúntes a dos patas (y alguno con cuatro, bigotes y mirada felina). Nunca antes te habrás sentido tan feliz perdido, desorientado por sus callejas encaladas... Es el escenario donde se desatan los amoríos veraniegos de los más jóvenes.

Descripción: Pero el poblado de Binibèquer Vell lo tienes 1.200 m antes (o después, según se mire) de esta playa de arena blanca. Fíjate en el pinar: a la sombra te esperan las mesas y sillas de madera de una zona de picnic donde podrás merendar con los más pequeños. Y fíjate, también, en el sendero que corre hacia la derecha, hacia la punta rocosa, porque llega hasta la parte más tranquila de la playa (una calita de arena fina, anexa y divina) a la vez que hacia la más excitante, la Cova des Pont. Camina por las rocas y la descubrirás. Es un tremendo hueco horadado en la roca calcárea, navegable y que cae a pico hacia el mar. ¡Ojo con los peques!
Accesos: Siguiendo los carteles indicadores por la carretera Me-8 desde Sant Lluís. Se puede aparcar en dos parkings que hay a 150 m de la arena.
Servicios: Hamacas y sombrillas, socorrista y un curioso chiringuito.

COSTA SUR

☐ Chiringuito
☐ Alquiler
☐ Parada de autobús
P Aparcamientos
☐ Acceso rodado
☐ Orientada al SE
☐ Ocupación alta
☐ Entorno residencial
☐ L: 85 m
An: 30 m

✖ CALA BINISSAFÚLLER

Me declaro fiel transeúnte enamorado de las "bini-calas". Todas las que empiezan por "bini" me saben a gloria. A mí y a muchas familias más, pues en playas como esta encontramos el mejor de los refugios. Del viento, del mar y del turismo de masas.

096

El rincón de las "bini-familias".

Puede que no sean ni tan conocidas ni tan famosas como cala Mitjana, Turqueta, Macarella, etc., pero a cambio regalan tardes infinitas sumergidos en la más deliciosa indolencia, capaz de mitigar cualquier indicio de estrés o llanto desesperado. Los niños descansan tanto como los padres, viéndolos corretear por la orilla sin temor alguno. La playita está totalmente protegida del oleaje y apenas tiene pendiente, así que disfrutan ellos y disfrutamos todos, porque podrás aparcar cerca y llevar todos los trastos sin esfuerzo hasta la playa. Me encanta observar la estampa de todas esas barquitas amarradas junto a las casetes de vorera perfectamente rehabilitadas, reconvertidas en casita de veraneo tan emblanquinadas que a más de una no le queda ni el techo del color de la teja. Hay un barco vinatero del año 1.300 a.C. hundido en la bocana y un interesante poblado talayótico de camino a Binissafúller.

Descripción: La playa se forma al final de un estrecho entrante cuyas orillas están repletas de barquitas amarradas. Solo la de poniente está urbanizada, y lo que hay son casitas de planta baja alegremente ajardinadas. Es perfecta para bucear siempre y cuando tengamos en cuenta las barcas que salen y entran. Tras el arenal, que alcanza los 50 m de longitud por 25 m de anchura, está "la sede" del Club Náutico Binisafua Playa: una deliciosa casita de dos plantas y una pequeña explanada tras el muro donde guardan los remolques y las barcas.

Accesos: De Sant Lluís sale la carretera Me-5 que llega hasta el cruce donde está el poblado talayótico de Binissafúller. Merece la pena parar a ver la famosa taula y luego seguir hacia la izquierda, hasta llegar a la playa siguiendo los carteles indicadores. Hay parada de bus y parking ordenado y gratuito al lado.

Servicios: Wc y restaurante cercano.

Parada de autobús
Aparcamiento gratuito
Acceso rodado
Orientada al S
Ocupación alta
Entorno residencial
L: 50 m
An: 25 m

COSTA SUR

CALÓ BLANC ⚓

097

VEN, QUE TE LA PRESENTO: EL CALÓ BLANC ES LA PRIMA HERMANA DEL CALÓ ROIG, DE LA QUE APENAS SE DIFERENCIA. ¿TE ACUERDAS...? SON COMO DOS GOTAS DE AGUA. AMBAS REGALAN BAÑOS DE SOL Y OLA SOLO PARA DOS, PERO EN DOSIS REDUCIDAS. SON COMO LAS BUENAS ESENCIAS...

Cuando se abarrota ya no es lo mismo. Y cuando no está, peor todavía...

Que vienen en recipientes pequeños. Pero estas dos además son muy caprichosas, y un poquito esquivas, pues son calitas (*caló* para los isleños) que hay veces que desaparecen empujadas por las corrientes. Después de los temporales del invierno es muy común que algunas playas adelgacen, quedando parte de la arena sumergida frente a la playa. Lo normal es que durante el verano las condiciones de calma reinantes permitan que vuelva a emerger la arena, aunque hay años que esto no sucede así. A principios de la primavera es cuando más posibilidades hay de encontrarte solo el sitio, y a veces incluso lleno de posidonia, que aunque sea un buen bioindicador (si están es que el agua es limpia y pura) resultan un tanto desagradables para el baño. Ten paciencia, que seguro que el próximo año que vuelvas estarán ahí para que las disfrutes. Por si acaso, aquí te dejo la foto.

Descripción: Entre el Cap d'en Font y el Illot de Binissafúller la costa va formando numerosos recodos, aunque solo en este se acumula la arena lo suficiente para formar una playa. Abundan los escollos e islotes, algunos muy peligrosos para la navegación como la Llosa d'Enmig. Las dimensiones de la playa son del todo reducidas: apenas 2 m de longitud y unos 7 u 8 m de fondo. Toda esta porción litoral está urbanizada, aunque la mayoría son deliciosas casitas con jardines bien plantados y de arquitectura típica isleña.

Accesos: Sigue los que te describí para llegar hasta la playa anterior y cuando estés en su parking sigue conduciendo 500 m más hacia el W, hasta que veas una explanada de tierra hacia la izquierda. Aparca y fíjate en el cartel indicador. Hay un senderillo escalonado que baja hasta la calita. Tendrás que caminar solo unos metros.

Servicios: ¿Y dónde los meterías?

COSTA SUR

- 🚗 Acceso rodado
- ◎ Orientada al S
- 👥 Ocupación media
- 🏠 Entorno residencial
- L: 2 m / An: 7-8 m

Posición: 39°49'43.18"N 4°12'34.02"E   Población próxima: Sant Lluís 6,2 km   Puerto próximo: Port de Maó 9,3 M

⚓ 🏊 BINIPARRATX

098

DE TODAS LAS "BINI-PLAYAS" ESTA ES LA MÁS APARTADA Y LA QUE SE CON-
SERVA EN ESTADO MÁS VIRGINAL, LO CUAL HA HECHO QUE SEA UNO DE
LOS PARAJES MÁS VALORADOS POR LOS NUDISTAS, POR LOS NAVEGANTES…
Y HASTA POR NUESTROS ANTEPASADOS, QUE FUERON ENTERRADOS AQUÍ.

Una de las calas más naturales y salvajes del sureste.

Si vienes en primavera caminando por el senderillo que discurre por el centro del barranco irás disfrutando del aroma y el vibrante color amarillo de la flor de la *argelaga*, que se vuelve una planta muy antipática durante el verano, cuando solo es un montón de espinas. La primavera en Menorca –y en este barranco en especial– es florida y hermosa, con gran variedad de especies compitiendo por la atención de los insectos. Todo luce cual paraíso, quizás por eso los antiguos pobladores de la isla escogieron este sitio para su sueño infinito. Cuando vengas fíjate en los acantilados de la derecha. ¿Ves las cuevas? Fueron talladas durante la época del bronce (final del primer milenio a.C.) para enterrar los cuerpos de los mandatarios, familias pudientes e influyentes en la sociedad de aquellos tiempos. Siglos después fueron profanadas y usadas como vivienda, para ocultar contrabando, etc.

Descripción: Esta playita virgen de arena fina y cantos rodados tiene forma de embudo y apenas alcanza los 22 m de longitud por 40 m de anchura. Se trata de un buen ejemplo de las calas que nos iremos encontrando a partir de ahora, formadas al fondo de un estrecho entrante, entre acantilados carbonatados que se fueron erosionando por la acción combinada del torrente y las subidas y bajadas del nivel del mar. Los fondos son de arena, con abundantes restos de posidonia también en la orilla.

Accesos: Ven desde la playa de Binissafúller siguiendo la carretera en dirección W. Pasa de largo el Caló Blanc y cuando llegues a un cruce gira a la derecha hacia Sant Climent y Binidalí. Desde aquí calcula 1.050 m y aparca en la 1ª explanada que veas bajando hacia la izquierda. De aquí se baja caminando 300 m hasta la playa.
Servicios: Ninguno.

300 m a pie
Orientada al SE
Ocupación media
Entorno natural
L: 22 m
An: 40 m

COSTA SUR

BINIDALÍ ⚓ ✖

099

HE AQUÍ OTRA PEQUEÑA JOYA, UNA DE MIS PERLAS PREFERIDAS PARA VE-
NIR CON MI PAREJA. AUNQUE ARENA TIENE POCA LE SOBRA GRACIA Y SI-
TIOS DESDE LOS QUE LANZARSE AL AGUA. TIENE ENCANTO, SE LLEGA BIEN
Y DESDE LA PLAYA NO SE VE NADA QUE NO SEA MAR, ROCA Y NATURALEZA.

En Binidalí es habitual la práctica del nudismo.

Nada corrompe el ambiente, nada que no sea un muro a tus espaldas de piedra *marès* –derelicto de un proyecto de urbanización fracasado– y una deliciosa caseta de *anar a vega*, admirablemente integrada en los acantilados que cierran la playa por poniente. La morfología de esta cala –encajada entre los acantilados– es otro buen ejemplo de lo que iremos viendo a partir de ahora. Sus orígenes geomorfológicos están ligados a la presencia de un curso de agua que circula erosionando el sustrato. Pero si además se produce una bajada del nivel del mar, bien sea por un levantamiento litostático o por la acumulación de agua en los casquetes polares durante las últimas glaciaciones, los cursos de agua van formando acanaladuras en forma de cañón. Cuando sube el nivel del mar las aguas penetran, erosionan y arrastran el sedimento formando pequeñas playas como ésta.

Descripción: Sus dimensiones (unos 15 m de largo por 30 m de fondo) lo dicen todo acerca de la forma de embudo de esta calita encajada entre los cantiles. Espacio no hay mucho, sobre todo teniendo en cuenta que es una playa muy popular entre los veraneantes de las urbanizaciones más cercanas. Mientras que la playa está orientada al S la boca de la cala lo está al SE, así que apenas le afecta el oleaje, convirtiéndose en una fabulosa piscina natural con fondos de arena y agua turquesa muy recomendable también para el buceo de superficie.
Accesos: A la entrada de Sant Climent ya se ve el cartel indicador hacia Binidalí, Biniparratx, Binissafúller, etc. Sigue la carretera que te llevará directo hasta la urbanización, y cuando estés en la entrada gira hacia la izquierda por la tercera calle. Al final está el parking, y desde él las escaleras a la playa.
Servicios: Un kiosco con bebidas.

COSTA SUR

🚌 Parada de autobús
🅿 Aparcamiento gratuito
🚗 Acceso rodado
☀ Orientada al S
👥 Ocupación alta
🌲 Entorno natural
↕ L: 15 m An: 30 m

Posición: 39°50'4.42"N 4°11'52.94"E　　　Población próxima: Sant Climent 5 km　　　Puerto próximo: Port de Maó 10 M

✂ CANUTELLS

ESTA PLAYA PROTEGIDA DEL OLEAJE POR LOS ACANTILADOS ES FAMOSA ENTRE LOS PESCADORES, TANTO LOS QUE LO SON POR OFICIO COMO POR AFICIÓN. AUNQUE TIENE CIERTO ENCANTO Y SABOR MARINERO LA VERDAD ES QUE NO GUSTA MUCHO ENTRE EL GRAN PÚBLICO... Y TE DIGO POR QUÉ:

100

Una playa muy curiosa pero nada amiga de los que padezcan reuma.

Porque la arena –aunque es blanca y fina– siempre está húmeda debido al torrente que vierte aquí sus aguas, incluso en pleno verano, así que si vas con la idea de tumbarte sobre ella con la toalla... ¡lo mismo te da un lumbago! Por eso siempre que vengo prefiero ir a la otra playita de Es Canutells, una pequeña cala que hay en la orilla izquierda, junto a la rampa de botadura. Es diminuta pero suele estar más seca. Y si a pesar de todo no te agrada la idea, lo mismo sacias tu curiosidad observando las casas cueva, que son esos garajes de los pescadores construidos aprovechando las grutas naturales tan abundantes en el talud calcáreo de la orilla izquierda. Ejemplos de aprovechamiento del espacio como estos, pero mucho más espectaculares, los tienes en Calesfonts, en el puerto de Es Castell (Maó), donde las cuevas se han aprovechado como restaurantes, boutiques, etc.

Descripción: Se trata de dos calas, la primera, la mayor (de 50 m de largo por 30 m de anchura media), es la que se ve en la esquina derecha; y la segunda, muy pequeña (unos 3 m de ancho por 10 m de largo), se encuentra en la parte superior izquierda, aunque apenas se ve en la foto. Entre ambas hay un acantilado vertical de unos 20 m de altura donde están las "cuevas garaje" y unos pequeños embarcaderos (en realidad son como pasarelas sobre el agua) donde amarran las barquitas los veraneantes de la zona. En el extremo del acantilado de la orilla derecha hay una sima vertical que cae 20 m al agua dejando una cueva abierta y visible también desde el mar. Apenas hay sendero...

Accesos: Sigue los carteles indicadores desde el acceso descrito en la página anterior y podrás aparcar gratis junto a la playa. Hay que bajar escaleras.

Servicios: Varios restaurantes cerca.

Restaurantes 🍴
Parada de autobús 🚌
Aparcamiento gratuito 🅿
Acceso rodado 🚗
Orientadas al S ◉
Ocupación media 👥
Entorno residencial 🏠
(2) L: 3 m An: 10 m
(1) L: 50 m An: 30 m

COSTA SUR

Posición: 39°51'9.74"N 4°10'6.16"E | Población próxima: Sant Climent 4,9 km | Puerto próximo: Port de Maó 11,7 M

CALES COVES 🏊 ⚓

101

A PESAR DE LA FALTA DE COMODIDADES PARA EL BAÑISTA DE A PIE ESTA CALA ES UNA DE LAS MÁS FAMOSAS DE LA ISLA. LA RAZÓN ES MUY SENCILLA: AQUÍ ESTÁ LA MAYOR NECRÓPOLIS DE LA PREHISTORIA MENORQUINA. SON CASI 100 CUEVAS DE ENTERRAMIENTO CON 3.000 AÑOS DE HISTORIA.

Una cala virgen, emblemática... y misteriosa.

Y algunas se pueden explorar. Por eso tengo que afirmar que la excursión merece la pena. Y digo "excursión" porque durante los meses de las masas se impide el acceso a los vehículos, que tienen que aparcar a unos 900 m de la playa. Pero da igual: ¡el paseo merece la pena! Cuando llegues a la playa (la mayor de las dos) sigue caminando por un sendero que avanza junto al acantilado de la izquierda. Se va trepando por el cantil y ascendiendo con relativa facilidad hasta ir pasando junto alguna de las cuevas. A medio camino te encontrarás con dos caras talladas en la roca (que nada tienen que ver con nuestros antepasados), y si sigues hasta el final podrás llegar hasta la parte más alta del acantilado (desde la que hay una vista espectacular) y hasta una de las cuevas más grandes. La mayoría están tapiadas, ya que estos tremendos sarcófagos fueron "okupados" por los hippies.

Descripción: La cala está formada por la desembocadura de dos barrancos, el de Santo Domingo y Biniadrís, cuya unión origina una cala en forma de "Y" orientada al sur y encajada entre acantilados verticales de unos 20 m de altura. La primer playa que se ve al llegar por el camino principal es de arena gruesa y restos vegetales, poco atractiva para tomar el sol. Si se sigue caminando hacia la derecha por la terraza que forma el talud se llega hasta la otra cala, mucho más rocosa. La mayoría de los visitantes son barcos fondeados. Es buena para ver, explorar y bucear. Poco más.

Accesos: En la carretera Me-12, entre Sant Climent y cala En Porter, hay una rotonda desde la que se sale de la carretera principal hacia Cales Coves. Un cartel lo indica. Sigue y toma la primer salida a la derecha (Coves) y sigue la carretera hasta donde puedas.

Servicios: Ninguno.

COSTA SUR

🚶 900 m a pie

🧭 Orientadas al (1) SW y (2) NE

👫 Ocupación media

🌲 Entono natural

↔️ (2) L: 25 m An: 5 m

↔️ (1) L: 12 m An: 10 m

Posición: 39°51'54.60"N 4°8'49.35"E | Población próxima: Sant Climent 6,2 km | Puerto próximo: Port de Maó 13 M

AYUNTAMIENTO DE ALAIOR

🏊 ♿ ⚓ 🌿 CALA EN PORTER

LA DE CALA EN PORTER ES UNA DE LAS PLAYAS MÁS CÓMODAS DE LA COSTA SUR. TIENE CASI TODOS LOS SERVICIOS (INCLUSO PARA DISCAPACITADOS), ES TAN SEGURA COMO UNA PISCINA NATURAL Y CUENTA CON UN PARQUE INFANTIL. DE DÍA ES EL PARAÍSO DE LAS FAMILIAS Y DE NOCHE…

102

La playa que lo tiene todo para todos. La de la famosa Cova d'en Xoroi.

la Meca del *chill out* y del *house*. Pero no te equivoques, que la fiesta no la montan en la playa, sino en una cueva cercana, la Cova d'en Xoroi, que pasa por ser uno de los sitios más visitados de la isla, sobre todo por la gente joven con ganas de fiesta. Pero puedes ir a verla con la familia durante cualquier hora del día, aunque lo mejor sea la puesta de sol tomándose algo bien acompañado, disfrutando de la panorámica desde el mejor de los palcos. La discoteca, que está horadada en la roca, tiene unas terrazas con unas vistas impresionantes que caen a pico hacia el mar. ¡Es impactante! Tanto como la leyenda que cuenta como la cueva fue la morada de un moro, que vivió allí retirado junto con una jovencita del pueblo que raptó y con la que tuvo tres niños. Cuando lo descubrieron se lanzó al vacío huyendo con uno de sus hijos. La cautiva volvió desconsolada al pueblo con solo dos de ellos.

Descripción: Lo que más me gusta de esta playa de arena blanca y fina encajada entre acantilados es que casi nunca tiene oleaje y puedes caminar metros y metros mar adentro sin que te cubra más de la cintura. Para bañarse con los peques es una delicia. Además tienen un parque infantil, lanchas de pedales, kayaks, etc. Vamos, que no te aburres. Otra de sus curiosidades es que solo está urbanizada la orilla izquierda. La otra es todo naturaleza salvaje. Acércate con los niños a dar de comer a los patos del estanque que se forma tras la playa. ¡Les encanta!

Accesos: De Sant Climent sale la carretera Me-12 que llega directa hasta la playa. Hay bus y un amplio parking gratuito a menos de 50 m de la arena.

Servicios: Alquiler de hamacas y sombrillas, lanchas de pedales, kayaks, restaurantes, bares, tiendas, socorristas, ducha para los pies, WC, pasarela de acceso, wc para discapacitados, etc.

Bares y restaurantes	🍴
WC	WC
Alquiler	🛏
Deportes náuticos	🚣
Parada de autobús	🚌
Aparcamiento gratuito	P
Acceso rodado	🚗
Orientada al S	🧭
Ocupación alta	👪
Entorno residencial	🏘
L: 120 m An: 70 m	

COSTA SUR

De Cala en Porter a Sant Tomàs

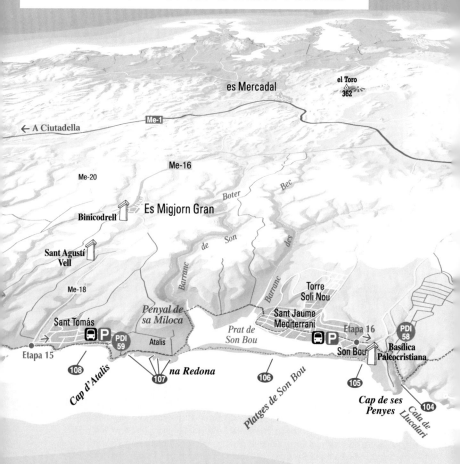

es Mercadal

el Toro
362

Me-1

← A Ciutadella

Me-16

Me-20

Boter

Bec

Binicodrell

Es Migjorn Gran

de

Son

des

Sant Agustí
Vell

Me-18

Barranc

Torre
Soli Nou

Penyal de
sa Miloca

Barranc

Sant Jaume
Mediterrani

Etapa 16

PDI
58

Sant Tomás

Prat de
Son Bou

PDI
59

Atalis

Son Bou

Basílica
Paleocristiana

Etapa 15

108

Cap d'Atalis

107

na Redona

106

Platges de Son Bou

105

Cap de ses
Penyes

Cala de
Llucalari

104

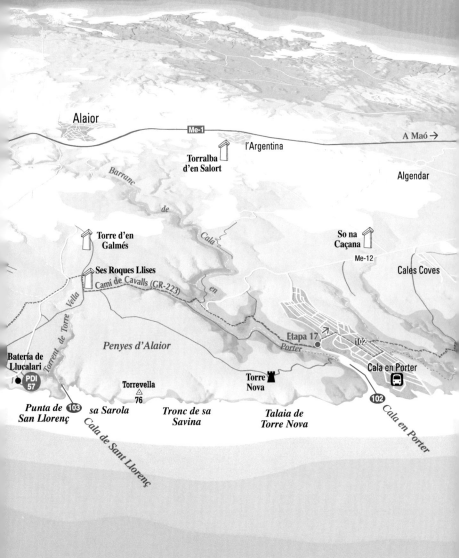

Alaior

Me-1

A Maó →

l'Argentina

Torralba
d'en Salort

Algendar

Barranc

de

Cala

Torre d'en
Galmés

So na
Caçana

Me-12

Cales Coves

Ses Roques Llises
Camí de Cavalls (GR-223)

en

Torrent de Torre Vella

Etapa 17

i102

Penyes d'Alaior

Porter

Cala en Porter

Batería de
Llucalari

PDI
57

Torre
Nova

Torrevella
△
76

102

Punta de 103
San Llorenç

sa Sarola

Tronc de sa
Savina

Talaia de
Torre Nova

Cala en Porter

Cala de Sant Llorenç

PUNTOS DE INTERÉS
PDI 57 Batería de costa Llucalari
PDI 58 Basílica Paleocristiana
PDI 59 Trinchera de Sant Tomàs

PLAYAS DE ARENA
102 Cala en Porter
103 Cala Sant Llorenç
104 Llucalari
105 Clot de Ses Dones
106 Son Bou
107 Atalis
108 Sant Tomàs

De Sant Tomàs a Cala Galdana

← A Ciutadella

Me-1

Ferreries

Trebalúger

Son Mercer de Baix

Barranc d'Algendar

Barranc

de

d'en

Me-22

Capell de Ferro

Barranc

Barranc

Camí de Cavalls (G.R.-223)

la Serpentona

Cala Galdana

P

P

116

Cala Galdana

Morro de Llevant

Etapa 14 →

115   114

Penyal Alt de s'Anglès

Cala Mitjana

Pont de n'Aleix

113

Cala Trebalúger

Morro de Llevant de Cala Trebalúger

112   111

Cala Fustam

Cala Escorxada

es Mercadal

el Toro
362

Me-1

Me-1

A Alaior →

Son Mercer
de Dalt

Fideu

Me-16

Me-20

Es Migjorn Gran

Binicodrell

Binigaus

Sant Agustí
Vell

de

Barranc

Me-18

Sant Adeodat

Etapa 15

Sant Tomàs

**Punta de
na Plana**

110

Platges de Binigaus

ses Illetes

109

Punta Negra

108

Platja de Sant Tomàs

PLAYAS DE ARENA
108 Sant Tomàs
109 Sant Adeodat
110 BInigaus
111 Cala Escorxada

112 Cala Fustam
113 Cala Trebalúger
114 Cala Mitjana
115 Cala Mitjaneta
116 Cala Galdana

*Calas en la costa sur donde desemboque un torrente hay muchas,
pero ninguna como esta, que se mantiene intacta, como el primer
día. Debe ser por la fuente de la juventud, que vierte en ella sus
aguas. Es el río de Trebalúger. Explorable. Y muy recomendable.*

El rincón del navegante de CALA EN PORTER a CALA GALDANA

BIENVENIDO A UNO DE LOS TRAMOS DE COSTA MÁS BONITOS, SEGUROS Y PLACENTEROS PARA LA NAVEGACIÓN DE TODO EL MEDITERRÁNEO. SÍ, HAS OÍDO BIEN: ¡DE TODO EL MEDITERRÁNEO! LA COSTA SUR DE MENORCA TE PERMITE NAVEGAR PROTEGIDO DE LOS TEMPORALES DEL NORTE Y PASAR LA NOCHE FONDEADO AUNQUE NO HAYA PUERTOS DEPORTIVOS. MIENTRAS QUE EN LA PELIGROSA COSTA NORTE LA TEMPORADA ES MUY CORTA, AQUÍ PUEDES DISFRUTAR CASI TODO EL AÑO.

CUEVAS:
Toda esta porción litoral está salpicada de cuevas a ras de mar a las que se puede entrar navegando si vas con una lancha de poca eslora. Como apenas hay bajos ni escollos podrás ir casi rozando los acantilados e ir explorando cada rincón, pero solo si no hay viento ni mar formada del SE-S-SW.

Foto: Golondrina en Cala Escorxada.

Rampa de botadura
Rampa de Sant Tomàs (39°54' 45.00"N 4°2'37.25"E). En el extremo E de la playa de Sant Tomás hay una rampa gratuita de uso público en buen estado. Con oleaje del S-SW es complicada de usar porque está en una zona muy abierta.

Excursiones en barco desde Cala Galdana
Amigo's Holiday Lines Menorca: Excursiones en golondrina de medio día con salidas dos veces al día. Tel.: 618 348 006, www.holidaylinesmenorca.com.

Menorca en Barco: Nano es el experimentado patrón de una lancha rápida de 7,9 m de eslora tipo open con la que hace excursiones por horas y personalizadas desde cala Galdana hasta para 11 personas. Tel.: 605 492 993, www.menorcaenbarco.com.

Menorca Vela: Excursiones de un día en un velero de 12 m. Tel.: 676 716 924, www.menorcavela.com.

Velero Arrayan: Excursiones de 8 h o 4 h con un velero de 12 m de eslora. Tel.: 649 829 072. www.veleroarrayan.com

Liber Mare: Excursiones en un barco clásico a motor para 12 personas. De medio día y personalizadas. Tel.: 636 071 807.

Menorca Taxi Mar: Te llevan en motora hasta las calas más apartadas, te dejan a tu aire y te recogen más tarde. Tel.: 609 054 444. www.menorcataximar.com.

Blue Islands Diving: Excursiones en barco a motor de 2 o 4 horas. Tel.: 971 154 931 / 629 734 873, www.blueislandsdiving.com.

Diving Centers
Son Bou Scuba: Son Bou. Tel.: 696 628 265, www.sonbouscuba.com
Blue Islands Diving: Cala Galdana. Tel.: 971 154 931 / 629 734 873, www.blueislandsdiving.com.

Los mejores fondeaderos

¡Ojo! No te fíes de las boyas que hay en algunas calas porque la mayoría son privadas y algunas pueden estar en mal estado o estar pensadas para mucha menos eslora.

103 Caleta de Sant Llorenç

Es el fondeadero perfecto para los más aventureros. Recomendable solo para esloras medias o menores. Se sondan 5 m sobre arena y roca. Es preferible tender un cabo.

Página 304

104 Caleta de Llucalari

Similar a la anterior pero más abierta y con un fondo de arena y grava importante. Es un poco más segura por la calidad del tenedero, pero los vientos del S-SW le afectan más.

Página 305

106 Son Bou (sa Canessia)

En el extremo NW de este extenso arenal, al amparo de Na Redona, se puede pasar el día fondeado sobre arena, aunque con poca mar que haya ya se nota. Está muy abierto.

Página 307

107 Atalis

Hay rincones en esta estrecha franja de costa que son deliciosos para pasar el día fondeado con una pequeña barca. Hay poco calado, las aguas son cristalinas y los fondos de arena.

Página 308

109 Sant Adeodat

Este gran arenal tiene el mismo problema que el de Son Bou, que es muy abierto, pero Ses Illetes pueden proporcionar algo de protección frente al viento con pequeñas esloras.

Página 310

Página 311

110 Playa de Binigaus

En el extremo NW, pegados a la zona acantilada, es donde suele estar más resguardado. Los fondos son de arena y las aguas cristalinas. Apenas viene gente por tierra. ¡Es delicioso!

Página 312

111 Cala Escorxada

Esos fondos de arena blanca, las aguas de turquesas, el paisaje virgen y tan pocos bañistas... ¡me tiene enamorado! Se sondan 4 m sobre arena estando protegidos también del levante.

Página 313

112 Cala Fustam

La hermana gemela de Escorxada. Aquí estarás aún más protegido del levante pero conviene fondear con dos anclas o tender un cabo a tierra. Esta es mejor para menos eslora.

Página 314

113 Cala Trebalúger

Perfecta para pasar la noche fondeados sobre arena y sondas de 5 m. Está protegida de todos los vientos excepto los del S-SW. Sube con la auxiliar remando río arriba y verás qué gozada.

Página 315

114 Cala Mitjana

Demasiado bonita para ser verdad. Se pone hasta los topes y siempre hay gente, tanto en tierra como en el mar. Golondrinas turísticas, etc. Pero es deliciosa. Sobre arena y 3 a 5 m.

Página 317

116 Cala Galdana

Para desembarcar y tomarte algo... pero cada vez queda menos sitio para fondear protegidos (y demasiada gente). Se sondan 6 m por fuera de la zona balizada. Hay boyas privadas.

PDI
Puntos de interés en la costa

PDI 57 Batería de costa Llucalari

En esta batería de costa se encuentran dos de los cinco cañones más grandes instalados en las costas de Menorca (38,7 cm de diámetro), capaces de alcanzar objetivos a 10 km de distancia. Fue "okupada" por 20 neohippies.

39°53'11.01"N 4°5'19.33"E

PDI 58 Basílica Paleocristiana

Cuando vengas a la playa no dejes de pasar por la iglesia... Son los restos de una basílica paleocristiana del siglo V d.C. La tienes justo al lado del mar y se dejar ver bien sin falta de pagar entrada (y no hace falta salir confesado).

39°53'47.02"N 4°4'43.47"E

PDI 59 Trinchera de Sant Tomàs

En Menorca hay varias trincheras de la Guerra Civil, pero esta es la de mejor acceso y la más espectacular. Anda, pasa, no tengas miedo. Acostúmbrate a la oscuridad y disfruta la experiencia. La tienes al E de la playa de Sant Tomàs.

39°54'26.08"N 4°3'11.16"E

CALA SANT LLORENÇ ✂ ⚓

103

LLEGAR A PIE HASTA ESTA CALA TAN APARTADA DEL MUNDO SOLO ES RECOMENDABLE PARA LOS MÁS SUFRIDOS SENDERISTAS, O PARA QUIEN NO LE TENGA APEGO A LA VIDA; PERO ESO SÍ, SI VIENES NAVEGANDO, PREPÁRATE, PORQUE TE SENTIRÁS CUAL DESCUBRIDOR COLOMBINO.

De acceso por tierra muy duro y complicado.

Impresionado por el silencio del paraje, donde solo se oye el mar entregado a su continuo quehacer erosivo, el de lamer con insistencia la base de estos altivos cantiles. Y sorprendido por el aleteo desenfrenado de alguna paloma salvaje, descubierta en esta, su isla dentro de la isla. La cala de Sant Llorenç tiene poco de santa, porque estoy seguro que ni Dios –ni los santos– se acuerdan de ella. Por eso te voy a recomendar una visita que sacie tu afán descubridor. Acércate hasta la batería militar de Llucalari y asómate a los acantilados que la protegen del mundo (excursión muy recomendable), así podrás observar la cala desde la distancia, y de camino visitar uno de los poblados prehistóricos más grandes y mejor conservados de Menorca. Se trata de la Torre d'en Galmés. Tiene un pequeño centro de interpretación y para mi es uno de los yacimientos más recomendables.

Descripción: Cuando llegues hasta el final de este accidentado barranco te sorprenderá cómo es posible que haya algo construido aquí. Pues sí. Se trata de una pequeña caseta de piedras bien trabadas que sirvió de refugio a la barca y los pertrechos de algún sufrido pescador. La playa es de grava y rocas. Totalmente salvaje –de aspecto y condición–, la más encajada de Menorca, entre acantilados verticales de casi 70 m de altitud.

Accesos: Llegar a pie hasta la playa es muy duro y peligroso, pero lo que sí merece la pena es acercarse ni que sea hasta los acantilados que la rodean. Sigue la carretera desde Alaior a Son Bou y desvíate hacia la izquierda cuando veas el cartel rojo de Torre d'en Galmés. Avanza 1.700 m y estarás en el yacimiento, pero poco antes a la derecha sale el camino directo hasta la batería militar desde la que se ve la cala.

Servicios: Ninguno.

COSTA SUR

- 500 m a pie difícil
- Orientada al S
- Ocupación media
- Entorno natural
- L: 20 m
  An: 7 m

Posición: 39°52'59.46"N 4°5'37.38"E   Población próxima: Alaior 8,1 km   Puerto próximo: P. E. Cala'n Bosch 13,2 M

AYUNTAMIENTO DE ALAIOR

⚓ 🪝 LLUCALARI

SI ESTÁS EN SON BOU Y TE AGOBIA EL VERTE RODEADO DE TANTO TURISTA ACHICHARRADO, PUEDE SER QUE NECESITES ESCAPAR PITANDO Y ESTIRAR LAS PIERNAS. ENTONCES VEN A LLUCALARI, QUE AUNQUE TENGA POCA ARENA, REGALA TONELADAS DE SOLEDAD Y NATURALEZA EN ESTADO PURO.

104

Lo mejor para escapar de las masas.

El Camí de Cavalls sube hacia el Cap de Ses Penyes ofreciendo unas vistas sin igual, aunque puedes seguir caminando hasta lo más alto y disfrutar de la panorámica o seguir ladera abajo por el precioso sendero que conduce hasta la playa. Y si con esta excursión no te es suficiente, te voy a proponer otra. Se trata de las baterías de Llucalari, donde se encuentran dos de los cinco cañones más grandes de las costas de Menorca (38,7 cm de diámetro), capaces de alcanzar objetivos a 10 km de distancia. Después de ocho años de abandono, las baterías se convirtieron en un pueblo "okupado" de 147.000 m², con 25 casas rehabilitadas y búnkers habitados, un centro social, huertos ecológicos, un gallinero y una casa de huéspedes. Llegaron a vivir hasta 20 personas con sus niños, algunos nacidos allí, hasta que fueron desalojados a la fuerza por la Guardia Civil en abril del 2011.

Descripción: Cuando bajes hasta la cala por el Camí de Cavalls te encontrarás con demasiado canto rodado y muy poca arena. Es una playa muy incómoda para tumbarse al sol, e incluso para acercarse caminando hasta la orilla (es preferible bañarse con sandalias), pero unos pocos metros mar adentro el agua es todo lo turquesa y cristalina que te puedas imaginar. Nadar aquí es una delicia. En la orilla derecha hay unos covachos donde guarecerse del sol y los restos de una cabaña.

Accesos: Para venir caminando hasta la playa sigue el Camí de Cavalls desde la playa de Son Bou, que son 1.200 m de sendero (empinado, eso sí). Y para ir a las baterías sal de Son Bou hacia Alaior y a 4 km desvíate 120º hacia la derecha en dirección al poblado talayótico de la Torre d'en Galmés... Lee los accesos de la playa nº 103. Es interesante.

Servicios: ¡Llévate agua potable!

1.200 m a pie 🚶

Orientad al S 🧭

Ocupación baja 🚶

Entorno natural 🌳

L: 44 m
An: 12 m 🔜

COSTA SUR

CLOT DE SES DONES

105

Ummm... ¡ESTA SÍ QUE ME AGRADA! ES UNA CALITA COMO LAS QUE A TI TE GUSTAN, SUFICIENTEMENTE APARTADAS DEL BULLICIO PERO SIN QUE POR ELLO TENGAS QUE PAGAR UN ALTO PRECIO. CAMINAR POCO, PERO DISFRUTAR... Y, ADEMÁS, ESTANDO BIEN CERCA DE LA CASA DE DIOS.

El rincón apartado de Son Bou que se va y viene con las corrientes.

Porque no se si sabes que a escasos metros de donde vas a estar pecando, apacentando bajo el cálido sol insular, se encuentran los restos de una basílica paleocristiana datada en el siglo V d.C. Estos restos son de los mejor conservados entre los templos de estas características de Menorca. Se ven bien y se disfruta viéndolos, pues además los tienes a unos pasos de la playa. En sus orígenes fue un edificio rectangular de proporciones majestuosas orientado de este a oeste. Aún conserva, entre otros restos, la pila bautismal, formada por un monolito cilíndrico en el exterior con forma de cruz en el interior, una característica única en Menorca. Alrededor de la basílica hay varios enterramientos y restos de construcciones monacales. Y después de visitar la iglesia... ¡vámonos al agua! Ya verás lo fina que es la arena y lo turquesa que se vuelve el mar. Es una calita preciosa que hay que gozar.

Descripción: Si te aburre ver todas esas viejas piedras amontonadas, lo mejor es que vengas a la playa. Es de arena fina y dimensiones "de bolsillo" (unos 37 m de largo por 23 de anchura máxima), pero tiene unas aguas tan cristalinas y una arena tan blanca que parece que estés en otros mares lejanos, aún más cálidos y tropicales. Mientras no sople viento del SW estarás bien protegido y la mar estará en calma. Del entorno (con esas moles de hormigón construidas a pie de playa) mejor no hablar, que se me corta la digestión.

Accesos: Ven hasta la playa de Son Bou desde Alaior y desvíate hacia la izquierda cuando puedas. Sigue la calle recto hasta el final y en cuanto gire 90° hacia la izquierda aparca donde puedas. ¿Ves la pista que baja junto al muro? Pues síguela caminando junto a él y llegarás hasta la basílica y la playa. Hay que caminar solo 150 m.

Servicios: Los de Son Bou, a 20 m.

COSTA SUR

🚶 150 m a pie

🧭 Orientada al SW

👥 Ocupación media

🏠 Entorno residencial

↕ L: 37 m
An: 23 m

  SON BOU

SON BOU CONCENTRA BUENA PARTE DE LOS ESTABLECIMIENTOS HOTELE-
ROS DE LA ISLA, POR LO QUE SUELE ESTAR ABARROTADA. TODO CAMBIA EN
INVIERNO... O SI TE ESCAPAS POR LAS DUNAS HACIA EL OESTE. ENTONCES
VERÁS LO QUE ES UN ARENAL DE AGUAS TURQUESAS. INMENSO Y PRECIOSO.

106

La playa que tanto gusta a las familias de turistas.

El más grande de la isla. Pero yo prefiero esa otra parte, la del W, sin tanto
agobio de turistas de piel enrojecida.
Ya se que la playa principal es perfecta
para los niños por estar bien equipada
y ser de orillas arenosas y seguras para
el baño, pero yo prefiero las porciones
de arena más salvajes y las dunas que
hay hacia el W, aunque haya que caminar un poco. Aún siendo igual de hermosa, esta zona nada tiene que ver con
la anterior. La calma es casi absoluta,
lo que invita a la práctica del nudismo,
etc. Tras la playa aún se conservan los
humedales que en otro tiempo fueron
arrozales, y si sigues alejándote aún
más del griterío podrás llegar hasta la
zona que llaman playa de Sa Canessia,
al final de la cual está "el mundo de
Atalis" y sus enigmáticas calitas. Cuando termina la temporada de verano
aquí se practica el kitesurf como nunca. Da gusto ver las cometas al viento.

Descripción: Imagínate, tienes
2.5 km de arenal infinito, y solo una
tercera parte está urbanizado. El resto es naturaleza pura. Es la playa más
larga de Menorca y una extraña rareza
natural, pues en la costa sur la mayoría
son calas encajadas entre acantilados.
Hay un humedal con dos golas que
atraviesan la playa y vierten el agua
al mar (a los críos les encanta dar de
comer a los patos). Entre medias están
las dunas, la playa y el mar, el más azul
y turquesa que hayas podido imaginar.
Accesos: Desde Alaior sale la carretera
hasta Son Bou. Hay varias opciones para
aparcar, tanto en las calles como en los
parkings. Irás a dar a un parking enorme y gratuito si al entrar sigues la calle
principal y en la primer rotonda tomas la
segunda salida yendo recto hasta el final.
Servicios: Socorristas, alquiler de hamacas y sombrillas, lanchas de pedal-
les, restaurantes y ducha para los pies.

Chiringuitos
Lavapies
Solo en
chiringuitos
Alquiler
Deportes
náuticos
Parada de
autobús
Aparcamiento
gratuito
Acceso rodado
Ocupación alta
Entorno residencial
y natural
L: 2.500 m
An: 20 m

COSTA SUR

ATALIS ⚓ ⚓

107

¡STOP, QUIETO AHÍ! ESTÁS A PUNTO DE ENTRAR EN EL MUNDO DE ATALIS. LA TIERRA DE LOS ACANTILADOS ENANOS, LA DE PLAYAS QUE NO EXISTEN. DONDE EL FONDO DEL OCÉANO ES BLANCO, LA MAR UNA PIEDRA PRECIOSA Y EL AIRE SE ESCAPA ENTRE LOS DEDOS PARA CONFUNDIRSE CON EL AGUA.

Un mundo de sorpresas te espera en Atalis.

Son las playas de Atalis. Enigmáticas y caprichosas, porque lo mismo vienes y no están, o si están se esconden bajo montones de algas que salpican las rocas como chapapote. Fíjate en la imagen: es un instante que ya forma parte del pasado, pues estas playas van y vienen, a su antojo. Las he visto cambiar como adolescentes: de un día para el otro. Y no por las hormonas, sino por las corrientes. Se ocultan entre diminutos acantilados de *pedra marès*, que son las rocas que un día fueron dunas y hoy se dejan obrar para reflejar la cálida luz de las fachadas de los templos. Camina por el mundo de Atalis (solo son mil pasos) y búscalas, porque a veces encontrarás cuatro calitas deliciosas esperando ser declaradas tu república independiente. Están entre las rocas cortadas como el queso, en tacos, que son las canteras de las que salieron las piedras del rancho de Atalis.

Descripción: Atalis es el nombre de la frontera por el W y también por N. Por poniente es una punta rocosa (la punta d'Atalis) y por el N un enorme predio donde corren los caballos de oscuro pelaje y las vacas pastan nada. Nada durante el verano y todo el verde en primavera. Por el E solo queda una trinchera, pues de la torre de Son Bou ya no resta nada que no sea el recuerdo en la memoria. Y entre medias de todo esto verás esos diminutos acantilados con la cara llena de cicatrices que tal parece acné juvenil. El agua es turquesa líquida, la arena del fondo harina y las playas polvo dorado barrido bajo alfombras de posidonia.

Accesos: Siguiendo el Camí de Cavalls desde la playa de Sant Tomàs son solo 600 m de agradable excursión, mientras que desde la de Son Bou hay 2.000 m sobre la arena y las dunas.

Servicios: Atalis es un mundo aparte.

COSTA SUR

- 🚶 600 m a pie
- 🧭 Orientada al SW
- 👥 Ocupación media
- 🌲 Entorno natural
- ↕️ (4) L: 8 m An: 3 m
- ↕️ (3) L: 6 m An: 5 m
- ↕️ (2) L: 3 m An: 4 m
- ↕️ (1) L: 5 m An: 10 m

Posición: 39°54′26.96″N 4°3′9.83″E   Población próxima: Es Migjorn Gran 5,5 km   Puerto próximo: P. E. Cala'n Bosch 10,6 M

  ♿ ✺   SANT TOMÀS

108

Sᴀɴᴛ Tᴏᴍᴀ̀ꜱ ᴇꜱ ᴇʟ ʜᴇʀᴍᴀɴᴏ ɢᴇᴍᴇʟᴏ ᴅᴇ Sᴏɴ Bᴏᴜ, ᴇʟ ᴘᴀʀᴀɪ́ꜱᴏ ᴅᴇ ʟᴀꜱ
ꜰᴀᴍɪʟɪᴀꜱ ᴅᴇ ᴛᴜʀɪꜱᴛᴀꜱ ǫᴜᴇ ᴠɪᴇɴᴇɴ ᴅᴇʟ ɴᴏʀᴛᴇ ᴄᴜᴀʟ ᴀᴠᴇ ᴍɪɢʀᴀᴛᴏʀɪᴀ ᴇɴ
ʙᴜꜱᴄᴀ ᴅᴇ ꜱᴏʟ ʏ ʙᴜᴇɴᴀꜱ ᴛᴇᴍᴘᴇʀᴀᴛᴜʀᴀꜱ. Eɴ ᴘᴏᴄᴏ ꜱᴇ ᴅɪꜰᴇʀᴇɴᴄɪᴀɴ ǫᴜᴇ
ɴᴏ ꜱᴇᴀ ᴘᴏʀ ᴇʟ ᴘᴀꜱᴇᴏ, ǫᴜᴇ ᴀǫᴜɪ́ ʀᴇᴘᴛᴀ ᴅᴏ́ᴄɪʟ ᴀ ʟᴀ ꜱᴏᴍʙʀᴀ ᴅᴇ ʟᴏꜱ ᴘɪɴᴏꜱ,

Sant Tomàs desde el punto de vista de un turista nacional.

tras las dunas domadas por el hombre y por la fuerza del viento, que trabaja como un tremendo fijador que lo mismo peina hojas que riza troncos. El camino de los caballos se vuelve de reyes: a la sombra, sin repecho alguno y sobre terreno domado. Podrás ir caminándolo mochila en mano junto con los turistas, que desfilan sonrojados no tanto por sus ceñidos slips como por el sol. Son las 6 de la tarde y retornan a la llamada del buffet. Los hoteles all-inclusive fueron construidos al gusto nórdico: a pie de playa, para no tener ni que vestirse para salir del comedor al agua. Los "beach man" ofertan las hamacas y sombrillas casi a mitad de precio después de las 4, cuando saben que los turistas vuelven para cenar y apaciguar sus pieles, que no conocen el factor 50. No soy muy hábil con los idiomas, pero estoy seguro que para moreno y rojo deben usar la misma palabra [...]

Descripción: Este arenal de 520 m de longitud se caracteriza por sus dunas, cruzadas por pasarelas de madera que las protegen del tránsito. El paseo litoral (de 1.2 km) se disfruta más a la hora en que están todos cenando. Aunque es muy segura para el baño está muy abierta al oleaje del S-SW.

Accesos: Ven desde Es Migjorn Gran por la Me-18 y cuando llegues a la rotonda frente al mar sigue hacia la izquierda. Tanto a lo largo como al final de esta calle te irás encontrando con varios parkings gratuitos.

Servicios: Hoteles a pie de playa, bares y restaurantes con comida "internacional", alquiler de lanchas de pedales y kayaks, hamacas y sombrillas, lavapies, parque infantil, zona de picnic a la sombra, socorristas de temporada, bus y, lo mejor de todo, accesible a discapacitados, que pueden bañarse con la silla flotante de la caseta de salvamento de levante.

Bares y restaurantes
Lavapies
Alquiler
Deportes náuticos
Parada de autobús
Aparcamiento gratuito
Acceso rodado
Orientada al SW
Ocupación alta
Entorno residencial
L: 520 m
An: 20 m

COSTA SUR

SANT ADEODAT ⚓

109

El mismo hábito y el mismo monje. Adeodat y Tomàs son dos santos que predican la misma religión: la del culto a la sombrilla y el bañador. Vuelta y vuelta, paseíto y a comer. Pero a mí me gusta más ésta... Será porque hay buena mesa y menos gente enrojecida.

De las pocas donde podrás comer en un "chiri" con vistas al mar.

La playa de San Adeodat y la de Sant Tomàs siguen el mismo modelo que la de Son Bou. Se trata de grandes arenales abiertos y expuestos a los vientos del S-SW que en mayor o menor medida han ido sucumbiendo ante los desmanes urbanísticos. Si bien en Son Bou y Sant Tomàs algunos de sus edificios alcanzan alturas abominables, los de Sant Adeodat son mayoritariamente chalets de nueva planta, lujosos, ajardinados y de escasa altura, a excepción de las conejeras de punta Negra. Tal parece que el turista nacional prefiera ésta otra playa, la de San Adeodat, antes que la de Sant Tomàs. Y la razón es muy sencilla: tomándola como base lo mismo puedes caminar hacia la "civilización" que hacia la naturaleza indómita de las playas de Binigaus, donde aún se puede experimentar la sensación de estar en la auténtica Menorca. Ese sí que es santo de mi devoción.

Descripción: Entre la playa anterior y está tan sólo media una pequeña punta rocosa de nombre punta Negra, la cual aún conserva el originario Camí de Cavalls acondicionado al gusto del gran público. Este otro arenal es más pequeño (415 m de longitud) y está separado del de Binigaus por una escarpe rocoso de baja altura y el Escull de Binicodrell, una isleta entre la que se suele formar un tómbolo con tierra firme. Ésta playa es fruto del aporte sedimentario artificial. Antes de ser la playa de arena fina que ves fue el *macar* de Binicodrell.

Accesos: De Es Migjorn Gran sale la carretera Me-18 directa hasta Sant Tomàs, donde está el amplio parking del Restaurant Es Bruc, que aunque es particular no cobran por su uso.

Servicios: Los mismos que en la playa de Sant Tomàs y, además, un restaurante frente al mar con una carta un poco más al gusto nacional.

Restaurante
WC WC
Alquiler
Deportes
Parada de autobús
P Aparcamiento del restaurante
Acceso rodado
Orientada al SW
Ocupación alta
Entorno residencial
L: 415 m
An: 25 m

COSTA SUR

Posición: 39°55'1.25"N 4°2'1.39"E   Población próxima: Es Migjorn Gran 4,2 km   Puerto próximo: P. E. Cala'n Bosch 19,1 M

AYUNTAMIENTO DE ES MIGJORN GRAN

⚓ BINIGAUS

Virgen, infinita, de arena blanca y fina, con agua turquesa y que haya poco que caminar... ¡Binigaus! Es la playa que tiene todo lo que buscamos los nudistas, las parejas que adoramos los lugares tranquilos y las familias que queremos gozar de la naturaleza.

110

La playa que nos gusta a todos. ¿Y a ti?

Y también todo lo que deseamos los senderistas, pues desde aquí te puedes lanzar a descubrir uno de los barrancos más significativos de la isla y llegar caminando a la cueva con la entrada más espectacular. Se trata de la Cova des Coloms (la cueva de las palomas, de las que ya no queda ni una, pero murciélagos... sí que hay), que está en el margen oriental del barranco, a unos 1.100 m subiendo por el camino. Poco antes hay otra (Sa Cova Polida, cuyas estalactitas, etc. están totalmente destruidas), para la cual hace falta una linterna; no así en la de Coloms, que la llaman la catedral por los 24 m de altura de la boca de entrada. Pero Binigaus guarda muchos más secretos, como la calita de arena que se forma al final del todo, tras las rocas, de la que pocos sabemos... (tsss, ¡no se lo digas a nadie!). También hay varios búnkers y trincheras para explorar y una típica *barraca de bens*.

Descripción: Binigaus es la playa virgen más extensa de la costa sur de Menorca. Lo que más me gusta de ella es que puedes aparcar al lado e ir caminando hacia poniente tanto como quieras (tiene casi 1.000 m de largo), hasta que encuentres el rincón perfecto para plantar la sombrilla y declararlo tu república independiente. La porción de playa más occidental es la más estrecha, tranquila y salvaje. Se encuentra al pie de acantilados arcillosos que muchos usan para darse baños de barro. Al fondo, tras las rocas, está la otra calita de arena. Tendrás que mojarte si la quieres conquistar. ¡Pero ve temprano!

Accesos: Los mismos que para la playa anterior. El amplísimo parking, aunque particular, es de uso público y gratuito. Lo regenta el restaurante Es Bruc, donde merece la pena sentarse a que te den de comer. Pero sin lujos.

Servicios: Socorristas y el restaurante.

Restaurante 🍴
Aparcamiento 🅿
600 m a pie 🚶
Orientada al SW 🧭
Ocupación alta 👫👫
Entorno natural 🌲
L: 18 m
An: 5 m
L: 980 m
An: 25 m

COSTA SUR

CALA ESCORXADA ⚔ ⚓

111

¡Ummm... qué delicia de lugar! Si alguna vez soñaste con el Mediterráneo seguro que tenía esta misma forma, color y olor. Los pinos, la arena blanca y fina, el agua cristalina... Sólo hacen falta tres colores para pintar el paraíso: verde, blanco y azul.

Deja que te traigan en barca como un marqués... o suda por conocerla.

Y si alguna vez pensaste si merecía la pena el esfuerzo de venir hasta aquí, ya te digo yo que sí. De la costa sur esta una de las perlas más sufridas. ¿Y sabes por qué? Porque el trecho que se ha de hacer a pie es demasiado duro; y si es en verano, con la luz y el calor abrasador que mana de las rocas, aún peor. Pero te voy a dar una solución, un atajo... sin trampa ni cartón. Alquila una barquita en cala Galdana, que las hay incluso sin titulación. Es como llevar un coche chico, de esos sin carnet. Y ya verás como te sientes Onassis en su gran yate. Pero si te da miedo –o si además vas bien de presupuesto– también tienes quien te lleve en una lancha rápida, de cala en cala, solo a ti y a quien tú más quieras, para que sepas lo que es disfrutar "a lo VIP" del paraíso de tus sueños. Pregúntale a Nano, un patrón que conoce bien lo que es Menorca en barco. Búscalo en el rincón del navegante.

Descripción: Cala Escorxada es una playa de arena blanca y fina totalmente virgen que tiene unas preciosas dunas remontantes al final del barranco. Por tierra son pocos los que llegan, pero por el mar es fácil de conquistar. Por eso construyeron una trinchera durante la Guerra Civil, para defenderla de un posible desembarco, y para que la pudieras explorar a día de hoy tú mismo. Ya lo verás: se puede entrar, caminarla y sentirse tan prisionero como aquellos defensores de Menorca. También queda en pie una de esas típicas casetas de pescadores.

Accesos: O 3.500 m por el sendero litoral desde Binigaus o 4.500 m desde cala Mitjana. El Camí de Cavalls pasa lejos de aquí. Yo prefiero la primera opción, porque desde cala Mitjana, aunque vayas pasando por más calas, es un auténtico rompe piernas. Si vas a venir a pie tráete 3 l de agua por barba. **Servicios:** Demasiado lejos del mundo.

COSTA SUR

🚶 3.500 m a pie

🧭 Orientada al S

🚶 Ocupación baja

🌲 Entorno natural

↕ L: 120 m
An: 32 m

Posición: 39°55'31.55"N 4°0'17.55"E | Población próxima: Es Migjorn Gran 7,7 km | Puerto próximo: P. E. Cala'n Bosch 8,6 M

AYUNTAMIENTO DE ES MIGJORN GRAN

⚓ 🏊 CALA FUSTAM

AÚN SIENDO MÁS PEQUEÑA QUE CALA ESCORXADA, AQUÍ VOLVERÁS A DISFRUTAR DE OTRO GRAN PARAÍSO. IGUAL DE DURO, PERO A LA VEZ PLACENTERO. TIENE MUCHO MÉRITO VENIR CAMINANDO HASTA AQUÍ CON EL ÚNICO OBJETIVO DE DARSE UN BAÑO, PERO SI TE GUSTA EL SENDERISMO…

112

Otra perla salvaje por la que hay que sufrir. Nadie dijo que fuera fácil...

el auténtico, el que cuesta sudor y lágrimas, estás de enhorabuena, porque la ruta por la senda litoral es deliciosa. Pero solo siempre y cuando vengas a pie y ligero de equipaje. Si vienes con la bici como hice yo, cargado con las alforjas, etc., te apetecerá tirarla por el acantilado. Pecamos de ingenuos el día que vinimos de cala Galdana hasta Binigaus (ida y vuelta) arrastrando la bici por estos acantilados (sentimos que las ruedas eran cuadradas). Después de aquello, siempre que vuelvo andando disfruto de las vistas, de las rocas... y hasta me fijo en la *pedrera de tapadores de sitjot,* que está a medio camino entre cala Fustam y Trebalúger, y que según los científicos del OBSAM se debe a las manos humanas. Esos agujeros en la roca con formas circulares me siguen pareciendo más fruto de la disolución kárstica... Sea su origen natural o artificial, resultan llamativos. Ya lo verás.

Descripción: La punta de Sant Antoni separa Escorxada de Fustam. Apenas hay 500 m de recorrido que se puede hacer o por una pista entre el bosque de pinos o serpenteando por la costa. Si es así te encontrarás con un puente natural y una rampa por la que tiraban los troncos al mar para ser embarcados (Fustam fue una importante zona maderera). Una vez llegues a esta calita de arena fina te sorprenderá ver tanta vegetación, pues los pinos llegan hasta la orilla. Hay una pequeña gruta hacia la derecha perfecta para explorar.
Accesos: O 4.000 m desde el parking de Binigaus o 4.000 m desde el de cala Mitjana. La ruta discurre por un sendero litoral señalizado. La primera opción es muchos menos dura porque no hay tantos barrancos que bajar y subir. Desde cala Mitjana es más bonito, pero es un rompe piernas.
Servicios: Ven con 3 l de agua cada uno.

4.000 m a pie 🚶

Orientada al SW ☀

Ocupación baja 🚶

Entorno natural 🌲🌲

L: 32 m
An: 35 m ↔

Posición: 39°55'34.25"N 4°0'3.33"E | Población próxima: Es Migjorn Gran 8,2 km | Puerto próximo: P. E. Cala'n Bosch 8,4 M

CALA TREBALÚGER ⚓

113

Esta es una de las calas vírgenes de acceso peatonal que más merece la pena visitar de la isla. Y todo porque "solo" hay que caminar 1,5 km —por un sendero muy transitado— y porque tiene asociado un espectacular torrente inundado durante todo el año.

La cala del torrente más espectacular. ¡Apúntatela!

Aunque sea una playa que recomiendo para senderistas la excursión también se puede hacer en familia. Media hora de paseo bien vale la pena, aunque lo peor esté al principio, con esa dura subida escalonada. Una vez llegues a la playa y veas tanta naturaleza salvaje ya me dices si merece el esfuerzo... Tanto como pararse a curiosear entre los restos de los hornos de cal (*forn de calç*) que encontrarás a mitad de camino, tanto antes de llegar en coche a cala Mitjana (hay paneles explicativos) como en la excursión a pie hasta Trebalúger. Casi toda la costa sur de Menorca está formada de piedra caliza, de la cual se extraía la cal, imprescindible para "emblanquinar", desinfectar, sulfatar, como argamasa en la construcción, etc. La cal se extraía después de haber tenido las piedras de caliza calentando a más de 800ºC durante 8 a 10 días en estos hornos de cal. Un trabajo muy duro.

Descripción: Lo que más llama la atención de Trebalúger es que, además de estar totalmente virgen, el torrente que llega hasta la playa conserva el agua hasta en pleno verano. Torrente arriba se forma un fértil valle cultivado al que se puede llegar a pie o en bicicleta siguiendo el Camí de Cavalls desde cala Mitjana, que en este tramo se interna tierra adentro dejando de ofrecernos las fabulosas vistas del mar a las que nos tenía acostumbrados. La playa está encajada entre acantilados, es de arena, con pequeñas dunas en buen estado, y alcanza los 150 m de longitud por casi 150 m de anchura. Si vas a venir en kayak te recomiendo que subas paleando río arriba.

Accesos: A pie desde la orilla izquierda de cala Mitjana por el sendero litoral. Son 1,5 km de camino que no tienen pérdida. Lo más duro está al principio. Llegan golondrinas turísticas.

Servicios: Ninguno.

COSTA SUR

- 1.500 m a pie
- Orientada al S
- Ocupación media
- Entorno natural
- L: 150 m An: 150 m

 CALA MITJANA

114

No mentiría si te digo que esta fue la playa más famosa de la costa sur de Menorca, la más fotografiada y puede que la más masificada. Todo el que venía a la isla tenía que visitar cala Mitjana por virgen, por preciosa y por cómoda. Era como un sueño...

Aunque ahora nos hagan caminar merece la pena venir a verla.

Eso de poder llegar y aparcar el coche a 1 minuto andando de la playa... ¡menudo chollo! Pero eso fue antes de que cortaran la carretera y tuviéramos que venir todos a pie. El vial de acceso (estrecho y serpenteante) se llenaba de turistas que atascaban la circulación con sus frecuentes paradas, quizás por todos esos carteles informativos al pie de la carretera que iban explicando todos esos restos etnográficos rehabilitados. Hay hornos de cal, barracas para las ovejas, pequeñas cuadras para los cerdos y carboneras. El bosque de encinas daba tanto bellotas para los cerdos como madera para producir carbón vegetal y calentar los hornos de cal (que debían mantenerse a más de 800 °C durante 8 a 10 días). Pero ahora de estos carteles ya nadie se acuerda... Bastante tienen los turistas con llegar caminando a la playa desde cala Galdana. Ya no es tanto chollo.

Descripción: Y ahora que ya estás aquí fíjate en la belleza de la playa, con las dunas y su vegetación característica, los espectaculares acantilados que la rodean, la arena blanca y fina y esas aguas azul turquesa que no dejan de incitarte, una y otra vez, a que te rasgues las vestiduras y te lances al mar como Dios te trajo al mundo. Pero no te emociones... que la playa sigue abarrotándose y a muchos se les pone la cara aún más blanca cuando nos ven en pelota. El rincón nudista (por estar un poco más tranquilo y apartado) está en cala Mitjaneta, a unos pasos hacia el W.

Accesos: De Ferreries sale la carretera Me-22 hacia cala Galdana, donde se aparca gratis (poco antes de llegar a la izquierda) para ir caminando a cala Mitjana. Sigue los carteles indicadores y llegarás después de andar bajo los pinos durante unos 10 minutos.

Servicios: Wc y zona de picnic.

WC **WC**
Aparcamiento gratuito **P**
A pie 1 km
Orientada al S
Ocupación alta
Entorno natural
L: 88 m
An: 55 m

COSTA SUR

CALA MITJANETA

115

Cala Mitjana guarda un tesoro, una pequeña porción de arena emergida tan cambiante como el tiempo. Es cala Mitjaneta, la hija pequeña de Mitjana, una playa más famosa que la coca cola y más visitada que el Coliseo. Escápate, ven, y si tienes suerte...

La niña mimada de cala Mitjana.

lo mismo llegas y te queda sitio para extender la toalla. Y te lo digo ya no solo por la gente, que vienen como las moscas, atraídas por esta miel de arena como harina –blanca y fina– y aguas de turquesas al baño María, sino porque hay años que las corrientes se la llevan de la mano. Entonces apenas dejan arena y solo te queda llorar, blasfemar o calmarte visitando lo que te tengo preparado. Camina entre los pinos, hacia la parte de atrás, y verás qué cantera de *pedra marès* tan impresionante. De aquí se extrajeron miles de toneladas de esta piedra caliza fácil de esculpir para formar parte de las fachadas de las casas y los templos, pero esto fue así hasta la llegada del hormigón, que vino en los años cincuenta arrasando con todo. Si te gusta esta cantera, la de s'Hostal te quitará el hipo. Busca en www.lithica.es y verás. Es una visita espectacular muy recomendable.

Descripción: Cala Mitjaneta se forma a los pies del talud calcáreo que hay en la orilla derecha de cala Mitjana. Desde esta no se aprecia, está como escondida y tal parece que quisiera vivir ajena al tumulto que se forma en Mitjana durante los meses de las masas, pero no lo consigue. Por eso sigo prefiriendo otros lugares para disfrutar del nudismo. Las dimensiones que toma son muy variables, dependientes de las corrientes y los temporales. En general no suele pasar de los 15 m de largo por 3 o 4 m de ancho. Los fondos que la rodean son de arena blanca y fina, con aguas cristalinas de color turquesa que se te quedarán gravadas para siempre en la retina.

Accesos: Los mismos que para cala Mitjana. Cuando llegues fíjate que hay una senda que sube hacia la derecha y que llega a Mitjaneta. Son solo 400 m de camino fácil y con buenas vistas.

Servicios: Los de cala Mitjana.

COSTA SUR

- 400 m a pie
- Orientada al SE
- Ocupación alta
- Entorno natural
- L: 15 m   An: 3-4 m

 ⚓ ✳ CALA GALDANA

ESTA ES LA PLAYA QUE MÁS GUSTA A LAS FAMILIAS DE TURISTAS EN LA COS-
TA SUR DE MENORCA. ADEMÁS DE CONTAR CON TODOS LOS SERVICIOS,
VARIOS HOTELES A PIE DE PLAYA Y HASTA UN COQUETO PUERTO DEPOR-
TIVO, TIENE UNAS AGUAS Y UNAS VISTAS QUE SEDUCEN A CUALQUIERA.

116

La playa para turistas más famosa del sur.

Pero víctima de sus propios encantos acabó siendo violentada por un hotel edificado casi sobre la arena, levantado sin el menor reparo como un muro de hormigón que fusila la postal a escasos metros de la orilla. Si hay alguna nota negativa en la forma de construir en Menorca, el Sol Gavilanes y el Almirante Ferragut se llevan la palma, el premio al mal gusto y la arrogancia. "Felicidades". Y ahora déjame que te diga lo que puedes hacer aquí, además de comer "cocina internacional" y de pelearte por un hueco en la playa: alquílate una lanchita de esas sin carnet y disfruta la vida, que son dos días. A nada de aquí tienes las mejores playas vírgenes del sur de Menorca, esas a las que solo se llega con comodidad si es navegando. Puedes ir también en kayak, en una golondrina turística –con toda la prole– o en una exclusiva excursión en lancha. Nano te lleva por "Menorca en barco".

Descripción: Aunque cala Galdana es un arenal de talla respetable, se queda corto con tanto turista y las hamacas dispersadas por la playa. Tiene forma de arco, aguas cristalinas que siempre están en calma, poca pendiente y unos socorristas muy dedicados a su trabajo, así que lo tiene todo para los críos. Lo que más llama la atención es ese peñasco –que antes fue un islote– donde ahora hay un restaurante y un puente sobre el río, que ya no es torrente, sino un pequeño puertecito deportivo donde las barcas amarran ordenadas y pacientes. Las golondrinas turísticas van y vienen, para que todo huela al turismo de siempre.

Accesos: De Ferreries sale la carretera Me-22 hasta cala Galdana. Hay varios parkings abarrotados.

Servicios: Restaurantes, alquiler de hamacas, de lanchas (a pedales y a motor) y de kayaks; parque infantil, zona de picnic, duchas, wc y socorristas.

Restaurantes ✳
Duchas
WC wc
Alquiler
Deportes náuticos
Parada de autobús
Acceso rodado
Orientada al SW
Ocupación alta
Entorno residencial
L: 470 m
An: 25 m

COSTA SUR

Cap de Banyos

Los Delfines

Ciutadella

Tudons

Me-1

RC-2

Son Oleo

sa Caleta

Santandria

San Juar

Cala Blanca

Son Cabrisses

Cap Negre

Camí de Cavalls (GR-223)

Me-24

Pla de s'Avenc

Son Catlar

Punta des Sac des Blat

Torre Saura

Torre Saura

Etapa 12

Cala'n Bosch

PDI 62

Son Xoriguer

Cap d'Artrutx

PDI 63

Faro d'Artrutx

126

125

Cap d'Artrutx

Cala'n Bosch

Punta de sa Guarda

Platja de Son Xoriguer

Punta de s'Alzina Dolça
Cala Parejals

124

PDI 61

Punta Prima

Cala de Son Vell

es Melaos

123

Torre Trencada

Me-1
A es Mercadal → Ferreries

Barranc de
Santa
Anna
Barranc
d'Algendar

P

la Serpentona
Cala Galdana
Me-22

P

Etapa 13

Talaia d'Artrutx

Camí de Cavalls (GR-223)

117

118

116

Etapa 14

PDI 60

119

Punta de na Gall

Cala Macarella

ses Alegries

Cala Galdana

Morro de Llevant

P

122 121

120

Platges de Son Saura

Punta des Governador

Punta des Pinar

Cala des Talaier

Punta des Tambors

Cala en Turqueta

PLAYAS DE ARENA
116 Cala Galdana
117 Cala Macarella
118 Cala Macarelleta
119 Cala en Turqueta
120 Es Talaier
121 Bellavista (Arenal de Son Saura)
122 Banyul (Arenal de Son Saura)
123 Es Calons
124 Cala Parejals
125 Son Xoriguer
126 Cala'n Bosch

PUNTOS DE INTERÉS
PDI 60 Mirador de Sa Punta
PDI 61 Cova dels Pardals
PDI 62 Puerto Cala'n Bosch
PDI 63 Faro de Artrutx

Del Cap d'Artrutx a Ciutadella

es Mercadal

Ferreries

Me-1

Naveta des Tudons

Tudons

San Juan

es Caragol

Planet Vermell

Zona
Arqueológica
Montefí

RC-2

Ciutadella

RC-1

Catedral de
Menorca

Etapa 11

131

132

128

Santandria

Cala Blanca

Son Oleo

sa Caleta

Torre des
Castellar

127

Port de Ciutadella

Castillo de
Sant Nicolau

129

130

Punta d'en
Quintana

Cala Blanca

Sa Farola

Cala des Degollador

Terminal
Portuària

Cala Santandria

Cala Blanca

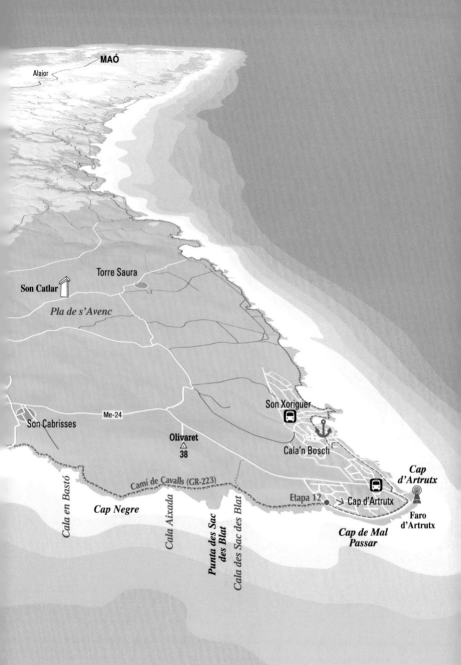

PLAYAS DE ARENA
127 Blanca
128 Cala Santrandria
129 Sa Caleta d'en Gorries

130 Racó de ses Avellanes
131 Cala Gran de Cala des Degollador
132 Cala Petita de Cala des Degollador

Siempre que vuelvo a Menorca repito estampas como ésta. Son imágenes paradisíacas que parecen sacadas de otro continente. Pero no, están tomadas aquí. Es Talaier. Y está en esta España nuestra. Entonces, ¿para qué irse tan lejos si el paraíso lo tenemos en casa?

El rincón del navegante
de CALA GALDANA
a CIUTADELLA

Salvo el peligroso bajo de Na Cap de Porc, escondido frente a la playa de Son Xoriguer, todo lo que regala esta porción litoral son momentos de navegación placentera y fondeaderos de ensueño. Pero ya sabes que cambia de carácter (mitad S y mitad W). Aquí tienes algunas de las playas más famosas de la isla y los mejores sitios para poder pasar la noche y visitar Ciutadella en caso de no encontrar amarre disponible.

GASOLINERA:
Abierta de 9 a 13 h y de 15 a 19:30 h de lunes a viernes, y los sábados de 9 a 13 h. En julio y agosto abren también los sábados y domingos con horario continuado todos los días de 8 a 21 h. Tel.: 971 387 171

LUCES:
Cabo Artrutx
GpD(3)B 10 s 45m 19M
Punta de Sa Farola D B 6s 21m 14M

Foto: Puerto Cala'n Bosch.

Dónde amarrar
Club Deportivo Cala'n Bosch (39°55'31.44"N 3°50'3.31"E)

Este protegidísimo puerto deportivo cuenta con 270 amarres para embarcaciones de hasta 18 m de eslora. Su principal característica es que su acceso a través de un canal está limitado por un puente cuya altura máxima es de 6.80 m en su parte central, lo cual impide la entrada a la mayoría de barcos a vela. Aunque lo peor para este tipo de embarcaciones es la escasez de calado (la entrada por el canal tiene una profundidad máxima de 1,5 m). Cuenta con varadero, gasolinera, agua y luz en amarre, duchas, etc. Tel.: 971 387 171, www.puertocalanbosch.com

Rampas de botadura
Cala Galdana (39°56'19.65"N 3°57'26.47"E).

Justo al lado del puente que pasa sobre el "río" de cala Galdana verás una magnífica rampa de botadura en perfecto estado de conservación. Tiene unos 7 m de anchura, poca pendiente y además está muy bien protegida del oleaje, ya que desembarcas en el "río" de la ya de por sí tranquila cala Galdana, así que la maniobra de botadura te resultará sencilla. Es gratuita y de uso público. El único problema que tiene es encontrar un sitio cerca donde dejar el coche y el remolque, ya que durante los meses de pleno verano se llenan hasta los topes todas las opciones de aparcamiento existentes. ¡Suerte!

Cala'n Bosch (39°55'45.50"N 3°50'3.41"E):

Dentro del puerto deportivo de Cala'n Bosch se encuentra la rampa de botadura más ancha (40 m) y puede que la más fácil de usar de toda la isla de Menorca. El único "pero" está en que es de pago (5€ por uso, es decir, 5€ cada vez que saques la barca y otros 5€ cada vez que la metas). Puedes informarte en el tel.: Tel.: 971 387 171, 617 312 597 y www.puertocalanbosch.com.

Excursiones marítimas*

Amigo's Holiday Lines Menorca: Cala'n Bosch. Excursiones marítimas de medio día con salidas dos veces al día. Tel.: 618 348 006, www.holidaylinesmenorca.com.

Don Pancho: Con salidas desde Cala'n Bosch. Excursiones marítimas en golondrina "Glass bottom boat" (barco con fondo de cristal) con salidas a las 10h y a las 14h hacia Trebalúger, cala en Turqueta, Son Saura, etc. desde mayo a mediados de octubre. Tel.: 619 081 445, www.donpanchomenorca.com

Dónde alquilar*

Pons i Farner: Alquila en el puerto deportivo de Cala'n Bosch lanchas a motor tipo open de Jeanneau, con y sin patrón, de esloras entre 5,45 m y 8.5 m. También tienen en alquiler, con o sin patrón, un velero Jeanneau Sun Odyssey 32. Tel.: 610 261 291 / 639 322 666, www.barcosdealquiler.com.

Surf and Sail Menorca: Barcas a motor sin titulación en Cala'n Bosch. Tel.: 659 959 312 / 629 749 944, www.surfsailmenorca.com.

Escuela de vela, windsurf, etc.*

Surf and Sail Menorca: Cursillos de vela para adultos y niños, windsurf, esquí acuático, wakeboard y catamarán tipo hobbie cat. Excursiones guiadas y alquiler de kayaks. También actividades acuáticas con la "Banana", donut y el parasailing. Tel.: 659 959 312 / 629 749 944, www.surfsailmenorca.com.

Diving Centers*

Bluewater Scuba: Cala'n Bosch. Cursos de submarinismo y salidas de buceo también para niños. Tel.: 636 749 981/ 659 574 641 www.bluewaterscuba.co.uk.

Submenorca: Cala'n Bosch. Inmersiones por la costa sur. Tel.: 971 656 916, 609 656 916, www.submenorca.info.

*EMPRESAS
Si tú también te dedicas a hacer felices a nuestros lectores alquilando tus embarcaciones, haciendo excursiones en barco, kayak, submarinismo, etc. y no apareces en estos listados, comunícanoslo (info@laluzenpapel.com) y te incluiremos en las próximas ediciones. ¡ES GRATIS!

Foto: Bajo de Na Cap de Porc.

Los mejores fondeaderos

¡Ojo! Frente a Son Xoriguer, a 335 m al 135º de la punta de Sa Guarda, está el peligrosísimo bajo de la Seca de na Cap de Porc, con solo 1,6 m de agua encima.

Página 330

117 Macarella

Y su hermana pequeña, Macarelleta, son dos de los fondeaderos más famosos de la isla y, por ende, de las playas más masificadas. Se fondea con sondas de 6 m sobre arena.

Página 332

119 Cala En Turqueta

Es más tranquila que la anterior, aunque no dejan de venir golondrinas turísticas. Se fondea sobre arena con sondas de 4 a 6 m, protegidos de todos los vientos menos los del S.

Página 333

120 Cala Es Talaier

Otra magnífica elección para pasar la noche al resguardo de todos los vientos menos los del S. Se fondea sobre arena con sondas de 4 m. Esta es más tranquila que las anteriores.

Páginas 334-335

121 - 122 Arenal de Son Saura

Es el fondeadero perfecto para todos, hasta para las grandes esloras, puesto que es amplio y hondable (450 m de boca y de 8 a 6 m de calado sobre arena). Ojo con los vientos del S.

39º55'25.43"N 39º52'7.72"E

Cala de Son Vell

Una calita de la que nadie se acuerda, salvaje y tranquila. Sondas de 6 a 7 m sobre manchas de arena. Solo buena para medias esloras. Expuesta al oleaje del sur y a todos los vientos.

124 Cala Parejals

No hay aguas más turquesas, límpidas y transparentes que estas. Es una cala con una playa misteriosa que pocos conocen. Con fondos de arena y sondas de 6 a 8 m. ¡Deliciosa!

Página 336

125 Son Xoriguer

Demasiado jaleo de gente, barcas que salen a navegar, lanchas que van y vienen... pero tiene unas aguas de color turquesa preciosas, y varios sitios para comer. Sondas de 3 a 4 m.

Página 338

126 Cala'n Bosch

Más de lo mismo. Habiendo calas vírgenes tan discretas como Parejals, etc. esta se me queda un poco corta. Pero para bajar a comer y ver chapotear a los turistas... Sondas de 4 a 5 m.

Página 339

127 Cala Blanca

Si no usas dos anclas o no tiendes un cabo a tierra puedes tener problemas al bornear. Está balizada y llena de gente. Prefiero una zona que hay 500 m más al S, de aguas cristalinas.

Página 340

128 Cala Santandria

Siempre está repleta de barcos y de gente, pero es buen fondeadero con zonas bastante despejadas. Tiene tres brazos para escoger. Sondas de 6 a 8 m sobre arena. Abierta solo al SW.

Página 341

131 Cala des Degollador

La mejor para visitar Ciutadella (puedes ir caminando al centro), pero solo para esloras de no más de 11 m y tendiendo un cabo a tierra. Sondas de 5 a 3 m sobre arena. Expuesta al W.

Página 344

Puntos de interés en la costa de CALA GALDANA a CIUTADELLA

39°56'6.57"N 3°57'28.75"E

PDI 60 Mirador de Sa Punta

Si quieres saber desde donde se ve más bonita Cala Galdana toma nota: sube por la Avinguda de la Punta desde la rotonda de las tres palmeras y cuando llegues al final de la calle aparca y asómate. De noche aún es más bonito.

39°55'19.82"N 3°51'31.45"E

PDI 61 Cova dels Pardals

Pocos lugares hay en Menorca tan singulares. El ingenio del hombre no tiene límites. Cuando bajes a la cueva fíjate en las roldanas con las que izaba la barca. También es buen sitio para darse un chapuzón.

39°55'40.61"N 3°50'11.34"E

PDI 62 Puerto Cala'n Bosch

Adoro dar un paseo por aquí al final de la tarde, cuando los barcos llegan a puerto. El de Cala'n Bosch tiene algo especial. Fíjate en el canal que abrieron en la roca para comunicar la albufera con el mar. Súbete al puente y míralos pasar.

39°55'22.20"N 3°49'26.88"E

PDI 63 Faro de Artrutx

Además de para ver el faro, merece la pena venir ni que sea para tomarse algo en la terraza del restaurante, especialmente a la hora justa en que se pone el sol. Si no fuera porque fueron (y siguen siendo) tan desagradables...

Faro de Artrutx

CALA MACARELLA ✂ ⚓

VOLVER DE MENORCA SIN HABER ESTADO EN MACARELLA TIENE DELITO. POR ESO TE RECOMIENDO QUE VAYAS, NI QUE SEA PARA DARTE CUENTA QUE NO HAY DONDE PLANTAR LA SOMBRILLA. PARECE MENTIRA QUE LO QUE FUE UNA TRANQUILA PLAYA NUDISTA AHORA SEA LA MECA DEL TURISTA.

117

La playa más famosa de la costa sur. La más masifica. La más...

De unos años para acá alguien tuvo la ingeniosa idea de poner unos carteles indicadores digitales que ya te advierten antes de llegar si el parking está a tope o aún queda algo de sitio. Tienes tres opciones: o aparcar gratis, o pagando, o escapar pitando. Ahora ya no es necesario aguantar los atascos para tener que llegar y dar la vuelta. Cuando estés en la playa acércate al bar de Susy, que lleva cuarenta años friendo todo lo que corre, nada y vuela. Verás la de gente famosilla que ha querido posar para dejar constancia del ágape. Este histórico bar de playa se pone hasta los topes, igual que la arena. Es de los pocos que encontrarás en la isla que tantas caras conocidas haya visto pasar. Y no me extraña: es por esa arena blanca y fina, los acantilados que la protegen y el color de las aguas, siempre limpias y trasparentes, por lo que merece la pena aguantar tanto. ¿O no?

Descripción: Esta cala de arena fina y blanca se mantiene relativamente virgen. A excepción del restaurante y algunas otras construcciones humanas (como el canal trazado para drenar las aguas del torrente) poco más hay que moleste a la vista. En los acantilados de poniente aún se ven las cuevas que fueron "okupadas" para pasar los días de verano en la playa. Bendita sombra la del pinar.

Accesos: Hay varias opciones: o a pie desde cala Galdana por el Camí de Cavalls (1.800 m), o en coche desde la ronda sur (RC-2) de Ciutadella. Cuando llegues verás un primer parking, que es privado y de pago (5 € solo durante el verano), y luego otro gratuito más allá. Del primero a la playa hay que caminar 350 m (llanos), y 1.100 m desde el gratuito (con pendiente de bajada primero y de subida después).

Servicios: Duchas en el restaurante (1€), wc y socorristas en la playa.

✂	Restaurante
🚿	Duchas a 1 €
WC	WC
P	Aparcamientos
🚶	350 m a pie
⊕	Orientada al S
👨‍👩‍👧	Ocupación alta
🌲	Entorno natural
↕	L: 100 m An: 45 m

COSTA SUR

✂ ≈ CALA MACARELLETA

LA HERMANA PEQUEÑA DE MACARELLA PADECE EN MENOR MEDIDA LOS ESTRAGOS DEL TURISMO, AUNQUE SIGUE SIENDO UNA DE LAS PLAYAS NUDISTAS MÁS FAMOSAS Y MASIFICADAS DE MENORCA. AÚN RECUERDO AQUELLOS TIEMPOS DE ACAMPADAS EN LA PLAYA Y DE *ANADES A FORA*...

118

¿Y quién no las conoce? Acércate a verla ni que sea desde el acantilado.

Cuando se juntaban aquí la mitad de los hippies de la isla (y los que no lo eran tanto). Algunos llegaron a "okupar" las cuevas del acantilado, estableciendo comunas que pasaban el verano entero viviendo de la nada, como si de un poblado talayótico del siglo XXI se tratara. Pero todo eso cambió. Había ya demasiada porquería acumulada, demasiadas hogueras entre el pinar... y puede que demasiados neohippies aprendiendo a defecar al aire libre, así que por culpa de unos pocos nos cortaron las alas a todos. Ahora es una práctica muy controlada por el SECOM (la policía que se ocupa de la seguridad y la buena imagen de las playas), gracias a lo cual se está logrando devolver la estampa natural, limpia y virginal originaria. Pero a cambio de no poder vivir la playa como se hizo siempre... Se repite la misma historia: masificación igual a recorte de libertades.

Descripción: Desde que se acondicionó el acceso por tierra tallando unas escaleras en el acantilado Macarelleta ya no es lo que era. Ahora también vienen docenas de familias de turistas con sus niños, y lo del nudismo ya no es lo mismo. Pero eso sí, la playa sigue siendo idílica, con su arena blanca y fina, aguas calmadas, pequeñas dunas remontantes y el pinar que llega hasta la orilla. Los acantilados la protegen solo del oleaje, pero no de las miradas.

Accesos: En la página anterior te explicaba que hay dos formas de llegar, o en coche desde Ciutadella o a pie desde cala Galdana. Y dos parkings, uno de pago (5 € todo el día) y otro más alejado y gratuito. Una vez estés en cala Macarella camina hacia la derecha por un sendero al borde de los acantilados. Hay zonas peligrosas para los peques (no dejes que se te escapen de la mano). **Servicios:** A 400 m, en Macarella.

750 m a pie 🚶
Orientada al E 🧭
Ocupación alta 👨‍👩‍👧
Entorno natural 🌲
L: 50 m
An: 20 m

COSTA SUR

Posición: 39°56'10.22"N 3°56'4.72"E — Población próxima: Ciutadella 15,4 km — Puerto próximo: P. E. Cala'n Bosch 5,6 M

CALA EN TURQUETA ✂ ⚓

119

SI ALGUIEN TUVIERA LA AMABILIDAD DE PREGUNTARME SOBRE CUÁL ME GUSTA MÁS, SI MACARELLA O TURQUETA, LE DIRÍA QUE ÉSTA. TURQUETA NO ES LA MÁS POPULAR DEL GRUPO, PERO ES TANTO O MÁS HERMOSA. Y ADEMÁS ES MÁS FÁCIL DE CORTEJAR. MÁS ACCESIBLE, MÁS CERCANA...

La pista de acceso es cómoda y sombría. Es preciosa.

Y menos masificada. ¿Y sabes por qué? Porque el parking (público y gratuito) está limitado a 120 vehículos, lo que impide las aglomeraciones de Macarella, con dos parkings multitudinarios. Estas playas de Ciutadella están demasiado alejadas de todo y no disponen de transporte público, así que la única opción que te queda para venir es en coche. Si sois una pareja y estáis de paso os recomiendo que alquiléis un vehículo, y mejor aún si es una moto, porque las distancias no son muy largas (unos 50 km de punta a punta de la isla) y podréis aparcar fácilmente en las playas aunque el cupo de coches ya se haya sobrepasado. En los meses de las masas o madrugas o te quedas sin. Pero compara precios porque hay mucha diferencia. Los que se alquilan en los hoteles suelen ser bastante más caros. Evita intermediarios... y disfruta de la aventura. ¡Vive Menorca!

Descripción: Cala en Turqueta tiene dos playas de arena blanca y fina separadas entre sí por un pequeño saliente rocoso. Naturalísticamente se diferencian mucho, ya que la primera, la más grande, está afectada por un torrente que vierte sus aguas en época de crecidas llevándose parte del arenal, mientras que la playita situada hacia el E está más protegida, no le afectan las crecidas y cuenta incluso con una pequeña formación dunar. Las dos son igual de hermosas, están totalmente vírgenes y tienen un pinar que llega hasta la orilla, aunque la primera es más multitudinaria, mientras que la segunda es el rincón más tranquilo para las parejas.

Accesos: Desde la ronda sur de Ciutadella (RC-2) siguiendo los carteles indicadores. Fíjate en los que indican el estado del parking público y gratuito.

Servicios: Chiringuito y wc, pero solo en el parking, a 900 m de la playa.

COSTA SUR

- Chiringuito en parking
- WC en el aparcamiento
- P Aparcamiento gratuito
- 900 m a pie
- Orientada al S
- Ocupación alta
- Entorno natural
- (2) L: 50 m An: 15 m
- (1) L: 40 m An: 10 m

⚓ 🏊 ES TALAIER

LA PLAYA DEL VIGILANTE (*ES TALAIER*) CONSERVA EL MISMO TIPO FINO Y LA MISMA CARA LUSTROSA QUE EN AQUELLOS SIGLOS EN QUE MENORCA ERA HOSTIGADA POR LOS TURCOS. HABÍA QUE ESTAR PREVENIDO FRENTE A LA LLEGADA DE NAVES ENEMIGAS... HOY YA NO NOS ATACAN LOS PIRATAS.

120

Hay años que emerge también Talaieta. Acércate a ver...

Pero hay otras invasiones que aunque sean buenas para la economía (al menos a corto plazo) no lo son tanto para nuestro patrimonio. Es cierto: el turismo de masas no se ha cebado tanto aquí. Quizás porque el pueblo menorquín ha sabido plantarle cara al desarrollismo salvaje bajo el que perecieron otras, violadas salvajemente. La historia de Menorca ha escrito demasiadas páginas de dolor y rabia, hostigados primero por los musulmanes y luego por los piratas. Después vinieron los ingleses, los franceses... Así que hubo que aprender "artes marciales" para no volver a ser colonizados, esta vez por las tropas del bañador y la sombrilla, el alcohol barato y el *balconing*. Por eso adoro tanto Menorca, porque vayas donde vayas aún conserva un paisaje delicioso y, sobre todo, sus rasgos de identidad. Prefiero tener que leer la carta en catalán antes que en inglés, francés, alemán o ruso.

Descripción: Esta playa virgen de arena blanca y fina no está rodeada de acantilados tan altos como Turqueta, Macarella, etc. Recibe tal nombre por la atalaya d'Artrutx, construida en 1617 para prevenir la llegada de piratas. Puedes hacer una excursión hasta la torre siguiendo la pista que sale desde la playa hacia el N, ascendiendo hasta la cima (1,6 km de ruta). Las vistas desde sus 70 m sobre el nivel del mar te permitirán ver casi toda esta franja costera. Es privada y está junto a una casa de campo *pagesa*.
Accesos: Sigue los carteles indicadores hacia el arenal de Son Saura desde la ronda sur de Ciutadella (RC-2). Aparca en el parking de Son Saura y ve hacia la playa de Banyul. Desde ella sigue hacia la de Bellavista y desde allí a Talaier por una senda que coincide con el Camí de Cavalls. Son 1.300 m peatonales desde el parking.
Servicios: Wc.

WC 🚻
1.300 m a pie 🚶
Orientada al SW 🧭
Ocupación media 👥
Entorno natural 🌲
L: 35 m
An: 20 m

COSTA SUR

BELLAVISTA (ARENAL DE SON SAURA) ⚓

121

EL MÍTICO ARENAL DE SON SAURA ESTÁ FORMADO POR DOS DELICIOSAS PLAYAS VÍRGENES, LA DE BELLAVISTA Y LA DE BANYUL, QUE ADEMÁS DE MERECER TODOS LOS ELOGIOS POR SU EXCELENTE ESTADO DE CONSERVACIÓN TIENEN LA VENTAJA DE ESTAR RELATIVAMENTE CERCA DEL PARKING.

La más tranquila del arenal de Son Saura.

La que aquí nos acontece es la más alejada de la zona de estacionamiento (a 500 m), por lo cual suele estar más frecuentada por parejas e incluso por practicantes del nudismo, una costumbre que, como ya hemos tenido oportunidad de comentar, está muy arraigada y bien tolerada en la isla. La siguiente (pero la primera que se ve cuando llegas) es la de Banyul, que apenas se distancia del parking (140 m) y cuenta con un pinar bajo el que resguardar a los más pequeños y con zona de picnic para comer a salvo de la canícula. No obstante te recomiendo que vayas (en pareja o en familia) armado con una sombrilla, además de agua en abundancia y comida, especialmente si tienes pensado pasar el día entero en la playa. El sol calienta con justicia y no hay ningún tipo de servicio que no sea el wc portátil que instala el ayuntamiento. Por cierto, una idea fabulosa. ¡Felicidades!

Descripción: Tanto esta como la siguiente son las dos playas de la costa sur que mayor diversidad florística acogen. Esta por la presencia de una zona húmeda y las dunas que la separan de la orilla y la otra por el gran aporte nutricional que suponen todos los restos de posidonia que arrastra el mar. Ambas están encajadas entre pequeños acantilados calcáreos de baja altura, son de arena blanca y fina, escasa pendiente y poco oleaje siempre y cuando no bufen los vientos del S-SW. En Bellavista llama la atención el tajo a modo de trinchera labrada en el suelo que sirvió para drenar la zona pantanosa. En el vocabulario isleño es una *mina,* y se trazó para intentar el cultivo de arroz.

Accesos: Sigue los descritos en la página siguiente y camina siguiendo el Camí de Cavalls 200 m hacia el E.

Servicios: Wc en el parking, socorrista y alquiler de kayaks en la playa.

COSTA SUR

- WC en el aparcamiento
- Alquiler de Kayaks
- P Aparcamiento a 200 m
- 200 m a pie
- Orientada al SW
- Ocupación media
- Entorno natural
- L: 325 m An: 20 m

⚓ 🏊 BANYUL (ARENAL DE SON SAURA)

Esta preciosa playa de arena blanca y fina, virgen y tan bien conservada, debe su estado en parte a la excelente política de conservación a la que está siendo sometida. La posidonia, ese "alga" que tanto molesta a los turistas, aquí recibe un trato especial.

122

Una playa modélica, preciosa y cómoda como pocas.

Esas hojas largas y acintadas de colores pardos que ves entre la arena, y a veces también en la orilla y en el agua, provienen de la posidonia oceánica, una planta submarina de vital importancia para el ecosistema y, en definitiva, para la salud de las playas. Cumplido su ciclo vital y debido a la fuerza del oleaje desprende las hojas que se acumulan en la orilla a modo de barrera natural frente a la erosión. Hasta ahora, cuando comenzaba la campaña de verano, se retiraban de la arena para satisfacer a los turistas. Cuando se recogían con las palas se llevaban consigo parte del sedimento, la playa dejaba de estar protegida y, como resultado, iba menguando año tras año. Ahora la cosa ha cambiado: se recogen y se apilan tras la playa para volver a ser colocadas en la orilla antes de que comiencen los temporales. Así están logrando que la playa se recupere año tras año. ¡Muy buena idea!

Descripción: La cala que recibe el nombre de Son Saura forma dos preciosos arenales, el de Banyul y el de Bellavista. Entre medias solo hay una pequeña punta rocosa de baja altura. Las dos playas se parecen mucho, pero lo que más destaca en esta es el pinar que la precede y la cercanía del parking, por eso me gusta tanto para ir con los niños. Hay una zona de picnic, socorristas, es amplia, de arena blanca y fina y muy segura para el baño si no bufa viento del S-SW.

Accesos: Toma la ronda sur (RC-2) desde Ciutadella y sigue los carteles indicadores. Fíjate en los carteles luminosos que indican el estado del parking. La carretera está bien señalizada, aunque hay zonas en mal estado y en verano se forman unos atascos insoportables. Al final llegas a un parking gratuito situado a tan solo 200 m de la playa. ¡Madruga!

Servicios: Wc en el parking.

WC en el aparcamiento
Aparcamiento gratuito
Acceso rodado
Orientada al S
Ocupación alta
Entorno natural
L: 125 m
An: 15 m

COSTA SUR

Posición: 39º55'40.47"N 3º53'31.43"E   Población próxima: Ciutadella 12,7 km   Puerto próximo: P. E. Cala'n Bosch 3,2 M

ES CALONS ⚓

123

PERDONADME CHICOS, PERO HE TENIDO QUE DESCUBRIRLA: ESTA TAMPO-
CO PODÍA GUARDÁRMELA EN EL TINTERO. ESE RINCÓN SECRETO —TRAN-
QUILO Y AJENO A LAS MASAS— QUE BUSCAMOS TODOS, TODOS LOS QUE SO-
ÑAMOS CON DISFRUTAR DEL MAR MEDITERRÁNEAMENTE, ES ES CALONS.

Es más rico el que menos necesita. Y aquí poco te hace falta.

Lo cual equivale a decir que con poco esfuerzo y poco presupuesto se puede disfrutar mucho más. A veces ya basta con un puñadito de arena y unas rocas lo suficientemente cómodas para tumbarse al sol sin sentirse como un faquir, y Es Calons lo tiene. Eso y más. Pero lo mejor es esa calma mágica, esa sensación tan agradable de vivir el mar como los antiguos, sin ninguna necesidad material ni espiritual. En la filosofía de la vida menos es más: cuantas menos necesidades más satisfacciones. Y te lo digo yo, que pensé que lo tenía todo cuando en realidad no tenía nada. Ahora disfruto como un enano yendo solo con una toalla vieja, una botella de agua y el bocata de sobrasada y queso, que cuanto más calor hace más se funde, mejor huele y más rico me sabe... ¡ñam! Lo importante es quién tengas a tu lado, ahora y siempre, y no si el bolsillo está medio lleno o medio vacío. Porque todo es relativo.

Descripción: Ya lo verás: la calita es solo un puñado de arena, apenas 3 m de ancho y 5 o 6 m de fondo, unas medidas no del todo exactas, dependientes de las corrientes. Hay años que la posidonia se la come toda y entonces solo te queda esa plataforma de hormigón que hace las veces de solárium. Todo a su alrededor está virgen, porque las trincheras están tan ocultas entre la vegetación que más que afear decoran. Fíjate, que hay más de una y están en muy buen estado de conservación. Si sigues el Camí de Cavalls 1,5 km más hacia el W descubrirás otra cala, la de Son Vell, aunque siempre está llena de posidonia.

Accesos: Cuando llegues al parking de la playa anterior y te dirijas hacia ella toma el primer camino que sale hacia la derecha, cruza el muro y enlaza con el Camí de Cavalls, que pasa al lado de Es Calons después de 800 m.

Servicios: ¡Para qué los quieres!

COSTA SUR

- 800 m a pie
- Orientada al SE
- Ocupación media
- Entorno natural
- L: 3 m An: 5-6 m

Posición: 39°55'26.19"N 3°53'3.88"E | Población próxima: Ciutadella 13,5 km | Puerto próximo: P. E. Cala'n Bosch 2,7 M

AYUNTAMIENTO DE CIUTADELLA

⚓ 🦐 CALA PAREJALS

CALA PAREJALS ESCONDE UN SECRETO QUE MUY POCOS CONOCEN... SE TRATA DE UNA PLAYA EN UNA CUEVA QUE VA Y VIENE COMO POR ARTE DE MAGIA. LA GENTE PASA DE LARGO Y NO LA VE PORQUE NO MIRA, Y SI NO MIRAS, NO LA VES. LA CULPA LA TIENEN TODAS ESAS TURQUESAS EN EL MAR...

124

Un antojo de la naturaleza que pocos conocen.

que te despistan la mirada y el sentido, y esa curiosa caseta de pescadores, encalada y con aspecto de ermita, hacia la que corren todos los excursionistas porque también esconde otra cueva, mucho más famosa, llamada Cova des Pardals. Parejals y Pardals no son lo mismo. La primera es mi perla secreta y querida, una playita de arena blanca y fina que penetra bajo tierra reflejando los destellos del color del agua en las paredes de la gruta. Es una playa esquiva y caprichosa que a veces está y otras permanece ausente, dormida bajo esas aguas de colores imposibles. La segunda es otra cueva bien distinta. Es la que está bajo la caseta. Se baja por unas escaleras hasta llegar al "garaje de James Bond", donde un vecino guardaba su barca, que suspendía del agua mediante poleas y cabestrantes. Dicen que no solo pescaba peces... Y que aquí estuvo su guarida. Es el misterio de Pardals.

Descripción: Si no te fijas bien no la ves, y a veces ni fijándose se ve. Debido a las corrientes y los temporales la playa existe en contadas ocasiones. Además, para verla hay que asomarse mucho al acantilado y bajar entre las rocas, teniendo que mojarse los pies en muchas ocasiones. Ya te aviso que es un lugar muy especial, más para ver que para tumbarse en la arena a tomar el sol. Y como chapuzón tampoco tiene precio, porque el agua siempre está cristalina y la cala donde se encuentra es amplia y muy luminosa.
Accesos: Sigue el Camí de Cavalls desde la siguiente playa hacia el E. Camina 1.100 m y fíjate en esa cala abierta y de aguas turquesas que hay justo antes de la punta rocosa tras la que está la famosa caseta blanca de la Cova des Pardals. En el centro de la cala hay unas rocas por las que se puede bajar hasta la orilla. ¿Está o no está?
Servicios: Ninguno.

1.100 m a pie 🚶
Orientada al S 🧭
Ocupación media 👥
Entorno natural 🌲
L: 6 m
An: 3 m

COSTA SUR

SON XORIGUER ✳ ⚓

125

ADEMÁS DE SER EL NOMBRE DE UNA DE LAS PLAYAS MÁS TURÍSTICAS DE LA ISLA, DONDE MAYOR CONCENTRACIÓN DE VERANEANTES TE VAS A ENCONTRAR, XORIGUER ES EL NOMBRE DE LA GINEBRA DE MENORCA. EL GIN TONIC MEDITERRÁNEO SE ESCRIBE CON "X", QUE ASÍ SABE MEJOR.

La playa con todos los servicios que gusta a todos.

Me da igual que seas abstemio: de Menorca no te puedes marchar sin haber probado la ginebra isleña, mezclada con tónica o en su variante más ligera, con limonada, la que llaman "pomada". Y ahora déjame que os sugiera una zona mucho más auténtica para salir y tomar algo que no sea esta Meca del turista de la colchoneta de nombre Cala'n Bosch. Para cenar, tomar algo y divertirse con ambiente mucho más español lo mejor es acercarse al puerto de Ciutadella, y en concreto a la zona que llaman Es Pla, donde termina –o comienza– la noche isleña. Además de varios restaurantes donde cenar al borde mismo del mar hay varias discotecas y bares de moda, algunos con terrazas desde las que gozar de las vistas del pueblo, del puerto, de la buena música y de las mejores copas. Es donde mejor te va a saber el gin tonic de Menorca. Prueba y verás.

Descripción: Esta playa de arena blanca y fina tiene la gracia de estar en una zona que, aunque urbanizada, los edificios que la rodean son en su mayoría de baja altura. Son chalets ajardinados que han dejado suficiente espacio para trazar un agradable paseo marítimo entre las dunas. Otra de sus características es que la orilla de poniente esta salpicada de calitas, porciones de la playa original separadas entre sí por pequeñas peñas, donde podrás encontrar tu rincón particular.

Accesos: Desde Ciutadella por la Me-24 dirección Artruch y Cala'n Bosch. Cuando llegues a la urbanización sigue los carteles indicadores y aparca gratis en la explanada al final del Carrer de la Península.

Servicios: Bares y restaurantes, alquiler de hamacas y sombrillas, duchas para los pies y para el cuerpo, socorristas, submarinismo, windsurf, catamaranes, kayaks, paddle surf, etc.

COSTA SUR

- ✖ Bares y restaurantes
- 🚿 Duchas y lavapies
- WC WC
- 🔑 Alquiler
- 🚤 Deportes náuticos
- 🚌 Parada de autobús
- 🚗 Acceso rodado
- ◎ Orientada al S
- 👥 Ocupación alta
- 🏠 Entorno residencial
- ↕ L: 90 m An: 25 m

Posición: 39°55'29.76"N 3°50'25.65"E Población próxima: Ciutadella 12,9 km Puerto próximo: P. E. Cala'n Bosch 0.6 M

⚓ CALA'N BOSCH

CALA'N BOSCH ES UNA DE LAS ZONAS DE MENORCA DONDE MAYOR OFERTA DE ALOJAMIENTO HAY. LOS HOTELES, BLOQUES DE APARTAMENTOS Y RESORTS HAN CRECIDO MÁS A LO ANCHO QUE A LO ALTO, Y AUNQUE ROCEN EL EXCESO, NO AFEAN TANTO EL ENTORNO COMO EN OTRAS ISLAS.

126

Una cala urbana al gusto de las familias de los turistas nórdicos.

Otra de las salvedades de esta playa es que estando en la arena no se ve tanto hormigón, ya que la vegetación que aún conserva ejerce de barrera visual. Y ahora déjame que te cuente lo que puedes visitar en Cala'n Bosch, aparte de la playa. A 100 m de la arena está el pequeño puerto deportivo. Merece la pena darse un paseo y ver las barquitas amarradas junto a todas esas terrazas de los bares y restaurantes diseñados al gusto nórdico y, sobre todo, acercarse al puente sobre el canal de entrada del puerto, labrado en la roca. En los años setenta dragaron lo que había sido una pequeña albufera y excavaron ese estrecho canal para permitir la entrada de pequeñas embarcaciones a motor. Del puerto yo me iría, sin pensarlo, hasta el faro del Cap d'Artrutx, especialmente a última hora de la tarde en los días más claros, cuando podrás ver el sol precipitándose tras las montañas de Mallorca.

Descripción: Esta cala de arena blanca y fina está bastante cerrada entre pequeños acantilados calcáreos de escasa altura, lo cual la convierte en una piscina natural. Esas rocas están muy erosionadas por la acción del mar y repletas de microrelieves y pequeñas oquedades (cocons). Las salpicaduras del mar originan charquitos que al evaporar dejan una costra de sal marina empleada en la cocina isleña desde antaño. Caminar por aquí sin buen calzado es peligroso para los pies, especialmente por las orillas próximas al faro, donde este fenómeno se desarrolla con notoriedad.

Accesos: Desde Ciutadella por la Me-24 dirección Artruch y Cala'n Bosch. Siguiendo los carteles indicadores no hay pérdida. Primero rodeas el puerto y después llegas al parking gratuito.

Servicios: Hamacas y sombrillas, duchas, lanchas de pedales, socorristas y restaurante en la propia playa.

Restaurante	🍴
Duchas	🚿
Alquiler	🛎
Pedalos	🚣
Parada de autobús	🚌
Aparcamiento gratuito	🅿
Acceso rodado	🚗
Orientada al S	🧭
Ocupación alta	👥
Entorno urbano	🏙
L: 100 m An: 35 m	

COSTA SUR

CALA BLANCA ⚓

127

A 5 KM DE CIUTADELLA HAY UNA CALA PERFECTA PARA DESPEDIR EL SOL TOMÁNDOSE UN MOJITO ENVUELTO EN LAS SUGERENTES MÚSICAS DEL HOLA OLA, EL CHIRINGUITO DONDE PODRÁS TUMBARTE SOBRE LA HIERBA FRESCA DESPUÉS DE UN RELAJANTE BAÑO EN ESTA PISCINA NATURAL.

Perfecta también para venir con los peques.

Pero no solo eso. No te niego que la cala esté siempre repleta de gente, con sus aguas en ebullición cual sopa de bañistas, flotadores y otros tropezones, pero tengo que admitir que la zona más tranquila (en ocasiones) y la de mejor ambiente (siempre) está en la orilla izquierda, sobre los pareos y el césped del Hola Ola. Eso cuando no montan alguna de sus alocadas y divertidas dj sessions, actuaciones, fiestas temáticas, de disfraces, etc.; entonces la playa será lo de menos. Y aún menos el día en que se abra las cuevas de cala Blanca (*coves de Parella*), una de las curiosidades naturales menorquinas más conocidas en la Europa del siglo XVIII al XIX, cuando estaban consideradas entre las más importantes del mundo por su impresionante lago subterráneo. Está prevista su adecuación –con una inversión de casi un millón de euros– para que todos las podamos visitar con garantías.

Descripción: Esta cala de arena blanca y fina orientada al W está muy protegida del oleaje y es perfecta para nadar. Está rodeada de establecimientos de hostelería, urbanizaciones y hasta unos toboganes acuáticos. A pesar de ello aún conserva parte de la vegetación característica de las dunas en la parte trasera de la playa, donde también persisten los restos de una naveta de habitación del siglo XVIII a.C., una de las pocas construcciones de este tipo documentadas en la isla de Menorca.

Accesos: Ven de Ciutadella hacia el Cap d'Artrutx por la Me-24 y gira hacia la derecha en la rotonda de las olas y el olivo cuando veas el cartel indicador. Sigue adelante y aparca, si puedes, frente al hotel Mediterrani (entre el hotel y la playa).

Servicios: Hamacas y sombrillas, restaurantes, chiringuito, socorristas, lanchas de pedales, parque infantil, zona de picnic, diving center, duchas y wc.

COSTA SUR

Restaurantes
Duchas
WC
Alquiler
Deportes náuticos
Parada de autobús
Acceso rodado
Orientada al W
Ocupación alta
Entorno residencial
L: 42 m
An: 45 m

Posición: E39°58'4.40"N 3°50'9.30"E   Población próxima: Ciutadella 6 km   Puerto próximo: Port de Ciutadella 2,6 M

⚓ 🏊 CALA SANTANDRIA

CALA SANTANDRIA ES UN ESTRECHO Y PROFUNDO ENTRANTE AL FONDO DEL CUAL SE HAN FORMADO DOS PLAYITAS DE ARENA SEPARADAS ENTRE SÍ POR SOLO UNOS METROS. AUNQUE EL URBANISMO DESMEDIDO HAYA PODIDO CON ELLAS SIGUE SIENDO UN RINCÓN FAMILIAR Y TRANQUILO.

128

La piscina natural de las familias de Ciutadella.

Una buena alternativa para las familias con niños, ya que además de estar perfectamente equipada (con lanchas de pedales, duchas, wc, etc.) la pendiente es muy reducida, las aguas están siempre muy calmadas y es, por tanto, una auténtica piscina natural perfecta para los infantes. La tranquilidad de las aguas ya no solo se debe al hecho de estar al fondo de un largo y estrecho entrante con más de 500 m de profundidad, sino a su orientación. Durante los veranos los vientos más molestos son los del N y E, así que su orientación W la mantiene a salvo de peligrosos oleajes. Estas bondades no solo las aprovechan los bañistas, también los propietarios de las docenas de barquitas que amarran en los laterales de la cala. Siempre que vuelvo me gusta acercarme hasta la parte más tranquila y humilde, hacia la calita que hay en la parte izquierda de la imagen. Es el rincón de los cuatro amigos.

Descripción: La primera de las playas vista de derecha a izquierda cuenta con 55 m de ancho y otros tantos de largo, es de arena fina y muy poca pendiente, con unas palmeras que endulzan el ambiente, ni que sea para hacer frente a esa mole de hormigón y sus antenas de telefonía móvil construida a pie de playa sin el más mínimo decoro. La otra calita –con la vegetación que llega hasta la orilla– tiene más gracia aunque sea mucho más pequeña: apenas tiene 30 m de largo por 8 m de ancho. La casa de veraneo que se ve en primer plano y la mole de hormigón llevan construidos ahí al menos desde los años 50, cuando todo se permitía.
Accesos: Yendo de Ciutadella hacia el Cap d'Artrutx por la Me-24 gira hacia la derecha en la curva cuando veas el cartel indicador. Si queda sitio podrás aparcar gratis junto a la playa.
Servicios: Los citados y hamacas, sombrillas, socorrista y chiringuitos.

Chiringuitos 🍷
WC y lavapies 🚿
Alquiler 🛶
Deportes náuticos 🎿
Parada de autobús 🚌
Acceso rodado 🚗
Orientadas al (1) NW y (2) SW 🧭
Ocupación alta 👪
Entorno residencial 🏡
(2) L: 30 m An: 8 m 🛏
(1) L: 55 m An: 55 m 🛏

COSTA SUR

Posición: 39°58'38.86"N 3°50'21.54"E   Población próxima: **Ciutadella** 4,2 km   Puerto próximo: **M Port de Ciutadella** 1,9 M

AYUNTAMIENTO DE CIUTADELLA   341

SA CALETA D'EN GORRIES ✼ ♿

129

SI LA PLAYA ANTERIOR ERA PERFECTA PARA FAMILIAS ESTA LO ES TAMBIÉN PARA PAREJAS. NO LE FALTA DE NADA: NI EL "CHIRI", NI LAS HAMACAS NI LA ARENA BLANCA Y PURA, PARA ESTAR COMO EN CUALQUIER OTRA PLAYA TROPICAL —CON LAS MISMAS AGUAS DE TURQUESA Y ESMERALDAS— PERO...

El paraíso: nacional y a la puerta de casa. ¿Para qué irse más lejos?

sin tener que sufrir tanto. Y no solo por el dichoso *jet lag*. Para qué buscar otros paraísos lejanos si aquí tenemos el de verdad. ¿O no? Para qué aguantar 15 horas con el culo encajado en una lata de sardinas si a poco más de una hora tengo lo mismo pero sin salir de mi país. Además, aquí huele al verano de verdad: al de los pinos, al de la arena tostada; al de la barbacoa y la sobrasada sobre una torrada de pan *pagès* caliente con el queso fundido de Maó; al de las gambas a la plancha y el vermut de antes de comer esa caldereta de langosta del Mediterráneo, etc. A mí que me den pan *pagès* y no el de molde. Y con la *carn i xulla* mejor el vino tinto del país; y los bocatas de fuet... ¡con el tomate restregado! Y no tanto *ketchup*, *sándwich* y *hamburger*, que además de ser difícil de pronunciar también lo es de digerir. Menos correr y más de lo nuestro, que no lo sabemos disfrutar. Salud.

Descripción: Y ahora volvamos a la playa, que hay que disfrutar. Fíjate en la imagen aérea. El brazo más largo acaba en la playa anterior, el mediano en esta, y el más pequeño, el que está junto a la torre des Castellà, en la calita del Racó de ses Avellanes. Como ves las aguas son cristalinas y de color espectacular, y la arena blanca y fina. Caminas mar adentro y apenas cubre. Olas hay pocas, pero rincones desde los que zambullirse y disfrutar, "a puñaos". Y lo mejor de todo: esas puestas de sol desde la playa. ¡Increíble!
Accesos: Ven desde Ciutadella por la ronda RC-2 y salte en la rotonda hacia Sa Caleta. Sigue hasta la siguiente y toma la 3ª salida. Sigue la calle y salte en la 3ª salida hacia la izquierda. Al final el vial muere en un pequeño parking gratuito frente a Sa Caleta.
Servicios: Zona picnic, parque infantil, fútbol, etc. Wc, duchas, hamacas, chiringuito, socorrista y accesible.

🍴 Chiringuito
🚻 WC
🛎 Alquiler
🚌 Parada de autobús
🅿 Aparcamiento gratuito
🚙 Acceso rodado
🧭 Orientada al SW
👪 Ocupación alta
🏠 Entorno residencial
↕ L: 25 m
An: 25 m

COSTA SUR

⚓ RACÓ DE SES AVELLANES

Si alguien tuviera la amabilidad de preguntarme sobre cuál es la playa de arena más chiquita de Menorca le diría que ésta. Aunque lo digo con la boca muy pequeña, porque hay veces que no existe y entonces mentiría. Es otro de los antojos de la naturaleza.

130

Un puñado de grava para un baño en solitario.

Que se sirve de las corrientes del mar para dar o quitar vida. Pero, mira, si vas y no está, tendrás algo más que visitar. Fíjate en la torre que se ve al fondo, en la esquina derecha. Es la torre des Castellà. Ya se que no pinta mucho, que no levanta nada, pero acércate y verás... Los británicos la construyeron en 1802 para pasar desapercibida desde el mar, para que pareciera poca cosa y que los barcos enemigos bajaran la guardia, pero la verdad es que tiene 8 m de altura real y está empotrada en el terreno, artillada y dentro de un foso que la hacía inexpugnable. Pero no solo por el foso, sino por las 12 aspilleras (pequeñas escotillas a ras de suelo) desde las que habrían fuego contra todo el que osara acercarse por tierra. La planta inferior está a 1,5 m bajo el nivel del foso mientras que la parte superior escondía dos cañones apuntando al horizonte, hacia toda nave enemiga. Es inédita en Menorca.

Descripción: Y ahora la playita, que suele ser de arena gruesa y unas dimensiones de no más de 3 m de largo y un par de ellos de ancho. Pero cuando tiene arena y además vas y estás solo, te sentirás cual jeque árabe, con tu propia playa y tu propia torre. Y entonces ya verás lo bien que te saben los chapuzones en sus aguas cristalinas de color turquesa. Los fondos son de arena y reflejan toda la luz. Además, hay una zona con una cómoda escalera para salir del agua de esta piscina natural. Fíjate en la foto aérea de la página anterior y verás la torre y la cala.
Accesos: Cuando hayas llegado al parking de la playa anterior camina hacia la derecha por un sendero cerca de la orilla, pasa junto a la trinchera y al fondo del entrante de mar puede ser que esté la playa, junto al muro y un viejo casetón de piedra *marès* y portón de madera (fue el garaje de una barca).
Servicios: Todos en la playa anterior.

200 m a pie
Orientada al S
Ocupación media
Entorno residencial
L: 3 m
An: 2 m

COSTA SUR

Posición: 39°58'53.11"N 3°49'56.09"E   Población próxima: **Ciutadella 3,7 km**   Puerto próximo: **Port de Ciutadella 1,8 M**

AYUNTAMIENTO DE CIUTADELLA   343

CALA GRAN DES DEGOLLADOR 🍽 ⚓

131

Con un nombre tan siniestro quien pudiera pensar que se trata de una de las playas de Ciutadella más familiares, entrañables y queridas por su vecinos. De esta bellísima ciudad mediterránea se acuerdan todos por San Juan, pero del *Any de sa Desgràcia...*

Una playa urbana muy cómoda y equipada.

res de res. Pocos turistas saben que aparte de las fiestas de San Juan (las más importantes de la isla) hay otra fecha señalada en el calendario insular de la que nadie se quiere olvidar. Se trata del *Any de sa Desgràcia*, aquel 9 de julio de 1558 en que una flota de 140 galeras y 15.000 soldados turcos cercaron la ciudad, arrasándola, saqueándola y llevándose como esclavos a 4.000 de sus habitantes, casi la mitad de la población de la isla. Primero lo intentaron en Maó, pero el castillo de Sant Felip los amedrentó. Aquí lucharon 800 valerosos vecinos contra una fuerza infinitamente superior. Aguantaron 9 días. En recuerdo de tal doloroso suceso se levantó el obelisco de la plaza del Born y se oficia cada año una misa en la catedral, etc. El nombre de la playa proviene del topónimo originario Gollador (de gola, entrada de mar) y de la mitificación de aquel suceso.

Descripción: Del Illot de Sa Galera (el guardián de la entrada de la cala) al final de este estrecho entrante de mar (donde está la playa) hay unos 600 m de longitud flanqueados por el recién remozado paseo marítimo del castillo de Sant Nicolau. Merece la pena recorrerlo y ver la fortificación –perfectamente restaurada– antes o después de venir a esta playa urbana –magníficamente equipada– de arena blanca, fina y escasa pendiente. Aquí las aguas siempre están en calma y tienes el centro de la ciudad a 10 minutos.
Accesos: La carretera de Ciutadella a Sa Caleta pasa justo al lado de la playa. Puedes aparcar en la Avinguda del Mar o en el Carrer Bisbe Joano. También se puede llegar a pie, en bici (hay un carril bici cercano) o en bus.
Servicios: Socorristas, wc, duchas de cuerpo entero, playa accesible a discapacitados, restaurantes, bares, tiendas y hoteles cercanos.

🛒 Tiendas
🥤 Bares
🍴 Restaurantes
🚿 Duchas
WC WC
🚌 Parada de autobús
🚗 Acceso rodado
🧭 Orientada al W
👪 Ocupación alta
🏛 Entorno urbano
↕ L: 30 m
An: 25 m

COSTA SUR

☠ CALA PETITA DES DEGOLLADOR

¡YO TAMPOCO IMAGINÉ QUE PUDIERA EXISTIR UNA CALITA TAN DIMINUTA! PERO AHÍ ESTÁ, ESPERANDO QUE VAYÁIS LOS DOS A DECLARARLA VUESTRA REPÚBLICA INDEPENDIENTE. TAN SOLO SON VEINTE METROS CUADRADOS, PERO TE ASEGURO QUE AQUÍ TAMBIÉN SE PUEDE VIVIR EL VERANO…

132

El rincón para dos (o uno y medio) de la cala Degollador.

¡mediterráneamente! Y con la ventaja de estar a solo unos metros del centro de Ciutadella, para poder venir caminando con la bolsa de la playa. Y cuando llegues ya lo verás: el agua es como una balsa de aceite, la playa diminuta, pero de arena blanca y reluciente, y las orillas rocosas, pero repletas de soláriums donde tenderse al sol como *sargantanes* (lagartijas). Hay recovecos tallados con formas poligonales que fueron canteras de *pedra marès*, y un paseo asalvajado que discurre por la orilla ajeno al cercano *passeig marítim*, que llega hasta el castillo de Sant Nicolau. Desde aquí ya se puede ver la silueta de ese pequeño escollo con forma de barco que llaman Illot de Sa Galera, situado ya muy cerca del espigón del nuevo puerto, construido para facilitar la entrada y atraque de los ferrys en el ya de por sí muy angosto y congestionado puerto de Ciutadella.

Descripción: La cala es tan solo lo que ves, una playita de arena blanca de apenas 4 m de largo y 2 o 3 m de ancho. Esta es la playa pequeña de la cala des Degollador, situada a escasos metros de la playa mayor, con muchos más espacio, dotada de todos los servicios y muy cómoda. Si vienes hasta esta, la más pequeña, y no hay sitio, siempre podrás optar por la mayor, que comparte las mismas aguas tranquilas, perfectas para el baño. La cala es como una piscina natural.

Accesos: Cuando llegues a la playa Gran puedes seguir caminando por la orilla siguiendo un vial trazado sobre la roca hasta que llegues al pequeño entrante donde está esta playa. La otra opción es llegar desde el paseo marítimo, aprovechando unos senderos que llegan hasta la orilla y pasan junto a la playa.

Servicios: Aquí ninguno, pero en la playa Gran los tienes todos.

Parada de autobús
Acceso rodado
Orientada al SW
Ocupación alta
Entorno urbano
L: 4 m
An: 2-3 m

COSTA SUR

ÍNDICE DE PLAYAS DE PIEDRAS

ÍNDICE DE PUNTOS DE INTERÉS

ÍNDICE ALFABÉTICO DE PLAYAS

MIS PLAYAS FAVORITAS

....

....

....

....

....

....

....

....

....

....

....

....

....

....